Excel 2013 POUR LES NULS

Excel 2013 POUR LES NULS

Greg Harvey

FIRST
Interactive

Excel 2013 pour les Nuls

Titre de l'édition originale : *Excel 2013 For Dummies*

Collection dirigée par Jean-Pierre Cano
Traduction : Spectrobyte
Mise en page : maged

Edition française publiée en accord avec Wiley Publishing, Inc.
© 2013, Éditions First, un département d'Édi8
12 avenue d'Italie
75013 Paris
Tél. : 01 44 16 09 00
Fax : 01 44 16 09 01
E-mail : firstinfo@efirst.com
Web : www.editionsfirst.fr
ISBN : 978-2-7540-5583-3
Dépôt légal : 4e trimestre 2013

Imprimé en Italie par «La Tipografica Varese Srl», Varese

Sommaire

Introduction

Nous sommes très fiers de vous présenter *Excel 2013 pour les Nuls*, l'ouvrage de référence consacré à la dernière version du tableur de Microsoft.

Excel 2013 pour les Nuls expose toutes les techniques fondamentales que vous devez connaître pour créer, modifier, mettre en forme et imprimer vos propres feuilles de calcul. En plus de vous montrer ce qu'est une feuille de calcul, ce livre explique comment créer des graphiques et des bases de données et comment analyser des données. Gardez cependant à l'esprit que cet ouvrage se borne à aborder les notions fondamentales ; pas question, en effet, d'aller au fond des choses. Il est essentiellement consacré à la création de feuilles de calcul avec Excel, car c'est bien cela qui intéresse la majorité des utilisateurs.

À propos de ce livre

Ce livre n'a pas été conçu pour être lu de la première à la dernière page. Bien que les chapitres se succèdent dans un ordre à peu près logique, un peu comme si vous appreniez à utiliser Excel dans un centre de formation, chacun des sujets couverts dans un chapitre est indépendant des autres.

Chaque sujet commence par un exposé qui explique son utilité et comment le mettre en œuvre. À l'instar d'autres logiciels sophistiqués, Excel propose toujours plusieurs moyens d'accomplir une tâche. Pour ne pas vous embrouiller, nous avons délibérément réduit le choix au cheminement le plus efficace. Plus tard, si vous en avez envie, vous pourrez toujours expérimenter d'autres moyens d'y parvenir. Pour le moment, tenez-vous-en à la voie que nous décrivons.

Comment ce livre est structuré

Ce livre est organisé en six parties. Chaque partie rassemble au moins deux chapitres sous la bannière d'un thème commun. Chaque chapitre est subdivisé en sections qui exposent les bases du sujet. Ne vous attachez pas trop à la structure de ce livre, car après tout peu importe que vous ayez appris à modifier une formule avant de savoir comment mettre en forme les cellules, ou si vous avez appris à imprimer avant de savoir faire des modifications dans les cellules. L'important est que vous découvriez l'information nécessaire pour exécuter une tâche et que vous sachiez où la rechercher.

Voici un aperçu de ce que vous trouverez dans chaque partie :

Première partie : On se jette à l'eau

Cette partie explique les fondements du logiciel, notamment comment le démarrer. Vous apprendrez à reconnaître les différentes parties de l'écran, à saisir des informations dans la feuille de calcul, à enregistrer un document, *etc*. Si vous n'avez jamais vu un tableur de près, vous avez intérêt à commencer par lire le Chapitre 1 pour découvrir les secrets de l'interface à rubans avant de passer, dans le Chapitre 2, à la création des feuilles de calcul.

Deuxième partie : L'art et la manière de modifier un classeur

Dans cette partie, nous vous expliquons comment éditer la feuille de calcul pour lui donner belle apparence ; nous vous apprenons également à effectuer des modifications significatives sans courir au désastre. Passez en revue le Chapitre 3 lorsque vous aurez besoin de savoir comment mettre les données en forme afin de mieux les présenter. Reportez-vous au Chapitre 4 pour réorganiser, supprimer ou insérer de nouvelles informations dans une feuille de calcul. Et ne manquez pas de lire le Chapitre 5 pour tout savoir sur les manières d'imprimer votre travail achevé.

Troisième partie : S'organiser et rester organisé

Dans cette troisième partie, nous vous expliquons, en long et en large, comment ne pas vous faire piéger par les données que vous avez entrées dans vos feuilles de calcul. Le Chapitre 6 est truffé de bonnes idées sur l'art et la manière d'organiser rationnellement vos données dans une seule feuille. Le Chapitre 7 vous dit tout sur le travail avec différentes feuilles d'un même classeur et comment transférer des données entre elles.

Quatrième partie : Plongeon dans l'analyse de données

Cette partie se compose de deux chapitres. Le Chapitre 8 est une introduction à l'utilisation d'Excel pour effectuer des analyses de simulation au moyen de scénarios, notamment la création de tables de données à une ou deux entrées, la recherche de buts, ou encore la création de divers scénarios au moyen du Gestionnaire de scénarios. Au Chapitre 9, nous vous montrons les possibilités qu'offre Excel en matière de tableaux croisés dynamiques et de graphiques croisés dynamiques, des outils qui vous permettent de filtrer et de faire la synthèse de grandes quantités d'informations présentes dans une feuille de calcul ou une liste de données sous la forme compacte d'un tableau ou d'un graphique. Le Chapitre 10 vous démontrera combien il est facile de créer des graphiques à partir de vos données.

Conventions utilisées dans ce livre

Les informations qui suivent vous expliquent quelque peu comment les choses sont présentées dans ce livre. Les éditeurs appellent cela des *conventions*, mais, contrairement aux conventions politiques américaines, il n'est besoin ni de faire campagne, ni de rameuter les *pom-pom girls*, ni de s'en prendre à l'adversaire.

Commandes

Excel 2013 est un programme sophistiqué, reposant sur une interface utilisateur à rubans. Le Chapitre 1 vous dit tout sur le Ruban et vous apprend à vous sentir à l'aise avec ce système de commandes. Tout au long du livre, vous trouverez des séquences de commandes de Ruban utilisant la codification habituelle dans les livres *Pour les Nuls* dans laquelle le nom de l'onglet du Ruban et le bouton de commande à sélectionner dans cet onglet sont séparés par une barre oblique, comme dans cet exemple :

```
Accueil/Copier
```

Ce qui indique la commande du Ruban par laquelle la sélection en cours (cellules, graphique ou autres) est copiée dans le Presse-papiers de Windows. Dans cet exemple, vous cliquez sur l'onglet Accueil du Ruban (s'il n'est pas déjà affiché), puis sur le bouton Copier de cet onglet (dont l'icône représente deux feuilles de papier côte à côte).

Certaines des séquences de commandes du Ruban nécessitent un peu plus que de cliquer sur un bouton, à savoir sélectionner la commande voulue dans un menu ouvert par un bouton. Dans ce cas, le nom de la commande à sélectionner dans ce menu suit le nom du bouton qui ouvre celui-ci, chaque élément de la séquence étant séparé par une barre oblique, comme ceci :

```
Formules/Options de calcul/Manuel
```

Ce qui indique la séquence de commandes dans le Ruban qui active le mode de recalcul manuel dans Excel : vous cliquez sur l'onglet Formules (s'il n'est pas déjà affiché), puis sur le bouton Options de calcul et, enfin, vous sélectionnez Manuel dans le menu qui apparaît.

À intervalle régulier, vous serez amené à saisir les données manuellement. Lorsque nous vous engageons à saisir une formule, ce que vous devez taper apparaît en **gras.** Par exemple : Tapez **=somme(A2:B2)** signifie que vous devez taper exactement cela, c'est-à-dire le signe « égal », le mot « somme », la parenthèse ouvrante, l'expression « A2:B2 » avec le signe « deux-points » entre les deux ensembles chiffre + lettre et la parenthèse fermante.

Enfin, cerise sur le gâteau, vous devrez en plus appuyer sur la touche Entrée pour valider cette formule.

Il m'arrivera de vous demander d'appuyer sur une *combinaison de touches* (ce que l'on appelle aussi un *raccourci clavier*) pour exécuter une action, plutôt que de cliquer sur un bouton dans le Ruban. Un raccourci clavier se présente ainsi : Ctrl + S ou Alt + FS (ces deux raccourcis exécutent la commande Enregistrer). Notez qu'il ne faut pas taper la lettre en majuscule. Lorsqu'il faut appuyer aussi sur la touche Maj, celle-ci est indiquée dans la description du raccourci.

Dans le cas de la touche Alt, vous devez appuyer successivement sur la touche Alt (en la relâchant aussitôt) et sur les touches des lettres qui suivent. Les raccourcis clavier utilisant la touche Alt sont propres à l'interface d'Excel 2013 reposant sur le Ruban et toutes les lettres correspondantes apparaissent à l'écran lorsque vous appuyez sur la touche Alt.

Les raccourcis clavier utilisant la touche Ctrl sont d'origine plus ancienne, mais fonctionnent un peu différemment : vous devez maintenir enfoncée la touche Ctrl tout en appuyant sur la lettre qui suit (là encore, en minuscule). N'appuyez sur la touche Maj que si elle est indiquée dans la description du raccourci.

Excel 2013 ne comporte qu'un seul menu déroulant (le menu Fichier des versions antérieures) et une seule barre d'outils (la barre d'outils Accès rapide). Le menu Fichier s'ouvre en cliquant sur l'onglet Fichier ou en appuyant sur Alt + F. La barre d'outils Accès rapide, avec les quatre boutons qu'elle contient dans la configuration par défaut, se trouve à gauche dans la barre de titre.

Pictogrammes

Les pictogrammes que voici sont fort judicieusement placés dans la marge pour attirer l'attention sur ce qui vaut ou non la peine d'être lu :

NOTE TECHNIQUE : ce pictogramme vous signale des propos hautement techniques que vous ne voudrez certainement pas lire (sauf si personne ne vous regarde).

TRUC : ce pictogramme signale une astuce ou toute autre indication utile concernant le sujet en cours.

RAPPEL : ce pictogramme rappelle une information dont il vous sera utile de vous souvenir.

ATTENTION : ce pictogramme indique ce que vous devez faire pour éviter une catastrophe.

TACTILE : uniquement pour les personnes qui exploitent Excel 2013 sur un dispositif tactile, comme une tablette Windows 8 ou un smartphone.

Et maintenant, on va où ?

Si vous n'avez encore jamais utilisé un tableur, lisez d'abord le Chapitre 1 pour faire connaissance.

Puis, au fur et à mesure que des questions plus précises se poseront à vous (par exemple « comment faire pour copier une formule ? »), vous pourrez vous reporter à la table des matières ou à l'index pour y trouver la section ou la page appropriée et vous y rendre immédiatement.

Première partie

On se jette à l'eau

« J'ai déjà utilisé toutes sortes de tableurs, mais c'est celui-ci le meilleur pour dessiner des patchworks. »

Dans cette partie…

- Découvrir le Ruban.
- Se familiariser avec les principaux onglets et boutons de commande.
- Personnaliser la barre d'outils Accès rapide.
- Lancer (et quitter) Excel 2013.
- Obtenir de l'aide.
- Utiliser les principaux boutons et commandes qui gèrent la saisie des données.
- Récupérer un classeur égaré quand les choses tournent mal.

Chapitre 1

Excel 2013 pour son utilisateur

Dans ce chapitre :

- Sélectionner des commandes à partir du Ruban.
- Personnaliser la barre d'outils Accès rapide.
- Les méthodes pour lancer Excel 2013.
- Surfer dans un classeur et une feuille de calcul

Comme dans les versions précédentes du programme, l'interface utilisateur a été débarrassée de ses menus déroulants, volets et barres d'outils. Tous ces éléments sont remplacés par un bandeau unique placé en haut de la feuille de calcul, appelé Ruban. Il contient toutes les commandes d'Excel, rapidement et immédiatement accessibles.

L'interface utilisateur et son Ruban

Lorsque vous mettez Excel en service, un écran de démarrage représenté à la Figure 1.1 vous est soumis. Choisissez Nouveau classeur pour ouvrir un classeur vierge ou optez pour un des autres modèles proposés. Si aucun ne fait votre bonheur, n'hésitez pas à surfer sur le Net pour en trouver d'autres. Quand vous aurez exploité le programme pendant un certain temps, vous trouverez, dans le volet gauche, la liste des classeurs que vous aurez récemment utilisés, au cas où vous souhaiteriez les ouvrir de nouveau.

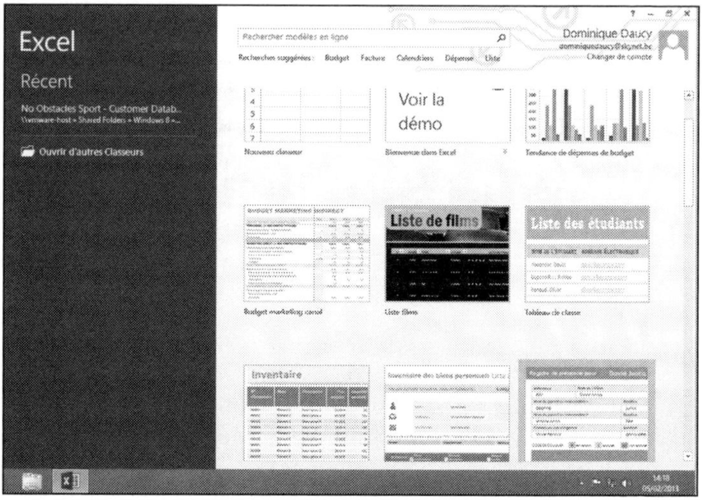

Figure 1.1 : L'écran de démarrage d'Excel 2013 qui vous permet de créer un nouveau classeur vierge, d'utiliser, comme base, un modèle ou encore de rouvrir un classeur que vous avez déjà exploité.

Si vous optez pour Nouveau classeur, le programme vous ouvre un nouveau classeur (qu'il baptise *Classeur1* et qu'il dote d'une feuille de calcul (qu'il intitule *Feuil1*) (Figure 1.2).

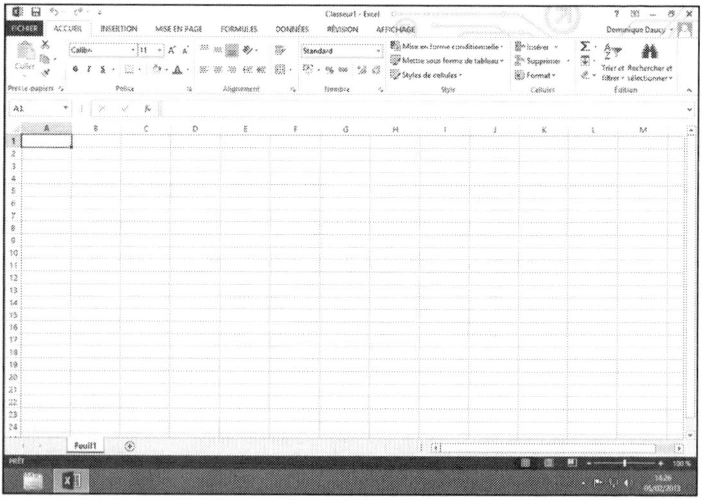

Figure 1.2 : Voilà où vous échouez après avoir choisi Nouveau classeur dans l'écran de démarrage.

Cette fenêtre se compose des éléments suivants :

- **Le bouton Fichier**, qui ouvre la fenêtre dont le volet de gauche, appelé Backstage (les coulisses… comme au théâtre !) contient toutes les commandes relatives au fichier, notamment Enregistrer, Ouvrir (sélectionné par défaut), Imprimer et Quitter, ainsi qu'un bouton Options qui permet de modifier les paramètres par défaut d'Excel. La flèche en haut à gauche vous permet de quitter ces coulisses pour revenir à l'affichage standard de la feuille de calcul.
- **La barre d'outils Accès rapide,** qui contient des boutons sur lesquels vous pouvez cliquer pour accomplir des tâches d'usage courant, par exemple enregistrer votre travail ou bien annuler ou répéter une modification. À gauche de cette barre, l'icône Excel 2013 vous donne accès à des commandes de gestion de la fenêtre et vous permet aussi de quitter les lieux.
- **Le Ruban**, qui contient la majeure partie des commandes d'Excel, réparties dans un certain nombre d'onglets allant d'Accueil à Affichage.
- **La barre de formule**, qui affiche l'adresse de la cellule sélectionnée ainsi que son contenu.
- **La zone de feuille de calcul**, qui contient toutes les cellules de la feuille de calcul en cours, identifiées par des en-têtes de colonnes au moyen de lettres sur le bord supérieur et par des en-têtes de lignes utilisant des nombres sur le bord gauche, avec des onglets permettant de sélectionner une autre feuille de calcul du classeur, une barre de défilement horizontale sur le bord inférieur pour se déplacer vers la droite et vers la gauche dans la feuille de calcul, et une barre de défilement verticale sur le bord droit pour se déplacer vers le haut et vers le bas dans la feuille de calcul.
- **La barre d'état**, qui indique dans quel mode se trouve le programme et quelles touches spéciales sont activées, vous permet de sélectionner une autre feuille de calcul et de faire un zoom avant ou arrière sur la feuille de calcul affichée.

Aller en coulisses

Le bouton Fichier se trouve à gauche de l'onglet Accueil du Ruban, juste sous la barre Accès rapide.

Cliquer sur ce bouton Fichier donne accès à la vue Backstage. Si vous y validez l'option Informations, vous obtiendrez des données sur l'état du classeur Excel actuellement ouvert et actif (Figure 1.3).

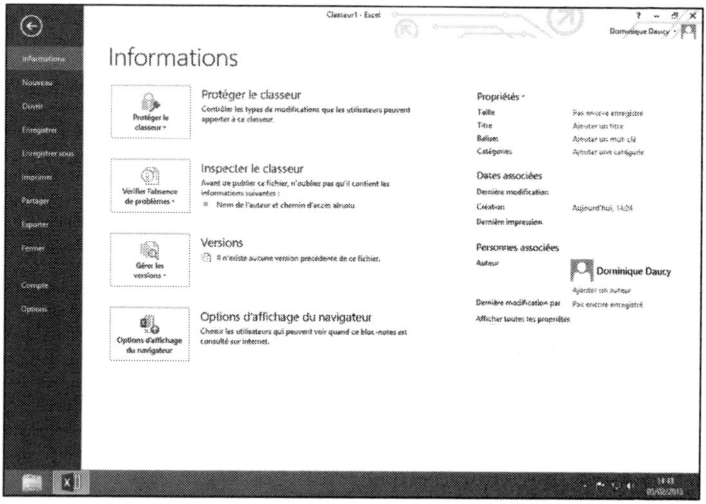

Figure 1.3 : Les commandes disponibles en coulisses à gauche ; les informations à droite.

La fenêtre Informations est divisée en deux parties. Celle de gauche contient de grands boutons servant à modifier les autorisations du classeur et à restreindre sa diffusion. Celle de droite propose une miniature du classeur ainsi que des informations concernant les propriétés du document, dont certaines, comme Titres, Balises, Catégorie et Auteur, sont modifiables. Les autres ne le sont pas.

Sous l'option Informations se trouvent les commandes Enregistrer, Enregistrer sous, Ouvrir et Fermer, commandes classiques de gestion des fichiers. En avant-dernière position, un bouton Compte vous donne accès, à droite, au volet du même nom. Vous y trouverez des informations sur l'utilisateur, la connexion et le compte Microsoft Office. Enfin, le bouton

Options vous donne accès aux réglages des paramètres d'Excel 2013.

Cliquez sur Ouvrir pour ouvrir un classeur que vous avez déjà créé. Excel vous affiche à droite la liste des classeurs récents ; il vous suffit de cliquer, dans la liste, sur le nom du classeur auquel vous voulez accéder.

Pour fermer la vue Backstage et revenir à l'affichage normal de la feuille de calcul, cliquez sur la flèche gauche en haut à gauche du volet ou appuyez tout simplement sur la touche Échap.

Visite guidée du Ruban

Le Ruban (Figure 1.4) rend directement accessibles, dans des onglets, les commandes les plus utilisées.

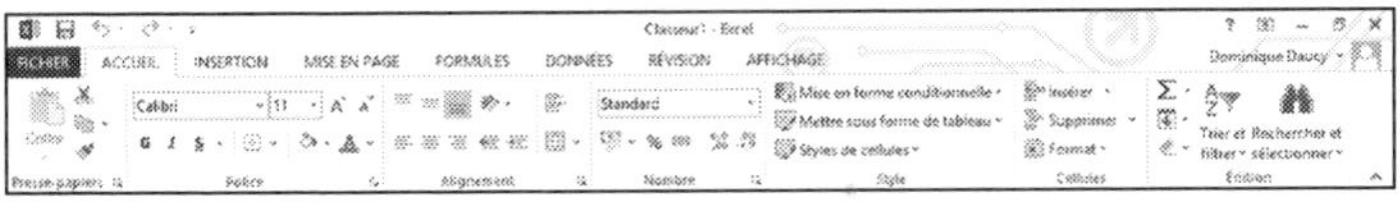

Figure 1.4 : Le Ruban d'Excel se compose d'une série d'onglets contenant des boutons de commande répartis dans différents groupes.

Le Ruban est constitué des éléments suivants :

- **Des onglets**, qui présentent les commandes par catégories.
- **Des groupes**, qui regroupent les commandes relatives à une tâche particulière.
- **Des boutons de commande** qui, dans chaque groupe, vous permettent d'accomplir une action ou d'ouvrir une galerie dans laquelle vous pourrez cliquer sur la minia-

ture de votre choix. Notez que, dans certains onglets, ces boutons sont regroupés en mini-barres d'outils.

- **Des déclencheurs de boîte de dialogue** qui, ancrés dans l'angle inférieur droit de certains groupes, vous permettant d'ouvrir une boîte de dialogue qui propose des options supplémentaires.

TRUC

Pour afficher une plus grande surface de votre feuille de calcul dans la fenêtre d'Excel, vous pouvez masquer le Ruban de manière à ce que seuls les onglets apparaissent. Pour ce faire, il suffit de cliquer sur le bouton Réduire le Ruban. Vous pouvez aussi double-cliquer (ou double-toucher sur un écran tactile) sur n'importe quel onglet du Ruban, ou encore utiliser la combinaison de touches Ctrl + F1. Pour réafficher le Ruban, double-cliquez (ou double-touchez) sur n'importe quel onglet ou enfoncez de nouveau les touches Ctrl + F1. Vous pouvez également utiliser le bouton Afficher le Ruban.

Les onglets du Ruban

La première fois que vous lancez Excel, son Ruban contient les onglets suivants, de la gauche vers la droite :

- **Accueil**, qui contient les boutons de commande normalement utilisés pour créer, mettre en forme et modifier une feuille de calcul, répartis dans les groupes Presse-papiers, Police, Alignement, Nombre, Style, Cellules et Édition.
- **Insertion**, qui contient les boutons de commande normalement utilisés pour ajouter divers éléments (dessins, tableaux, graphiques, graphiques sparkline, liens hypertextes, en-têtes et pieds de pages), répartis dans les groupes Formes, Tableaux, Illustrations, Graphiques, Graphiques sparkline, Diagrammes, Liens et Texte.
- **Mise en page**, qui contient les boutons de commande normalement utilisés pour préparer une feuille de calcul pour l'impression ou réorganiser les dessins sur une feuille de calcul, répartis dans les groupes Thèmes, Mise en page, Mise à l'échelle et Options de la feuille de calcul et Organiser.

- **Formules**, qui contient les boutons de commande normalement utilisés pour ajouter des formules et des fonctions dans une feuille de calcul ou pour rechercher des erreurs dans une formule, répartis dans les groupes Bibliothèque de fonctions, Cellules nommées, Audit de formules et Calcul. Notez que cet onglet contient également un groupe Solutions lorsque vous activez certains compléments comme Analysis Toolpack et Outils pour l'euro.
- **Données**, qui contient les boutons de commande normalement utilisés pour importer, émettre des requêtes, mettre en évidence ou faire un sous-total des données d'une feuille de calcul, répartis dans les groupes Donnés externes, Gérer les connexions, Trier et filtrer, Outils de données et Plan. Notez que cet onglet contient également un groupe Analyse lorsque vous activez certains compléments comme Analysis Toolpak ou Complément Solver.
- **Révision**, qui contient les boutons de commande normalement utilisés pour vérifier, protéger et effectuer le suivi des modifications d'une feuille de calcul, répartis dans les groupes Vérification, Commentaires et Modifications. Notez que ce ruban contient aussi un groupe Ink, si vous utilisez Office 2013 sur une tablette PC ou avec un ordinateur équipé d'une tablette numérique Ink.
- **Affichage**, qui contient les boutons de commande normalement utilisés pour modifier l'affichage de la feuille de calcul, répartis dans les groupes Affichages classeur, Afficher/Masquer, Zoom et Fenêtre.

En plus de ces sept onglets standards, Excel dispose de l'onglet supplémentaire optionnel Développeur, que vous pouvez ajouter au Ruban si vous travaillez avec des macros et des fichiers XML.

Bien que ces onglets standards soient ceux que vous voyez toujours sur le Ruban lorsqu'il est affiché dans Excel, ils ne sont pas tout ce qui peut apparaître dans cette zone. Excel peut également y afficher des outils contextuels lorsque vous travaillez sur un objet que vous avez sélectionné dans la feuille de calcul, par exemple une image insérée ou un graphique, ou un tableau que vous avez créé. Les noms des outils contextuels pour l'objet sélectionné apparaissent juste au-dessus de l'onglet ou des onglets associés à ces outils.

Par exemple, la Figure 1.5 montre une feuille de calcul dans laquelle on a cliqué sur le graphique afin de le sélectionner. Cette sélection fait apparaître, à l'extrémité du Ruban, les Outils de graphique répartis dans deux onglets supplémentaires : Création (sélectionné par défaut) et Mise en forme. Notez également que les boutons de commande de l'onglet Création sont répartis dans les groupes Type, Données, Disposition rapide, Styles rapides et Emplacement.

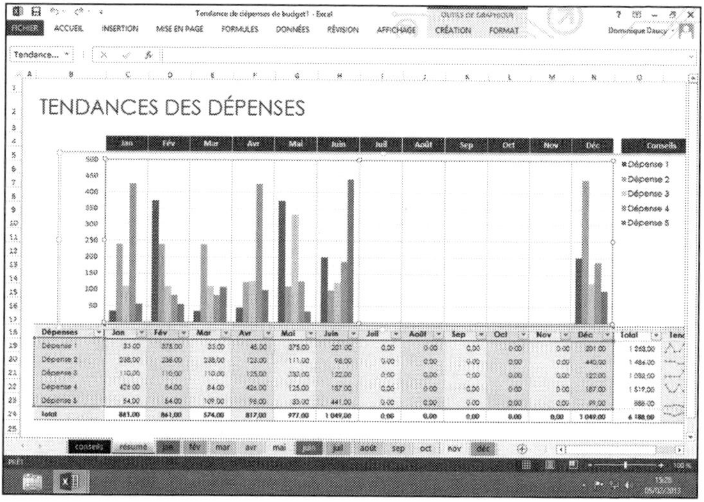

Figure 1.5 : Lorsque vous sélectionnez certains objets dans la feuille de calcul, Excel ajoute au Ruban des outils contextuels avec leurs propres onglets, groupes et boutons.

Lorsque vous désélectionnez l'objet, en général en cliquant dans la feuille à l'extérieur de celui-ci, l'outil contextuel pour celui-ci disparaît immédiatement du Ruban, qui ne laisse plus apparaître que les onglets habituels.

Sélectionner des commandes via le clavier et la souris

Excel 2013 est capable de tourner sur une foule de dispositifs distincts. C'est en vous fondant sur le type de matériel que vous exploitez, mais aussi sur les périphériques qui lui sont connecté que vous choisirez la méthode la plus efficace d'invoquer des commandes du Ruban.

Prenons un exemple : si vous utilisez une tablette Windows 8 équipée d'une station dock avec clavier et souris optique, vous agirez sans doute comme vous le faites sur votre ordi de bureau ou sur votre portable à clavier et trackpad intégrés. En revanche, si vous travaillez sur une dalle non équipée de ce type de dock, vous agirez vraisemblablement en touchant les commandes à l'écran ou en vous servant d'un stylet.

Si vous disposez d'un clavier et d'une souris, la méthode la plus simple pour sélectionner une commande du Ruban consiste à cliquer sur l'onglet où elle se trouve, puis sur le bouton qui la représente dans son groupe. Ainsi, pour introduire, dans votre feuille de calcul, une image en ligne, cliquez sur l'onglet Insertion, puis sur le bouton Illustrations et, enfin, sur Images en ligne, ce qui vous garantira l'accès à la boîte de dialogue Insérer des images.

Si vous êtes un as du clavier, voici une autre méthode pour sélectionner facilement des commandes du Ruban : appuyer sur la touche Alt, la relâcher, puis taper la lettre qui correspond à celle affichée sur l'onglet que vous voulez sélectionner. Lorsque vous enfoncez la touche Alt et la relâchez aussitôt, Excel affiche les touches de raccourci pour tous les onglets du Ruban. Lorsque vous appuyez alors sur la touche de raccourci d'un onglet, celui-ci apparaît, avec toutes les touches de raccourci des boutons de commande qu'il contient.

Sélectionner des commandes par toucher

Si telle est votre intention, commencez par activer le mode correspondant d'Excel 2013, qui a pour effet d'augmenter la taille des boutons et l'espace qui les sépare les uns des autres afin d'en faciliter la sélection. (Considérez les commandes du groupe Police de l'onglet Accueil : elles sont si proches les unes des autres qu'il serait pratiquement impossible de les sélectionner avec les doigts si un mode Tactile n'était pas proposé, qui les éloigne les unes des autres et facilite donc ainsi l'opération.)

Allez-y : touchez une fois le bouton Mode tactile/Souris qui apparaît au bout de la barre d'outils Accès rapide, entre le bouton Rétablir et le bouton Personnaliser la barre d'outils Accès rapide. Vous aurez ainsi accès à un menu local comportant deux options : Tactile et Souris. Choisissez Tactile pour basculer vers ce mode sur votre portable ou tablette tactile.

TRUC

Ce bouton n'est disponible que si le programme s'exécute sur une tablette ou sur un ordinateur personnel équipé d'un écran tactile. Pourtant, même si vous travaillez sur un modèle standard qui ne gère pas cette technologie, rien ne vous empêche d'ajouter ce bouton à la barre d'outils Accès rapide ; voyez, pour ce faire, la section suivante, consacrée à la personnalisation de cette barre.

Mettons-nous bien d'accord

Avant d'aller plus loin, permettez-nous de spécifier quelques termes incontournables. Quand nous disons *cliquer*, cela signifie enfoncer une fois le bouton principal de la souris (en général, le gauche à moins que vous n'ayez modifié ce paramètre) ou toucher une fois l'écran avec votre doigt (ou votre stylet) si vous travaillez sur un dispositif tactile. *Double-cliquer*, c'est enfoncer deux fois consécutivement le bouton principal de la souris ou toucher rapidement deux fois l'écran. Opérer un *clic droit*, c'est enfoncer le bouton secondaire (le droit si vous avez gardé les réglages prédéfinis) ou toucher l'objet et maintenir le contact jusqu'à ce qu'un menu contextuel s'affiche. Enfin, quand nous parlons de *cliquer-glisser* pour réaliser une sélection de cellules, cela veut dire cliquer sur la première, maintenir enfoncé tout en déplaçant la souris jusqu'à la dernière, puis relâcher ; sur écran tactile, touchez une cellule pour faire apparaître les poignées de sélection (deux cercles, en haut à gauche et en bas à droite), puis utilisez votre doigt ou votre stylet pour déplacer ces poignées.

Personnaliser la barre d'outils Accès rapide

Lorsque vous lancez Excel 2013 pour la première fois, la barre d'outils Accès rapide ne contient que les trois (voire quatre) boutons suivants :

- **Enregistrer**, pour enregistrer toutes les modifications apportées au classeur ouvert, avec le même nom de fichier, le même format de fichier et le même emplacement.
- **Annuler**, pour annuler la dernière modification que vous avez effectuée.
- **Répéter**, pour répéter la dernière modification que vous avez effectuée.
- **Mode tactile/souris** (uniquement sur tablettes et ordis à écran tactile) pour espacer les boutons du Ruban afin qu'ils soient plus facilement sélectionnables par toucher ou par stylet.

Mais cette barre est tout à fait personnalisable, Excel vous donnant la possibilité d'y ajouter facilement non seulement n'importe quel bouton du Ruban, mais aussi toutes les commandes que vous voulez, même les plus obscures qui n'apparaissent dans aucun des onglets du Ruban.

Par défaut, la barre d'outils Accès rapide apparaît au-dessus des onglets du Ruban, juste à droite de l'icône Excel, qui sert à redimensionner le programme ou le quitter. Pour afficher la barre d'outils sous le Ruban, juste au-dessus de la barre de formule, cliquez sur le bouton Personnaliser la barre d'outils Accès rapide (le bouton contenant un triangle pointant vers le bas, à l'extrémité droite de la barre d'outils Accès rapide), puis sélectionnez Afficher en dessous du Ruban dans le menu qui apparaît. Vous trouverez cet emplacement plus pratique pour ajouter des boutons à la barre d'outils Accès rapide, lorsqu'ils commenceront à recouvrir le nom du classeur ouvert, qui apparaît à la droite de celle-ci.

Le menu Personnaliser la barre d'outils Accès rapide

Le bouton Personnaliser la barre d'outils Accès rapide vous garantit l'accès à un menu regroupant les commandes suivantes :

- **Nouveau,** pour créer un nouveau classeur.
- **Ouvrir,** pour afficher la boîte de dialogue Ouvrir permettant d'ouvrir un classeur existant.

- **Enregistrer,** pour sauvegarder les modifications apportées au classeur courant.
- **Courrier électronique,** pour accéder à la messagerie.
- **Impression rapide,** pour envoyer la feuille de calcul courante à l'imprimante par défaut.
- **Aperçu et impression,** pour ouvrir les paramètres d'impression dans la vue Backstage, avec un aperçu de la feuille de calcul courante dans la partie droite.
- **Orthographe,** pour effectuer une vérification orthographique de la feuille de calcul courante.
- **Annuler,** pour annuler la dernière modification de la feuille de calcul.
- **Rétablir,** pour réappliquer la modification qui venait d'être annulée.
- **Ordre croissant,** pour trier la sélection de cellules ou la colonne dans le sens alphabétique de A à Z, les chiffres du moins élevé au plus élevé, ou la date de la plus ancienne à la plus récente.
- **Ordre décroissant,** pour trier la sélection de cellules ou la colonne dans le sens alphabétique de Z à A, les chiffres du plus élevé au moins élevé, ou la date de la plus récente à la plus ancienne.
- **Mode tactile/souris,** pour basculer entre mode tactile, un mode qui accorde davantage d'espace aux boutons des onglets du Ruban afin d'en faciliter l'activation avec le doigt ou le stylet.

Par défaut, seules les commandes Enregistrer, Annuler et Répéter sont cochées et il vous suffit de cocher toutes celles que vous voulez pour en faire apparaître le bouton dans la barre d'outils Accès rapide. Inversement, si vous cliquez dans ce menu sur une commande déjà cochée, la coche disparaît et son bouton disparaît de la barre d'outils.

Ajouter des boutons du Ruban

Pour ajouter un bouton de commande du Ruban à la barre d'outils Accès rapide, ouvrez le menu contextuel du bouton (clic droit avec la souris ou touchez-maintenez sur dispositif tactile), puis sélectionnez-y l'option Ajouter à la barre d'outils Accès rapide. Excel ajoute aussitôt ce bouton à l'extrémité droite de la barre d'outils Accès rapide, juste avant le bouton de personnalisation de cette barre.

Si vous voulez placer à un autre endroit dans la barre d'outils Accès rapide le bouton que vous venez d'y ajouter, par exemple pour le regrouper avec d'autres boutons, cliquez sur le bouton Personnaliser la barre d'outils Accès rapide, puis sélectionnez Autres commandes dans le menu qui apparaît.

La boîte de dialogue Options Excel s'affiche, avec son onglet barre d'outils Accès rapide (Figure 1.6). Vous y voyez, dans la liste de droite, tous les boutons qui ont déjà ajoutés à la barre, l'ordre dans lequel ils y apparaissent de gauche à droite correspondant à l'ordre dans lequel ils apparaissent du haut vers le bas dans cette liste.

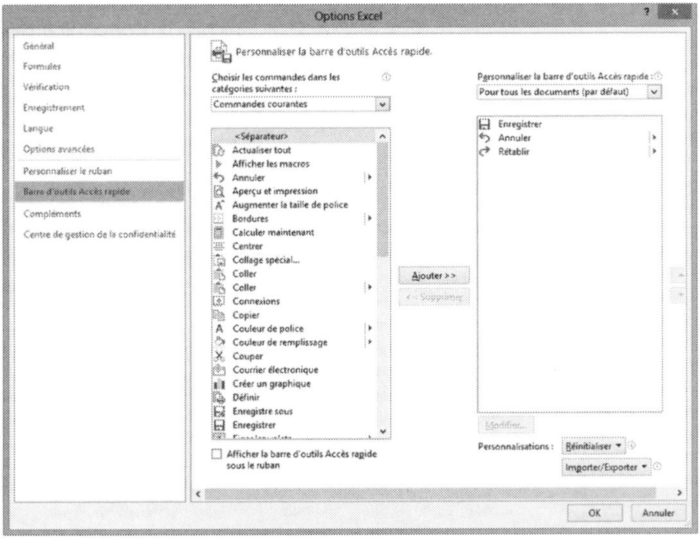

Figure 1.6 : C'est ici qu'Excel vous permet de personnaliser la barre d'outils Accès rapide.

Pour repositionner un bouton dans la barre d'outils, cliquez dessus pour le sélectionner dans la liste de droite de cette fenêtre, puis cliquez sur la flèche pointant vers le haut ou la flèche pointant vers le bas à droite de cette liste pour le déplacer vers le haut ou vers le bas dans la liste, jusqu'à l'emplacement désiré.

Vous pouvez ajouter des séparateurs dans la barre d'outils pour regrouper des boutons sur la base de leurs fonctions. Pour cela, cliquez sur <Séparateur> en haut de la liste de gauche dans la boîte de dialogue Options Excel, cliquez sur le bouton Ajouter entre les deux listes pour faire apparaître un <Séparateur> dans la liste de droite, puis utilisez la flèche pointant vers le haut ou la flèche pointant vers le bas à droite de la liste de droite pour le positionner à l'endroit voulu.

Pour supprimer un bouton de la barre d'outils Accès rapide, opérez, depuis cette barre, un clic droit sur le bouton, puis sélectionnez Supprimer de la barre d'outils Accès rapide dans le menu qui apparaît.

Ajouter d'autres commandes

L'onglet Personnaliser de la boîte de dialogue Options Excel montré par la Figure 1.6 (cliquez sur le bouton Personnaliser la barre d'outils Accès rapide et sélectionnez Autres commandes dans le menu qui apparaît), vous permet également d'ajouter à la barre d'outils Accès rapide toutes les commandes d'Excel qui ne se trouvent pas dans le Ruban.

1. **Dans la liste déroulante Choisir les commandes dans les catégories suivantes, sélectionnez le type de la commande que vous voulez ajouter à la barre d'outils Accès rapide.**

   Parmi ces catégories de commandes, figurent notamment celles déjà présentes dans la barre d'outils, mais aussi quantité d'autres. Pour afficher la liste complète de toutes les commandes d'Excel, cliquez sur le bouton à droite du menu Commandes courantes en haut de la liste et sélectionnez Toutes les commandes.

2. **Dans la liste des commandes de gauche, cliquez sur celle que vous voulez ajouter à la barre d'outils Accès rapide.**
3. **Cliquez sur le bouton Ajouter, entre les deux listes, pour transférer la commande sélectionnée dans la liste de droite.**
4. **Si vous voulez repositionner le bouton que vous venez d'ajouter, cliquez sur la flèche pointant vers le haut (à droite de la liste de droite), jusqu'à ce qu'il soit à l'emplacement voulu.**
5. **Cliquez sur OK pour fermer la boîte de dialogue Options Excel.**

S'amuser avec la barre de formule

La barre de formule affiche l'adresse et le contenu de la cellule sélectionnée. L'adresse d'une cellule est définie par la lettre (ou les lettres) de la colonne dans laquelle elle se trouve, suivie immédiatement par le numéro de sa ligne. Ainsi, la cellule A1 est la toute première cellule de la feuille de calcul, occupant son angle supérieur gauche, à l'intersection de la première ligne et de la première colonne. La cellule XFD1048576, qui est la toute dernière, occupe l'intersection de la colonne XFD et de la ligne 1 048 576, dernière colonne et dernière ligne de toutes les feuilles de calcul Excel. Le contenu de la cellule sélectionnée dépend du type des données que vous y avez entrées : du texte ou des nombres si vous n'avez entré qu'un en-tête ou une valeur particulière, une formule si vous avez entré une formule.

La barre de formule se compose de trois parties, de gauche à droite :

- **La zone de nom :** c'est la partie qui affiche l'adresse de la cellule sélectionnée.
- **Les boutons de la barre de formule :** juste après la zone de nom, c'est la zone qui se présente comme un petit ruban bleu commençant par un demi-cercle (que l'on peut déplacer vers la droite ou vers le haut). Elle contient à son extrémité droite le bouton Assistant Fonction (*fx*), auquel viennent s'ajouter les boutons Entrer et Annuler

lorsque vous commencez à modifier le contenu de la cellule.

- **Le contenu de la cellule :** juste après la zone des boutons apparaît sur fond blanc le contenu de la cellule, occupant tout le reste de la barre de formule, ce qui permet d'afficher un contenu aussi long que nécessaire.

Que faire dans la zone de la feuille de calcul ?

C'est là que la majeure partie des choses se passent, car c'est là que sont affichées les cellules ; c'est dans les cellules que vous entrez vos données, c'est aux cellules que vous appliquez vos mises en forme ainsi que toutes sortes de modifications.

N'OUBLIEZ PAS

N'oubliez pas que pour entrer ou modifier des données dans une cellule, celle-ci doit être sélectionnée. Excel indique de trois manières qu'une cellule est sélectionnée :

- Le curseur de cellule : c'est la bordure noire épaisse qui entoure la cellule sélectionnée.
- L'adresse de la cellule sélectionnée apparaît dans la zone de nom de la barre de formule.
- L'en-tête de la colonne et l'en-tête de la ligne de la cellule sélectionnée apparaissent en orange, ce qui les met en évidence, par contraste avec les autres.

Se déplacer dans la feuille de calcul

Une feuille de calcul Excel contient bien trop de lignes et de colonnes pour que toutes soient affichées en même temps, quelles que soient la taille et la définition de votre écran (ne perdons pas de vue qu'il y a au total 17 179 869 184 cellules dans une feuille de calcul). Excel offre donc de nombreux moyens de déplacer le curseur de cellule dans la feuille de calcul pour atteindre celle que vous voulez modifier :

- Cliquer sur la cellule voulue avec votre souris ou touchez cette cellule avec votre doigt (pour autant qu'elle se trouve dans la zone de la feuille de calcul affichée à l'écran).

- Cliquer dans la zone de nom de la barre de formule, y entrer directement l'adresse de la cellule voulue et appuyer sur la touche Entrée.
- Appuyer sur F5 pour faire apparaître la boîte de dialogue Atteindre, entrer l'adresse de la cellule voulue dans le champ Référence, puis cliquer sur OK.
- Utiliser les touches de curseur selon les indications du Tableau 1.1 pour déplacer le curseur de cellule jusqu'à la cellule voulue.
- Utiliser les barres de défilement horizontale et verticale, respectivement sur le bord inférieur et le bord droit de la fenêtre, pour faire apparaître à l'écran la zone de la feuille de calcul qui contient la cellule voulue, puis cliquer sur celle-ci pour la sélectionner.

Raccourcis clavier pour déplacer le curseur de cellule

Excel offre de nombreux raccourcis clavier pour déplacer le curseur de cellule vers une cellule quelconque. Au fur et à mesure que le curseur de cellule se déplace, la zone de la feuille de calcul qui apparaît à l'écran se déplace en conséquence, de sorte que celui-ci apparaisse toujours à l'affichage. Le Tableau 1.1 rassemble tous ces raccourcis clavier en indiquant les déplacements du curseur de cellule qu'ils produisent. Ces raccourcis clavier utilisent les quatre touches de curseur (←, →, ↑ et ↓) et les touches Page suivante (PgSuiv), Page précédente (PgPréc), Début et Fin ainsi que la touche Ctrl.

Tableau 1.1 : Raccourcis clavier pour déplacer le curseur de cellule

Raccourci	Le curseur se déplace jusqu'à
→ ou Tab	Cellule voisine de droite.
← ou Maj + Tab	Cellule voisine de gauche.
↑	Cellule voisine du dessus.

Raccourci	Le curseur se déplace jusqu'à
↓	Cellule voisine du dessous.
Début	Cellule de la colonne A de la même ligne.
Ctrl + Début	Première cellule (A1) de la feuille de calcul.
Ctrl + Fin ou Fin, Début	Cellule se trouvant à l'intersection de la dernière colonne non vide et de la dernière ligne non vide de la feuille de calcul (autrement dit, la dernière cellule de ce que l'on appelle la *zone active* de la feuille de calcul).
PgPréc	Cellule se trouvant un écran plus haut dans la même colonne.
PgSuiv	Cellule se trouvant un écran plus bas dans la même colonne.
Ctrl + → ou Fin, →	Première cellule non vide vers la droite dans la même ligne et précédée ou suivie par une cellule vide. Si aucune cellule non vide n'est trouvée, le curseur va jusqu'à la dernière cellule de la ligne.
Ctrl + ← ou Fin, ←	Première cellule non vide vers la gauche dans la même ligne et précédée ou suivie par une cellule vide. Si aucune cellule non vide n'est trouvée, le curseur va jusqu'à la première cellule de la ligne.
Ctrl + ↑ ou Fin, ↑	Première cellule non vide vers le haut dans la même colonne et précédée ou suivie par une cellule vide. Si aucune cellule non vide n'est trouvée, le curseur va jusqu'à la première cellule de la colonne.
Ctrl + ↓ ou Fin, ↓	Première cellule non vide vers le bas dans la même colonne et précédée ou suivie par une cellule vide. Si aucune cellule non vide n'est trouvée, le curseur va jusqu'à la dernière cellule de la colonne.
Ctrl + PgSuiv	Dernière cellule non vide dans la feuille de calcul suivante du même classeur.
Ctrl + PgPréc	Dernière cellule non vide dans la feuille de calcul précédente du même classeur.

Note : Pour les raccourcis clavier qui utilisent les touches de curseur, vous devez utiliser le bloc des touches de curseur sur votre clavier ou bien vous assurer que le verrouillage numérique n'est pas activé si vous utilisez le pavé numérique de votre clavier.

Les raccourcis clavier qui combinent la touche Ctrl et la touche Fin avec une touche de curseur apparaissant dans le Tableau 1.1 sont parmi les plus utiles pour se déplacer rapidement dans un grand tableau de cellules ou pour se déplacer d'un tableau à un autre dans une partie de la feuille de calcul qui contient de nombreux blocs de cellules.

Lorsque vous utilisez la touche Ctrl avec une touche de curseur pour vous déplacer d'un bord à un autre dans un tableau ou d'un tableau à un autre dans une feuille de calcul, vous devez maintenir enfoncée la touche Ctrl tout en appuyant sur la touche de curseur concernée (ce qui est indiqué par le signe + dans la définition du raccourci, comme dans Ctrl + →).

Lorsque vous utilisez la touche Fin avec une touche de curseur, vous devez appuyer sur la touche Fin et la relâcher *avant* d'appuyer sur la touche de curseur (ce qui est indiqué par la virgule dans la définition du raccourci, comme dans Fin, →). Lorsque vous appuyez sur la touche Fin et la relâchez, l'indicateur Mode Fin apparaît dans la barre d'état. Excel vous signale ainsi qu'il attend que vous appuyiez sur une des quatre touches de curseur.

Comme vous pouvez maintenir enfoncée la touche Ctrl tout en appuyant sur la touche de curseur dont vous avez besoin, la méthode « Ctrl + touche de curseur » est plus fluide pour naviguer dans des blocs de cellule que la méthode « Fin + touche de curseur ».

Vous pouvez utiliser la touche Verr Maj (Verrouillage Majuscule) pour « verrouiller » la position du curseur de cellule dans la feuille de calcul, de manière à faire défiler à l'écran la feuille de calcul avec des touches comme PgSuiv et PgPréc sans changer la position du curseur de cellule (autrement dit, de manière à ce que ces touches se comportent comme les barres de défilement).

Après avoir activé le Verrouillage Majuscule, lorsque vous faites défiler la feuille de calcul avec le clavier, Excel ne sélectionne pas une nouvelle cellule dans la zone affichée. La cellule sélectionnée reste la même, même si elle n'est plus visible à l'affichage. Pour « déverrouiller » le curseur de cellule en utilisant le clavier pour faire défiler la feuille de calcul, vous devez désactiver le Verrouillage Majuscule (soit en appuyant à nouveau sur la touche Verr Maj, soit en appuyant sur la touche Maj, selon le paramétrage de Windows).

Astuces pour l'exploitation du clavier virtuel

Si vous exploitez Excel sur un dispositif dépourvu de clavier physique, c'est *via* le clavier virtuel que vous encoderez vos données.

Pour y accéder, opérez un clic droit dans la barre d'état, puis choisissez Barres d'outils/Clavier tactile pour afficher le bouton Clavier tactile dans cette barre. Cliquez ensuite sur ce bouton.

Cette action provoque l'apparition de ce clavier sous la forme d'une palette flottante dans la partie inférieure de la fenêtre d'Excel.

Pour l'ancrer sous la fenêtre du tableur, cliquez sur le bouton Dock qui s'affiche juste à gauche du bouton Fermer dans l'angle supérieur droit du clavier. La Figure 1.7 montre le clavier ancré.

Une fois ancré, le clavier tactile de Windows 8 reste dissocié de la fenêtre du programme afin de vous permettre d'accéder à toutes les cellules de votre classeur pendant la saisie des données. Il propose avant tout les caractères alphabétiques, une barre d'espacement et quelques signes de ponctuation (apostrophe, virgule, point et point d'interrogation). Il comporte également quelques touches spéciales :

- **Retour arrière :** (en haut à droite, le x dans une flèche pointant vers la gauche) pour effacer les caractères à gauche de point d'insertion.

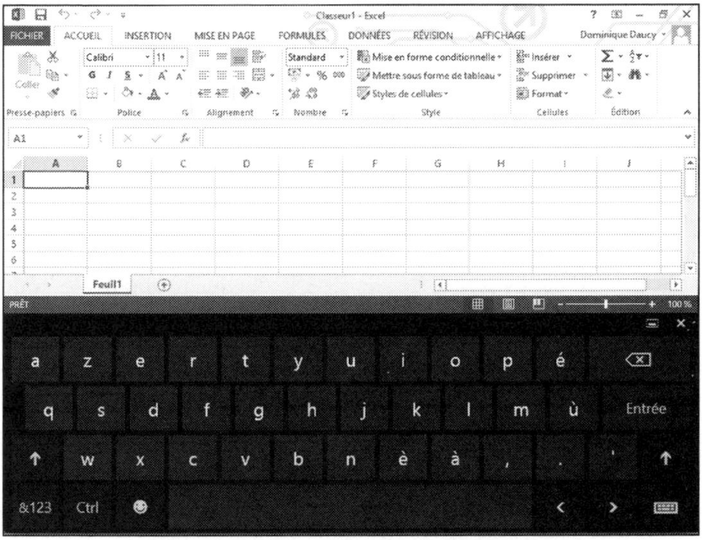

Figure 1.7 : Le clavier virtuel de Windows 8 s'étale sous la fenêtre du programme.

- **Entrée :** pour valider une saisie et déplacer le curseur avec la cellule de la ligne suivante dans la même colonne.
- **Majuscule :** (première et dernière touches de la troisième ligne en commençant par le haut) pour obtenir des majuscules.
- **Nombres :** (accessibles *via* le bouton &123) pour accéder aux chiffres et à d'autres signes de ponctuation. La touche @123 vous permet de revenir de l'affichage numérique à l'affichage alphabétique.
- **Ctrl :** pour exécuter des macros auxquelles vous avez assigné des séquences de touches ou, en combinaison avec les Flèches gauche et droite, pour déplacer le pointeur dans la première ou la dernière colonne de la ligne courante, selon le cas.
- **Émoticônes :** pour accéder à la bibliothèque d'émoticônes et les introduire dans vos cellules. Recliquer sur le bouton rétablit le clavier standard.
- **Flèche gauche :** (symbole <) pour déplacer le pointeur d'une cellule vers la droite.

- **Flèche droite :** (symbole >) pour déplacer le pointeur d'une cellule vers la gauche.

Dès que vous avez terminé la saisie de vos données, licenciez ce clavier en cliquant dans sa case de fermeture ; vous reviendrez ainsi à l'affichage classique du tableur.

Le clavier tactile de Windows 8 peut être dissocié : les touches alphabétiques sont divisées en deux groupes avec, au centre, un pavé numérique à dix touches. Le problème est que, quand il est présenté de la sorte, le clavier propose des touches encore plus petites, ce qui complique la saisie avec les doigts et avec un stylet. En revanche, la présence du pavé numérique vous dispense de basculer constamment entre les caractères alphabétiques et les caractères numériques. Pour dissocier le clavier, touchez le bouton Clavier placé dans l'angle inférieur droit du clavier virtuel (juste à droite de la touche Flèche droite), puis, dans le menu contextuel correspondant, touchez le deuxième bouton en partant de la gauche (celui qui montre un clavier avec un espace libre au centre).

Astuces pour les barres de défilement

Pour comprendre comment fonctionne le défilement dans Excel, représentez-vous cette énorme feuille de calcul comme un rouleau de papier enroulé sur une bobine à chaque extrémité. Pour faire apparaître une partie du rouleau qui se trouve cachée sur sa bobine du côté droit, vous rembobinez la bobine de gauche, jusqu'à ce que la partie voulue apparaisse sous vos yeux. Et pour faire apparaître une partie du rouleau qui se trouve cachée sur sa bobine du côté gauche, vous rembobinez la bobine de droite, jusqu'à ce que la partie voulue apparaisse sous vos yeux. C'est le même principe vers le haut et vers le bas.

Vous pouvez utiliser la barre de défilement horizontal qui se trouve sur le bord inférieur de la feuille de calcul pour faire défiler vos colonnes vers la droite ou vers la gauche et la barre de défilement verticale qui se trouve sur le bord droit de la feuille de calcul pour faire défiler vos lignes vers le haut ou vers le bas. Pour faire défiler d'une colonne ou d'une ligne à la fois dans une direction, cliquez sur la flèche de défilement appropriée à l'une ou l'autre extrémité de la barre de défilement correspondante.

N'oubliez pas que vous pouvez redimensionner la barre de défilement horizontale pour la rendre plus longue ou plus courte en faisant glisser le bouton qui apparaît à son extrémité gauche. Gardez à l'esprit que l'espace restant à gauche de la barre de défilement horizontale permet de loger les onglets des feuilles de calcul que contient le classeur.

Pour faire défiler très rapidement les lignes et colonnes de votre feuille de calcul, maintenez enfoncée la touche Maj et faites glisser le pointeur de la souris dans la direction appropriée dans la barre de défilement correspondante, jusqu'à ce que la ligne ou la colonne que vous voulez voir apparaisse à l'écran. Lorsque vous maintenez enfoncée la touche Maj, le bouton de défilement devient très petit dès que vous maintenez enfoncé le bouton de la souris après avoir placé le pointeur dessus. En même temps, une info-bulle apparaît, indiquant le numéro de la première ligne ou la lettre de la première colonne affichée.

Si vous disposez d'une souris à molette, vous pouvez l'utiliser pour faire défiler directement. Placez simplement le pointeur de cellule en forme de croix approximativement au centre de la feuille de calcul et maintenez enfoncée la molette de la souris. Le pointeur prend la forme d'une flèche à quatre pointes. Faites alors simplement glisser votre souris dans la direction appropriée (vers la gauche ou vers la droite pour faire défiler les colonnes, vers le haut ou vers le bas pour faire défiler les lignes), jusqu'à ce que la zone voulue de la feuille de calcul apparaisse à l'écran.

Sur écran tactile, vous pouvez balayer avec votre doigt pour visualiser d'autres zones du document, non visibles *a priori*. Pour afficher des colonnes situées plus à droite, balayez de la droite vers la gauche. Pour afficher les lignes situées plus bas, balayez du bas vers le haut. C'est la force que vous imprimerez à ce balayage qui déterminera directement le nombre de colonnes ou de lignes qui arriveront ainsi en fenêtre active. Pour revenir à l'affichage précédent, balayez dans l'autre sens.

Gérer les feuilles du classeur

Chaque nouveau classeur que vous créez dans Excel 2013 contient une seule feuille de calcul vierge. Celle-ci comporte 16 384 colonnes et 1 048 576 lignes (ce qui représente la bagatelle de 51 539 607 552 cellules vierges). Mais si vous avez besoin de feuilles supplémentaires dans votre classeur, il vous suffit de cliquer sur le bouton Insérer une feuille de calcul, juste après les onglets des feuilles de calcul existantes, comme le montre la Figure 1.8.

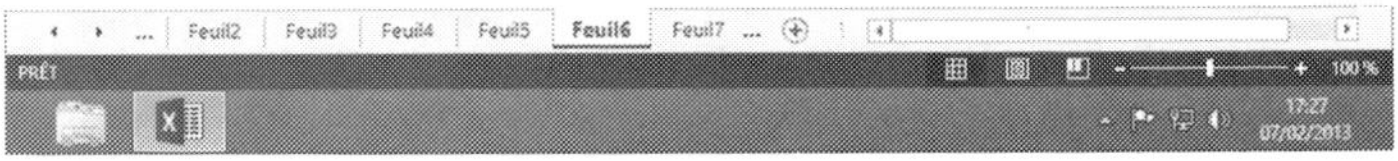

Figure 1.8 : Outils pour la gestion des feuilles.

Dans le coin inférieur gauche de la fenêtre, les boutons de défilement vous permettent de passer d'une feuille à une autre (la précédente ou la suivante) ; ils sont suivis par les onglets des feuilles qui existent déjà dans le classeur, puis par le bouton qui permet d'ajouter une nouvelle feuille. Pour activer une feuille, c'est-à-dire pour la faire apparaître à l'affichage et pouvoir y travailler, il vous suffit de la sélectionner en cliquant sur son onglet. Excel met en évidence la feuille active en présentant son nom en vert et en gras dans l'onglet correspondant.

N'oubliez pas que les raccourcis clavier Ctrl + PgSuiv et Ctrl + PgPréc vous permettent de passer respectivement à la feuille suivante et à la feuille précédente dans votre classeur.

Si votre classeur contient trop de feuilles de calcul pour que tous leurs onglets puissent être affichés en même temps en bas de la fenêtre, utilisez les boutons de défilement situés à gauche des onglets pour les faire défiler et faire apparaître ceux dont vous avez besoin, de manière à ce que vous puissiez alors cliquer sur celui que vous voulez activer.

Pour activer la première feuille d'un classeur, enfoncez la touche Ctrl et cliquez sur le bouton Feuille précédente. Pour afficher la dernière, opérez *via* Ctrl + bouton Feuille suivante.

Pour activer une feuille quelconque, vous pouvez aussi afficher la boîte de dialogue Activer qui répertorie toutes les feuilles de classeur de la première à la dernière : faites un clic droit sur les boutons de défilement, puis sélectionnez, dans la liste, la feuille à afficher et le tour est joué !

N'oubliez pas que, sur dispositif tactile, c'est un toucher maintenu qui remplace le clic droit. Touchez donc les boutons de défilement avec votre doigt ou avec un stylet jusqu'à ce qu'un cercle apparaisse. Interrompez alors le contact ; le menu contextuel s'affiche aussitôt.

Une raison d'ajouter des feuilles dans un classeur

Vous vous demandez peut-être pourquoi on pourrait avoir besoin de plusieurs de calcul dans un classeur, compte tenu du nombre énorme de cellules que la feuille unique proposée par défaut peut contenir. La réponse est que ça dépend tout simplement de la manière dont vous choisissez d'organiser vos données. Vous trouverez souvent plus pratique de les répartir sur plusieurs feuilles (sachant que vous pouvez passer facilement de l'une à l'autre) que de les disséminer sur une grande surface d'une même feuille en vous obligeant à en faire défiler le contenu pour accéder à vos données. Par exemple, si vous faites des budgets pour plusieurs services d'une entreprise, il est plus pratique de disposer d'une feuille pour chaque service. Il vous sera aussi plus facile de cette façon d'imprimer chaque feuille séparément. Enfin, vous pourrez aussi créer une feuille de résumé, consolidant les données des autres.

Découvrir la barre d'état

La barre d'état (Figure 1.9) occupe tout le bord inférieur de la fenêtre d'Excel et comporte les zones suivantes :

- **L'indicateur Mode Cellule** indique l'état du programme Excel (Prêt, Entrer, et ainsi de suite), ainsi que toutes les touches spéciales du clavier qui sont activées (Verr Maj, Verr Num et Défilement).

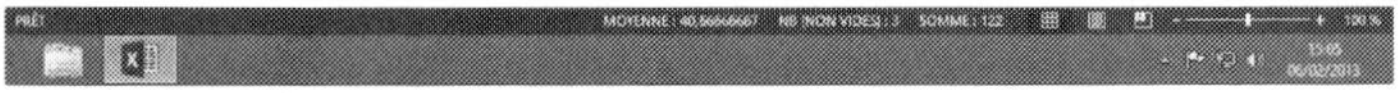

Figure 1.9 : La barre d'état fournit des infos quant à l'état dans lequel se trouve Excel et permet d'afficher la feuille de calcul différemment.

- **Les indicateurs Moyenne, Nombre et Somme** affichent la moyenne et la somme de tous les contenus numériques de l'ensemble des cellules sélectionnées, ainsi que le nombre de ces dernières.
- **Le Sélecteur d'affichage** vous permet de choisir entre trois modes d'affichage pour votre feuille de calcul : Normal (c'est l'affichage par défaut qui ne montre que les cellules avec les en-têtes de lignes et de colonnes) ; Mise en page (qui affiche les règles, les marges et les sauts de page) ; et Sauts de page (qui vous permet de mettre au point la mise en page du document). Pour en savoir plus à ce sujet, reportez-vous au Chapitre 5.
- **Le Curseur de zoom** permet de zoomer en avant ou en arrière dans votre feuille de calcul, en le tirant vers la droite ou vers la gauche.

ÉCRAN TACTILE

Sur dispositif tactile, posez deux doigts, puis écartez-les pour un zoom avant ; pincez-les pour un zoom arrière.

TRUC

L'indicateur Verr. Num. (qui n'est pas affiché dans la configuration par défaut) signale que vous pouvez utiliser le pavé numérique de votre clavier pour entrer des valeurs numériques dans la feuille de calcul.

Lancer et quitter Excel

Excel 2013 ne fonctionne qu'avec Windows 7 et 8. Donc, si vous évoluez encore sous Vista ou XP, vous devrez passer à la version 7 ou 8 si vous voulez exploiter cette nouvelle version du tableur de Microsoft.

Lancer Excel depuis l'écran Accueil de Windows 8

C'est l'enfance de l'art : depuis cet écran, cliquez ou touchez la vignette Excel 2013.

Vous ne la trouvez pas ? Exploitez donc la fonction Rechercher, puis ajouter le programme à votre écran d'accueil :

1. **Depuis l'écran d'accueil, commencez à taper exc depuis le clavier physique ou virtuel.**

   Un volet droit Rechercher s'affiche à droite tandis que Windows 8 propose, dans le volet gauche, la liste des applications qui répondent à votre critère.

2. **Dans ce même volet, opérez un clic droit sur le bouton Excel 2013.**

   Sur écran tactile, touchez-maintenez le bouton Excel 2013 jusqu'à ce qu'un cercle apparaisse ; relâchez alors la pression pour faire apparaître le menu contextuel.

3. **Choisissez Épingler à l'écran d'accueil dans le bandeau de commandes qui vous est proposé dans le bas de l'écran.**

Voilà qui est fait. N'hésitez pas à stocker cette vignette où bon vous semble en la déplaçant par cliquer-glisser.

Lancer Excel depuis le menu Démarrer de Windows 7

Pour agir depuis le menu Démarrer, procédez comme suit :

1. **Cliquez sur le bouton Démarrer dans la barre des tâches pour ouvrir le menu Démarrer.**

   Sur écran tactile, touchez le bouton.

2. **Cliquez sur Démarrer/Tous les programmes/Microsoft Office/Microsoft Office Excel 2013.**

Vous pouvez aussi utiliser le champ Rechercher qui se trouve en bas du menu Démarrer pour identifier l'emplacement du programme Excel sur votre ordinateur et le lancer très rapidement :

1. **Cliquez sur le bouton Démarrer dans la barre des tâches pour ouvrir le menu Démarrer.**
2. **Cliquez dans le champ Rechercher et tapez les deux lettres ex afin que Windows identifie l'emplacement du programme Excel 2013 sur votre ordinateur.**
3. **Cliquez sur l'option Microsoft Office Excel 2013 qui apparaît maintenant dans le volet de gauche du menu Démarrer.**

Ajouter un raccourci vers Excel sur le Bureau de Windows 7

Certains préfèrent disposer d'une icône de raccourci vers le programme Excel sur le Bureau de Windows de manière à pouvoir lancer ce programme en double-cliquant simplement sur cette icône. Pour créer une icône de raccourci vers le programme Excel sur le Bureau de Windows Vista, suivez ces étapes :

1. **Cliquez sur le bouton Démarrer, puis mettez l'option Tous les programmes en surbrillance.**

   Windows 7 affiche une nouvelle liste de programmes.

2. **Sélectionnez Microsoft Office 2013.**

   Windows 7 affiche un sous-menu qui répertorie tous les programmes d'Office 2013.

3. **Faites glisser le bouton Excel 2013 du menu Démarrer vers le bureau de Windows 7 et déposez-le à l'endroit souhaité.**

   Pendant l'opération, un phylactère indiquant « Déplacement vers le Bureau » s'affiche à proximité de l'icône. Dès que vous relâchez le bouton de votre souris, un raccourci Excel 2013 apparaît sur le Bureau. Un double-clic sur cette icône lance le programme.

Ajouter Excel au menu Démarrer de Windows 7

Si vous utilisez fréquemment Excel, il sera sans doute pratique de le faire apparaître dans le menu Démarrer de Windows. La marche à suivre :

1. **Cliquez sur le bouton Démarrer, puis mettez l'option Tous les programmes en surbrillance.**

   Windows 7 affiche une nouvelle liste de programmes.

2. **Sélectionnez Microsoft Office 2013.**

   Windows 7 affiche un sous-menu qui répertorie tous les programmes d'Office 2013.

3. **Faites un clic droit sur Microsoft Excel 2013.**

   Sur écran tactile, touchez-maintenez l'option Excel 2013 ; relâchez quand un cercle apparaît ; vous accéderez ainsi au menu contextuel.

4. **Choisissez Épingler au menu Démarrer.**

L'option Excel 2013 figure désormais dans la partie supérieure du volet de gauche du menu Démarrer ; il suffira de cliquer dessus pour lancer Excel.

Quand Microsoft Excel 2013 est épinglé dans le menu Démarrer de Windows 7, immobiliser le pointeur de la souris dessus déploie une liste contenant les classeurs Excel récemment ouverts. Cliquez sur un des noms de classeur pour l'ouvrir aussitôt dans Excel.

Ajouter Excel à la barre des tâches de Windows 7

Si votre ordinateur tourne sous Windows 7, vous pouvez placer en permanence l'icône Microsoft Excel 2013 dans la barre des tâches.

Il suffit pour cela de faire glisser jusque sur la barre des tâches l'icône d'Excel que vous avez épinglée dans le menu Démarrer ou déposée sur le Bureau (voir les sections précédentes).

L'icône d'Excel reste en permanence dans la barre des tâches. Cliquez dessus pour lancer le programme.

Quitter Excel

Une fois votre travail terminé, vous êtes prêt à quitter Excel ; vous disposez pour cela de plusieurs méthodes :

- Appuyez sur Alt + F4 depuis votre clavier physique ou virtuel.
- Cliquez sur ou touchez le bouton Fermer (X) dans le coin supérieur droit de la fenêtre d'Excel.

Si vous essayez de quitter Excel après avoir travaillé dans un classeur mais sans avoir enregistré vos dernières modifications, le programme émet une alerte sonore et affiche une boîte d'alerte vous demandant si vous voulez enregistrer vos modifications. Pour les enregistrer avant de quitter Excel, cliquez sur le bouton Oui (pour en savoir plus sur l'enregistrement de vos documents, reportez-vous au Chapitre 2). Si vous ne voulez pas enregistrer vos dernières modifications, cliquez sur le bouton Non.

Quitter Excel depuis un écran tactileSi vous exploitez Excel depuis un écran tactile non équipé d'un clavier physique, pensez à activer le mode Tactile *via* la commande Mode tactile/souris du menu local Personnaliser la barre d'outils Accès rapide (voir la section correspondante plus haut dans ce chapitre). La case de fermeture en haut à droite sera alors beaucoup plus facilement accessible et vous risquerez moins de toucher, par mégarde, le bouton Réduire plutôt que le bouton Fermer.

Autre remarque : si votre clavier virtuel est affiché et que vous souhaitez quitter Excel *via* la combinaison de touche Alt + F4 que nous avons mentionnée plus haut, n'oubliez pas de toucher d'abord le bouton Fn pour afficher les touches de fonction avant de taper Alt + F4.

Chapitre 2

Créer une feuille de calcul à partir de zéro

Dans ce chapitre :

- Démarrer un nouveau classeur.
- Entrer des données de trois types possibles dans une feuille de calcul.
- Créer des formules simples.
- Corriger des entrées erronées.
- Utiliser la fonction de correction automatique.
- Faire le total de lignes ou de colonnes avec le bouton Somme automatique.
- Enregistrer votre précieux travail et récupérer les classeurs quand le logiciel ne répond plus.

Maintenant que vous savez démarrer Excel 2013, le moment est venu de passer à l'action sans que cela tourne au cauchemar. Vous découvrirez dans ce chapitre comment entrer toutes sortes d'informations dans toutes ces petites cellules vierges décrites dans le chapitre précédent. Après avoir appris à entrer des données brutes dans la feuille de calcul, vous aborderez ce qui est sans doute la plus importante des leçons : l'enregistrement de toutes ces informations sur le disque afin que vous n'ayez plus à ressaisir tout ça !

La saisie des données

Quand vous lancez Excel 2013, un écran ressemblant à celui de la Figure 2.1 vous est proposé. Il est divisé en deux volets : à gauche, la liste des classeurs que vous avez manipulés récemment et la commande Ouvrir d'autres classeurs ; à droite, les différents modèles qui peuvent vous servir de base.

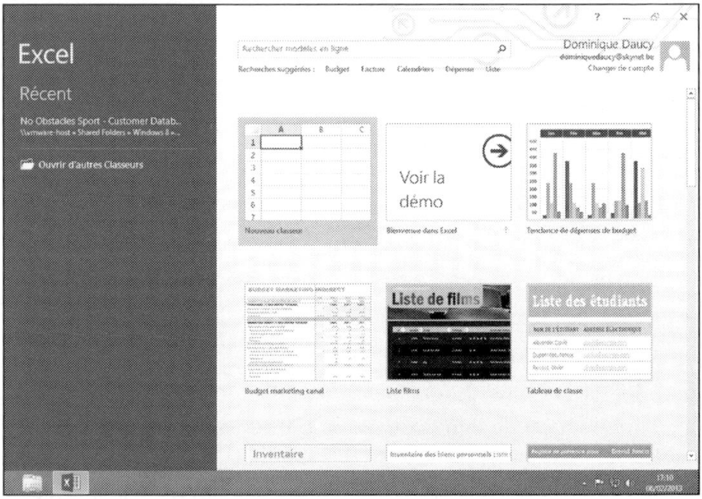

Figure 2.1 : L'écran de démarrage d'Excel 2013, tel qu'il vous est présenté à la mise en service du programme.

Ces modèles s'avèrent très pratiques puisqu'ils comportent déjà des données échantillons et des formatages que vous n'avez qu'à adapter avant de sauvegarder le contenu sous le nom qui vous convient.

La première option du volet droit est Nouveau classeur, qui vous ouvre un classeur résolument vierge. Vient ensuite l'option Voir la démo. Après ça vous trouvez les modèles proprement dits, répartis en catégories (budget, liste, inventaire…). Si vous n'y trouvez pas votre bonheur, il vous reste la possibilité d'exploiter le champ Rechercher modèles en ligne avec, pour compléter la fonction, la possibilité de sélectionner, sous le champ, un type de modèle.

TRUC

Nous vous recommandons de prendre le temps de découvrir la démo dont il vient d'être question avant d'aller plus loin.

Dès que vous cliquez sur cette option, Excel vous ouvre un classeur composé de cinq feuilles, intitulées respectivement Début, Remplissage, Analyse, Graphique et Plus d'infos. Il vous aide à découvrir, notamment, la fonction Remplissage instantané (dont il sera question plus tard) et celle baptisée Analyse rapide (que j'aborderai au Chapitre 3). Son onglet Graphique vous permet également d'apprécier la nouvelle fonctionnalité Graphiques recommandés (qui sera traitée au Chapitre 10).

Si vous choisissez un modèle (c'est-à-dire n'importe quelle option à part Nouveau classeur et Voir la démo), Excel vous soumet instantanément une version agrandie du modèle en question avec un descriptif succinct. Cliquez sur Créer pour télécharger le modèle. Pour y renoncer, cliquez dans la case de fermeture en haut à droite ou enfoncez la touche Échap.

Vous préférez partir de rien ? Optez alors pour Nouveau classeur. Excel s'exécute en vous soumettant un classeur vide nommé Classeur1, constitué d'une seule feuille, baptisée Feuil1. Vous pouvez entamer la saisie.

Dans la pratique

Avant de positionner le pointeur de cellule là où la saisie (ou entrée) doit avoir lieu, Excel doit être en mode Prêt ; ce mode est affiché en toutes lettres dans la barre d'état. Mais, dès que vous commencez à saisir des données, Excel passe en mode Entrer (ce mot remplace le mot Prêt, dans la barre d'état). Si le mode Prêt n'est pas actif, appuyez sur la touche Échap.

En l'absence d'un clavier physique, laissez le clavier virtuel ouvert (de préférence flottant) pendant toute la saisie des données. (Voyez à ce sujet la section « Astuces pour l'exploitation du clavier virtuel » du Chapitre 1.)

Dès lors que vous commencez à saisir en mode Entrer, les caractères que vous tapez apparaissent à la fois dans la cellule de la feuille de calcul et dans la barre de formule, en haut de l'écran. Tout ce que vous tapez dans une cellule a un effet dans la barre de formule, à commencer par l'apparition des boutons Annuler, Entrer et Insérer une fonction, entre la Zone Nom et la barre de formule.

Au fur et à mesure que vous tapez, Excel affiche votre saisie à la fois dans la barre de formule et dans la cellule active de la feuille de calcul, comme l'illustre la Figure 2.2. Le point d'insertion n'est toutefois présent qu'après les caractères affichés dans la cellule.

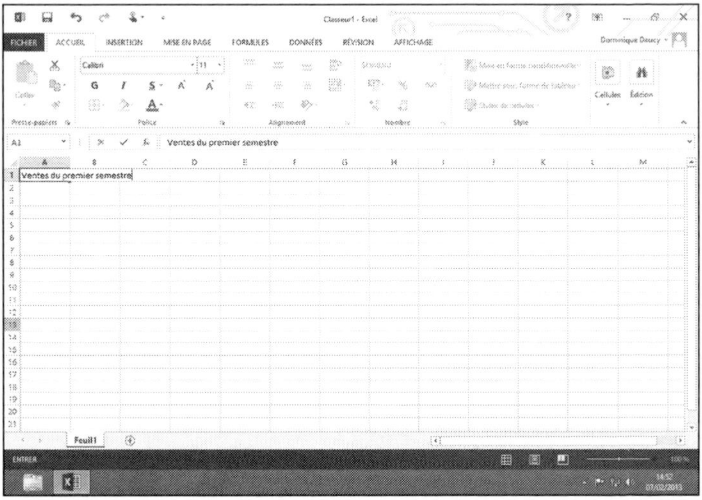

Figure 2.2 : Ce que vous tapez apparaît à la fois dans la cellule active et dans la barre de formule.

Après avoir effectué la saisie, vous devez faire en sorte qu'elle demeure dans la cellule. Pour ce faire, le logiciel doit quitter le mode Entrer et revenir au mode Prêt afin que vous puissiez déplacer le pointeur vers une autre cellule et y entrer éventuellement d'autres données.

Pour terminer la saisie et par là même passer du mode Entrer au mode Prêt, vous pouvez, au choix, cliquer sur le bouton Entrer (dans la barre de formule), appuyer sur la touche Entrée, ou encore appuyer sur une des touches fléchées (←, →, ↑ ou ↓) pour déplacer le pointeur vers une cellule voisine. Il est aussi possible d'appuyer sur la touche Tab ou Maj + Tab.

TRUC

Si vous clôturez la saisie *via* une touche quelconque (Entrée, Tabulation, Majuscule + Tabulation ou une des touches fléchées), non seulement vous validez cette saisie mais, par la même occasion, vous déplacez la sélection vers une cellule voisine.

Bien que chacune de ces manipulations serve à valider la saisie des données dans une cellule, ce qui s'ensuit diffère quelque peu :

- Si vous cliquez sur le bouton Entrer, dans la barre de formule, la saisie est validée mais le pointeur de cellule reste en place.
- Si vous appuyez sur la touche Entrée, la saisie est validée mais le pointeur se place sur la cellule située juste en dessous.
- Si vous appuyez sur une des touches fléchées, la saisie est validée, après quoi le pointeur de cellule se place sur la cellule suivante, dans le sens de la flèche.
- Si vous appuyez sur la touche Tab, la saisie est validée, après quoi le pointeur se déplace vers la cellule immédiatement à droite (ce qui équivaut à appuyer sur la touche Flèche droite). L'appui sur Maj + Tab déplace le pointeur vers la cellule immédiatement à gauche (équivalent de la touche Flèche gauche).

Quelle que soit la méthode que vous adoptez pour effectuer une saisie, Excel désactive la barre de formule dès que la frappe est validée en faisant disparaître les boutons Annuler et Entrer. Les données continuent d'être présentes dans la feuille de calcul, à quelques exceptions près que nous évoquerons plus loin dans ce chapitre. Chaque fois que vous sélectionnerez cette cellule, les données seront de nouveau affichées dans la barre de formule.

Si, pendant la saisie – et aussi longtemps qu'elle n'a pas été validée –, vous vous rendez compte d'une erreur, vous pouvez purger et désactiver la barre de formule en cliquant sur le bouton Annuler (celui avec un X) ou en appuyant sur la touche Échap. Mais si vous ne repérez cette erreur qu'après la validation, vous devrez revenir à cette cellule pour la corriger ou supprimer l'entrée (nous verrons ces opérations dans le Chapitre 4) et refaire la saisie.

Tous les types sont les bienvenus

Pendant que vous entrez joyeusement des données dans le tableur, Excel analyse constamment à votre insu le type de ces données et les classe selon les trois types qu'il connaît : du *texte,* une *valeur* ou une *formule.*

Si Excel découvre qu'il s'agit d'une formule, le logiciel la calcule aussitôt, puis affiche le résultat dans la cellule de la feuille de calcul (la formule elle-même reste cependant visible dans la barre de formule). Si la saisie n'a rien d'une formule, Excel détermine s'il s'agit d'un texte ou d'une valeur.

Il effectue cette distinction pour savoir comment aligner ces données dans la feuille de calcul. Les textes sont calés à gauche des cellules tandis que les valeurs sont calées à droite. De plus, comme la plupart des formules se nourrissent de valeurs, en différenciant les textes des valeurs, Excel sait quelles sont les données qui seront admises par une formule et lesquelles ne le seront pas. Disons sans trop nous y attarder qu'il est facile de faire tourner une formule en bourrique en lui donnant à mouliner du texte là où elle attend des valeurs.

Les signes révélateurs d'un texte

Un *texte* n'est rien d'autre qu'une saisie qu'Excel ne reconnaît ni comme formule ni comme valeur. Autant dire que, en ce qui concerne les types de données, il s'agit carrément d'une catégorie fourre-tout. En pratique, la plupart des entrées de texte (appelées aussi *intitulés*) sont des combinaisons de lettres et de ponctuations, ou de lettres et de chiffres. Les textes servent principalement à créer des titres, des en-têtes ou des annotations.

Il est facile de savoir si une saisie a produit un texte, car ce type de données est automatiquement aligné contre le bord gauche de la cellule. Si le texte est plus long que la cellule, il déborde sur la ou les cellules à droite, aussi longtemps que celles-ci sont vides (Figure 2.3).

Si par la suite vous entrez une information dans une cellule sur laquelle du texte a débordé, Excel tronque le texte, comme le

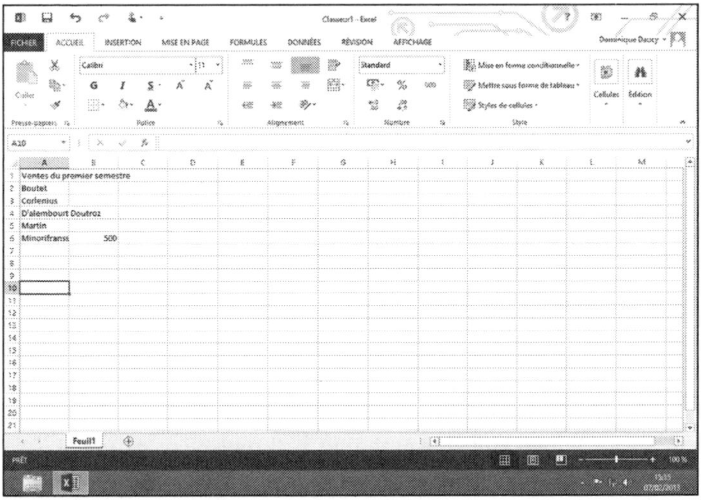

Figure 2.3 : Un texte long déborde à droite de la cellule, sur ses voisines vides.

montre la Figure 2.3 au niveau de la cellule A6. Ne vous inquiétez pas, Excel n'a pas du tout coupé le texte, il a simplement évité de l'afficher pour libérer de la place pour les nouvelles données. Pour récupérer la partie masquée du texte, vous devrez élargir la colonne qui le contient (nous verrons comment dans le Chapitre 3).

Comment Excel évalue-t-il les valeurs ?

Les *valeurs* sont les blocs de construction de la plupart des formules que vous élaborerez dans Excel. Il en existe deux sortes : les chiffres qui représentent des quantités (14 unités en stock ou 140 000 euros…) et les chiffres qui représentent une date (le 19 décembre 2013) ou une heure (13:30).

Vous pouvez savoir si Excel a accepté une entrée comme valeur en observant comment il l'a alignée ; une valeur est toujours calée à droite. Si elle est trop grande pour tenir dans la cellule, Excel la convertit automatiquement en *notation scientifique*. Par exemple, la valeur 6E + 08 indique que 6 est suivi par 8 zéros, soit une valeur de 600 millions. Pour obtenir l'affichage d'un nombre scientifique en notation décimale, plus conventionnelle, il suffit d'élargir la cellule (nous verrons comment dans le Chapitre 3).

S'assurer que c'est bien le bon chiffre

Quand vous créez une nouvelle feuille de calcul, vous passez sans doute beaucoup de temps à entrer des nombres qui représentent toutes sortes de quantités, de l'argent que vous avez gagné (ou perdu) à la part du budget professionnel que vous accordez à la machine à café et aux croissants (ah bon, vous n'avez pas le droit de déduire les croissants ?)

Pour entrer une valeur numérique représentant une quantité positive, comme vos revenus de l'année écoulée, vous sélectionnez une cellule, tapez un nombre (par exemple **459600**), puis validez cette saisie avec la touche Entrée ou en cliquant sur le bouton Entrer, et ainsi de suite. Pour entrer une valeur numérique négative, comme les dépenses de café et de croissants, vous tapez d'abord sur la touche - (moins) avant de taper le nombre, **-1750** par exemple (ce qui n'est finalement pas beaucoup comparé à ce que vous avez gagné), après quoi vous validez cette entrée.

Si vous avez l'habitude de la comptabilité, vous pouvez placer les chiffres négatifs, comme vos dépenses, entre parenthèses. Vous taperez alors **(1750)**. Remarquez qu'en procédant ainsi Excel convertit automatiquement les parenthèses en signe moins : vous tapez **(1750)** mais Excel affiche -1750 (ne vous inquiétez pas pour vos chères parenthèses, vous verrez au Chapitre 3 comment les récupérer).

Pour des valeurs monétaires comme l'euro, vous pouvez ajouter le symbole monétaire € et séparer les milliers. Dès que vous tapez une valeur suivie d'un signe monétaire, Excel met automatiquement cette valeur en forme.

Pour entrer des valeurs décimales, vous utilisez la virgule (ou le point décimal du pavé numérique, qui est automatiquement converti en virgule par Excel). Au besoin, Excel ajoute automatiquement un zéro avant la virgule ; par exemple, si vous tapez **,34** dans une cellule, elle devient automatiquement 0,34 au moment de la validation. De même, les zéros superflus sont éliminés : taper **12,50** donne 12,5 (mais il est bien sûr possible de forcer la mise en forme pour faire apparaître ces zéros décimaux).

NOTE TECHNIQUE

Pour Excel, le texte ne compte pas

Faites le test suivant : entrez 10 dans une cellule, puis entrez un texte quelconque dans la cellule du dessous ; sélectionnez ensuite ces deux cellules et consultez les infos dans la zone des indicateurs de la barre d'état : SOMME indique 10 et NB indique 2 : les deux cellules sélectionnées produisent la somme de 10, prouvant bien que le texte n'est pas pris en considération.

Pour obtenir l'équivalence décimale d'une valeur exprimée sous la forme d'une fraction, il suffit de taper cette valeur fractionnaire. Par exemple, si vous ignorez que 2,1875 est la représentation décimale de 2 et 3/16, tapez simplement **2 3/16** en veillant à placer une espace entre 2 et 3/16. Après avoir validé cette saisie, rien n'a changé dans la cellule, mais dans la barre de formule vous lisez le résultat : 2,1875. Comme vous le découvrirez dans le Chapitre 3, il s'agit là d'une petite astuce qu'utilise Excel pour afficher l'équivalent de 2 3/16 dans la barre de formule.

N'OUBLIEZ PAS

Si vous entrez des fractions simples comme 3/4 ou 5/8, vous devez les faire précéder d'un zéro suivi d'une espace ; par exemple : 0 3/4 ou 0 5/8. Autrement, Excel penserait que vous saisissez des dates qu'il traduirait respectivement par 03-avr et 05-août.

Quand vous entrez dans une cellule une valeur numérique qui représente un pourcentage, vous avez le choix entre :

- Diviser le nombre par 100 et entrer son équivalent décimal (en décalant la virgule de deux chiffres vers la gauche, comme vous l'avez appris à l'école). Vous taperez par exemple **,12** pour 12 %.
- Entrer le nombre suivi du signe de pourcentage : 12 %.

Quelle que soit la méthode choisie, Excel stocke la valeur décimale dans la cellule (0,12 dans notre exemple). Si vous utilisez le signe de pourcentage, Excel applique la mise en forme correspondante, c'est-à-dire 12 %.

Fixer les décimales

Si vous devez entrer une série de chiffres qui doivent comporter un même nombre de décimales, activez la fonction Décimale fixe d'Excel. Elle s'avère vraiment commode lorsque vous devez saisir des centaines de valeurs financières ou comptables avec deux décimales pour les centimes.

Procédez comme suit pour spécifier le nombre de décimales à afficher pour les nombres que vous entrez :

1. **Cliquez sur Fichier/Options, ou appuyez sur Alt + FI, puis cliquez sur l'onglet Options avancées dans la boîte de dialogue Options Excel.**

   La boîte de dialogue Options Excel apparaît, avec l'onglet Options avancées au premier plan.

2. **Dans la section Options d'édition, cochez la case Décimale fixe.**

   Par défaut, Excel affiche deux chiffres après la virgule. Pour modifier ce paramètre, passez à l'Étape 3. Si vous voulez le conserver, passez à l'Étape 4.

3. **Sélectionnez ou tapez une nouvelle valeur dans le champ Place ou utilisez les boutons fléchés pour l'augmenter ou la réduire.**

   Par exemple, si vous voulez afficher trois décimales, fixer la valeur de Place à 3 donnera : 00,000.

4. **Cliquez sur OK ou appuyez sur Entrée.**

   Excel affiche la mention Décimale fixe dans la barre d'état pour bien indiquer que la fonction Décimale fixe est active.

Après avoir fixé les décimales, Excel ajoute automatiquement la virgule décimale à toutes les valeurs numériques que vous serez amené à entrer. Tout ce que vous avez à faire est de taper des chiffres et de les valider. Par exemple, pour entrer 100,99 dans une cellule lorsque la place de la décimale fixe est 2, vous taperez **10099** sans jamais taper la virgule. Dès que vous validez ces chiffres, Excel fait apparaître 100,99 dans la cellule.

Taper comme avec la bonne vieille calculatrice

Vous pouvez obtenir plus encore de la fonction Décimale fixe en sélectionnant la plage de cellules dans laquelle vous voulez entrer des chiffres et en appuyant ensuite sur la touche Verr Num afin de procéder aux saisies à partir du pavé numérique, comme avec une calculatrice.

En procédant ainsi, tout ce que vous avez à faire pour entrer des plages de données dans les cellules est de les taper et d'appuyer sur la touche Entrée du pavé numérique. Excel insère la virgule au bon endroit, puis décale le pointeur vers la prochaine cellule. Mieux, lorsque vous avez tapé la dernière valeur d'une colonne, appuyer sur Entrée déplace automatiquement le pointeur en haut de la prochaine colonne de la sélection.

Regardez les Figures 2.4 et 2.5 pour voir en quoi la méthode de la calculatrice peut vous être utile. Dans la Figure 2.4, la fonction Décimale fixe est active, avec 2 places décimales et la plage de cellules allant de B3 à D9 est sélectionnée. Vous remarquez aussi que six entrées ont été faites dans les cellules B3 à B8 et une septième, 9,88, est en cours de saisie dans la cellule B9. Pour procéder à cette entrée en mode Décimale fixe, il suffit de taper **988** à partir du pavé numérique.

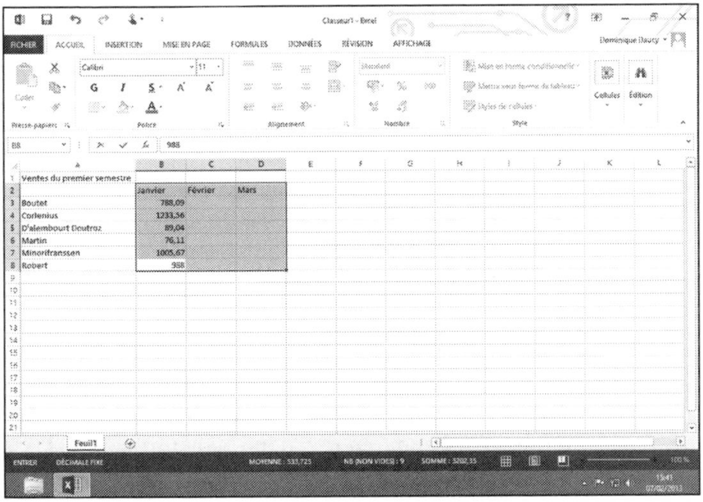

Figure 2.4 : Pour entrer la valeur 9,88 dans la cellule B9, tapez 988 et appuyez sur la touche Entrée.

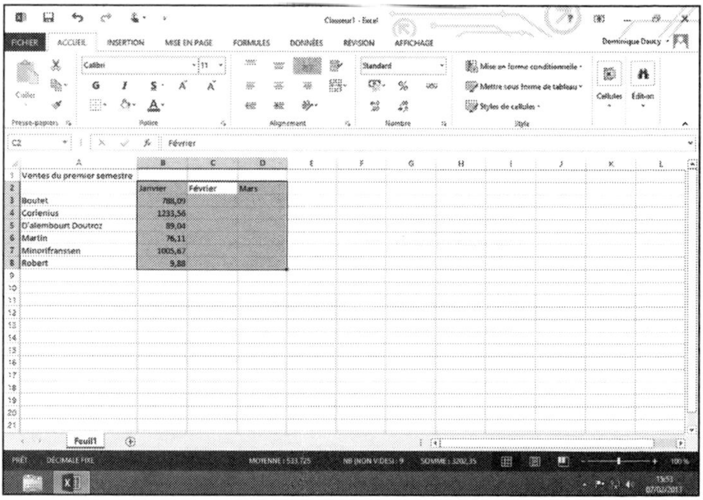

Figure 2.5 : Après activation de la touche pour valider la valeur introduite dans la cellule B9. Le pointeur passe ensuite automatiquement à la cellule C3.

Dans la Figure 2.5, observez ce qui se passe juste après avoir appuyé sur Entrée (la touche habituelle ou celle du pavé numérique). Excel a non seulement placé la virgule dans la valeur de la cellule B9, mais il a aussi déplacé le pointeur vers la cellule C3, en haut de la colonne suivante.

La saisie des dates et des heures

De prime abord, il peut sembler assez curieux que dans une feuille de calcul les dates et les heures soient considérées comme des valeurs plutôt que comme du texte. La raison en est simple : les dates et les heures peuvent être utilisées dans des formules, ce qui ne serait pas envisageable si elles étaient du texte. Il est par exemple possible d'entrer deux dates, puis d'élaborer une formule qui soustraie la plus récente de la plus ancienne et retourne le nombre de jours qui les sépare.

Excel détermine si la valeur que vous venez d'entrer est une date ou une heure, ou bien du texte, selon le format utilisé. Si celui-ci correspond à un des formats de date ou d'heure d'Excel, le logiciel considère ces valeurs comme une date ou comme une heure. En revanche, si le format n'est pas reconnu, l'entrée est considérée comme du texte.

Excel reconnaît les formats d'heure suivants :

3 AM ou PM

3 A ou P (pour AM et PM)

3:21

3:21:04 AM ou PM

15:21

15:21:04

(Les initiales AM et PM, utilisées dans les pays anglophones, sont respectivement celles des termes latins *ante meridiem,* « avant midi » et *post meridiem,* « après midi ». Elles sont utilisées pour différencier les heures dans un système horaire basé sur 12 heures.)

Excel reconnaît les formats de date suivants :

6 novembre 2013 ou 6 novembre 13

6/11/13 ou 6-11-13

6-nov-13, 6/nov/13 ou 6nov13

6/13, 6-nov, 6/nov ou 6nov

06nov ou 06-nov

Les dates au XXIe siècle

Contrairement à ce que vous pourriez penser, l'entrée dans le XXIe siècle n'empêche pas de ne saisir que les deux derniers chiffres d'un millésime. Par exemple, pour entrer la date du 6 janvier 2013 dans une feuille de calcul, vous pouvez taper 6/1/13. Ou encore 15/2/25 pour entrer la date du 15 février 2025.

N'OUBLIEZ PAS

Vous pouvez vous contenter d'entrer uniquement les deux derniers chiffres pour les années inférieures à 2029. Pour les décennies suivantes, les 4 chiffres sont requis. En effet, ce système de datation sur deux chiffres ne fonctionne que pour les trois premières décennies du nouveau siècle, y compris la dernière année du siècle échu, c'est-à-dire de 2000 à 2029. Dès 2030, vous devrez entrer la date sur quatre chiffres.

Cela signifie aussi que, pour saisir les dates des trois premières décennies du XXe siècle, de 1900 à 1929, vous devez taper les quatre chiffres de l'année. Par exemple, pour entrer le 21 juillet 1925, vous saisirez **21/7/1925** dans la cellule. Autrement, si vous vous contentez de taper 25, Excel considérera qu'il s'agit de l'année 2025 et non de 1925 !

Excel affiche toujours les quatre chiffres d'une date dans une cellule ou dans la barre de formule, même si vous n'en avez tapé que deux. Autrement dit, si vous tapez **6/11/04** dans une cellule, Excel affichera néanmoins **6/11/2004** dans la cellule et dans la barre de formule.

Vous saurez ainsi toujours si une date appartient au XXe siècle ou au XXIe siècle, même si vous n'arrivez pas à retenir les dates qui peuvent être entrées sur deux chiffres et celles qui doivent l'être sur quatre (vous apprendrez dans le Chapitre 3 comment formater les dates pour n'afficher que les deux derniers chiffres dans une feuille de calcul).

Pour en savoir plus sur les opérations arithmétiques simples à base de dates et d'heures, reportez-vous au Chapitre 3.

Concocter ces fabuleuses formules !

Les formules sont les véritables chevaux de bataille d'Excel. Pour peu qu'une formule ait été correctement élaborée, elle renverra le résultat recherché dès sa validation. Par la suite, elle réagira en temps réel à toutes les modifications apportées aux cellules dont elle dépend.

Vous indiquez à Excel que vous tapez une formule – et non du texte ou une valeur – en commençant la saisie par le signe = (égal). Il précède toutes les formules, même les plus élémentaires comme SOMME ou MOYENNE (reportez-vous à la section « Placer une fonction dans une formule avec l'Assistant Fonction », plus loin dans ce chapitre, pour en savoir plus sur l'utilisation des fonctions d'Excel). D'autres formules simples se basent sur une série de valeurs ou de références de cellules contenant des valeurs. Ces dernières sont séparées par un ou plusieurs des opérateurs mathématiques suivants :

+ Addition

- Soustraction

* Multiplication

/ Division

^ Puissance

Par exemple, pour créer dans la cellule C2 une formule qui multiplie la valeur contenue dans la cellule B2, vous taperez la formule suivante : **=A2*B2**.

Procédez comme suit pour entrer cette formule :

1. **Sélectionnez la cellule C2.**
2. **Tapez l'intégralité de la formule : =A2*B2.**
3. **Appuyez sur la touche Entrée.**

Ou :

1. **Sélectionnez la cellule C2.**
2. **Tapez le signe = (égal).**
3. **Sélectionnez la cellule A2 en cliquant dedans ou en utilisant les touches fléchées.**

   Cette action place la cellule de référence A2 dans la formule, comme le montre la Figure 2.6.

4. **Tapez * (sur la plupart des claviers, ce caractère se trouve à proximité de la touche Entrée).**

   L'astérisque est le signe de multiplication. Il se substitue au signe « × » appris à l'école.

5. **Sélectionnez la cellule B2 avec la souris ou au clavier.**

   Cette action insère le contenu de la cellule B2 dans la formule, comme le montre la Figure 2.7.

6. **Cliquez sur le bouton Entrer pour terminer la formule tout en laissant le pointeur sur la cellule C2.**

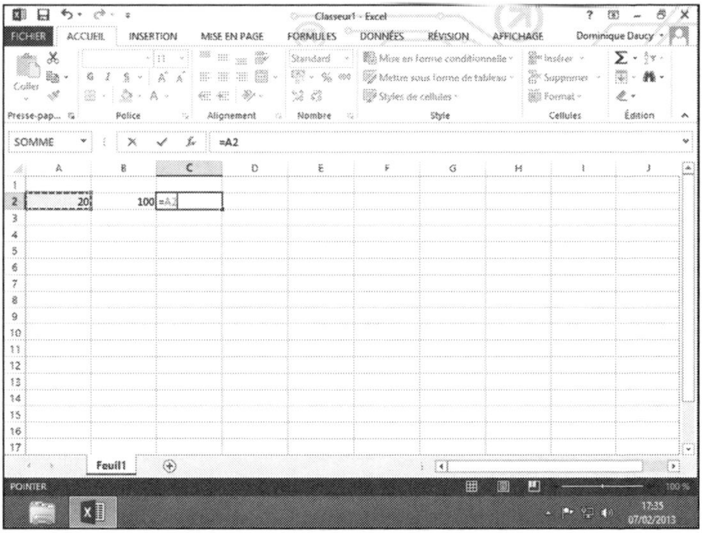

Figure 2.6 : Pour commencer à créer la formule, tapez le signe =, puis sélectionnez la cellule A2.

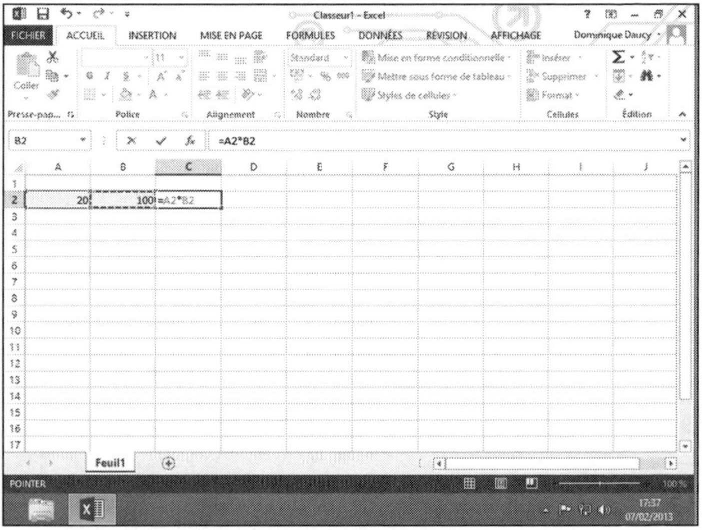

Figure 2.7 : Pour entrer la seconde partie de la formule, tapez *, puis sélectionnez la cellule B2.

Excel affiche le résultat du calcul dans la cellule C2 ; la formule apparaît dans la barre de formule (voir Figure 2.8).

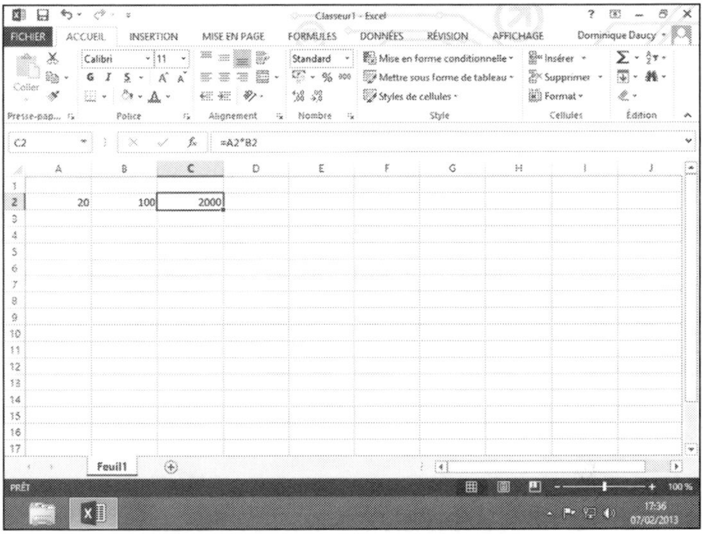

Figure 2.8 : Cliquez sur le bouton Entrer. Excel affiche le résultat dans la cellule C2 ; la formule apparaît dans la barre de formule.

Après avoir validé la formule =A2*B2 dans la cellule C2, Excel affiche le résultat selon les valeurs actuellement contenues dans les cellules A2 et B2. La grande force du tableur réside dans la possibilité de recalculer immédiatement et automatiquement la formule dès qu'une des cellules dépendant d'une formule est modifiée.

Nous en arrivons à la partie intéressante : après avoir créé une formule qui, comme celle de notre exemple, se réfère à des valeurs contenues dans certaines cellules (et non à des valeurs appartenant à la formule), tout changement apporté à ces valeurs entraîne le recalcul de la formule puis l'affichage du résultat dans la feuille de calcul. Dans l'exemple de la Figure 2.8, si vous remplacez la valeur de la cellule B2 par 50 au lieu de 100, Excel recalcule la formule et affiche le nouveau résultat dans la cellule C2, soit 1000.

Pour l'avoir, il suffit de pointer

Cette méthode de sélection des cellules à utiliser dans une formule, différente de la frappe de leurs références au clavier, est appelée *pointage*. Sur la plupart des matériels sur lesquels s'exécute Excel 2013, le pointage est non seulement plus rapide que la saisie des références, mais aussi plus sûr, car il élimine tout risque de faute de frappe. Or, la moindre erreur dans la lettre d'une colonne ou le numéro d'une ligne peut avoir des conséquences désastreuses.

Sur des écrans tactiles de format réduit (comme ceux des smartphones), l'opération de pointage est évidemment plus délicate. Nous vous recommandons, dans ce cas, de préférer la saisie. Sachez simplement que, lorsque vous introduisez, dans une formule, la première lettre de votre référence de colonne, Excel affiche spontanément la liste de toutes les fonctions intégrées dont le nom commence par la même lettre. Cette liste disparaît dès que vous saisissez la seconde lettre de la colonne ou le premier nombre de la ligne. Pensez enfin à vérifier que vous avez bien introduit, dans vos formules, les bonnes références.

La priorité des opérations

De nombreuses formules que vous créerez effectueront plus d'une opération mathématique. Excel les exécute de la gauche vers la droite selon un ordre hiérarchique strict, qui est en fait l'ordre naturel des opérations arithmétiques. La multiplication et la division sont prioritaires sur l'addition et la soustraction et, de ce fait, effectuées en premier, même si ces opérations ne figurent pas en tête dans la formule (lors d'une lecture de gauche à droite).

Étudions la série d'opérations de cette formule :

```
=A2+B2*C2
```

Si la cellule A2 contient le nombre 5, la cellule B2 le nombre 10 et la cellule C2 le nombre 2, Excel évalue la formule de la manière suivante :

```
=5+10*2
```

Dans cette formule, Excel commence par multiplier 10 par 2, ce qui donne 20, puis il ajoute 5, ce qui donne 25.

Si vous tenez à ce qu'Excel effectue l'addition entre les valeurs des cellules A2 et B2 avant de procéder à la multiplication du résultat par la valeur de la cellule C2, vous devez mettre l'addition entre parenthèses, comme suit :

```
=(A2+ B2)*C2
```

La parenthèse indique à Excel que cette opération doit être effectuée avant la multiplication. Dans ce cas de figure où A2 contient 5, B2 contient 10 et C2 contient 2, Excel commence par additionner 5 et 10, ce qui donne 15, après quoi il multiplie ce résultat par 2 pour produire le résultat final 30.

Dans des formules plus alambiquées, vous devrez jongler avec beaucoup plus de parenthèses, en les imbriquant parfois, comme les célèbres poupées russes, pour imposer l'ordre dans lequel les calculs doivent être exécutés. Lorsque des parenthèses sont imbriquées, Excel commence par calculer celle qui est le plus à l'intérieur. Voyons par exemple la formule :

```
=(A4+(B4-C4))*D4
```

Excel soustrait d'abord la valeur de la cellule C4 de celle de la cellule B4, puis il ajoute la différence à la valeur de la cellule A4 et multiplie enfin le résultat par la valeur de D4.

Sans les deux paires de parenthèses imbriquées, livré à lui-même, Excel aurait d'abord multiplié la valeur de la cellule C4 par celle de la cellule D4, puis il aurait ajouté la valeur de la cellule A4 à celle de la cellule B4 avant d'effectuer la soustraction.

Ne vous inquiétez pas trop du risque d'oublier une parenthèse lorsque vous en utilisez plusieurs dans une formule. S'il en manque une, Excel affiche une boîte d'alerte et propose de corriger la formule afin d'apparier les parenthèses. Si vous êtes d'accord avec cette correction, cliquez simplement sur le bouton Oui. Quoi qu'il en soit, veillez toujours à utiliser des parenthèses et non des crochets [ ] ou des accolades { }, ce qu'Excel n'apprécie pas du tout (les accolades étant réservées aux calculs matriciels).

Les erreurs de formule

Dans certaines circonstances, même la formule la mieux écrite peut faire des siennes une fois qu'elle a été validée. Vous vous rendez compte que quelque chose ne va pas lorsque, au lieu de voir apparaître le résultat attendu, la cellule affiche un étrange message en majuscules précédé d'un dièse (#) et terminé par un point d'exclamation (!) ou, dans un cas bien particulier, par un point d'interrogation (?). Cette bizarrerie est appelée, dans le jargon des tableurs, *valeur d'erreur*. Elle est censée vous prévenir qu'un élément – que ce soit dans la formule elle-même ou dans une cellule à laquelle elle se réfère – empêche Excel de procéder au calcul.

Quand une de vos formules renvoie une valeur d'erreur, un signal d'alerte (un point d'exclamation dans un losange) apparaît à gauche de la cellule lorsque le pointeur de cellule est situé sur celle-ci. Dans l'angle supérieur gauche de la cellule figure un petit triangle vert. Lorsque vous placez le pointeur de la souris sur ce signal d'alerte, Excel affiche une description sommaire de l'erreur de formule, ainsi qu'un bouton de liste déroulante. Lorsque vous cliquez dessus, un menu contextuel doté de plusieurs options apparaît. Pour obtenir de l'aide en ligne sur cette erreur de formule, notamment des suggestions pour la corriger, cliquez sur l'option Aide sur cette erreur.

Le pire avec les valeurs d'erreur est qu'elles peuvent se répercuter dans d'autres formules de la feuille de calcul. Si une formule retourne une valeur d'erreur dans une cellule et qu'une autre formule d'une autre cellule s'y réfère, cette deuxième formule retourne à son tour la même erreur, qui risque d'être reprise ailleurs et ainsi de suite.

Lorsqu'une valeur d'erreur apparaît dans une cellule, vous devez découvrir son origine, puis modifier la formule. Le Tableau 2.1 recense quelques-unes des valeurs d'erreur que vous risquez de rencontrer et indique les causes les plus communes.

Corriger les entrées erronées

Nous visons tous à la perfection, mais comme bien peu d'entre nous peuvent s'en prévaloir – en ce qui concerne Excel bien sûr –, nous finissons tous par nous planter plus ou moins. Quand il s'agit d'entrer de grandes quantités de données, la faute de frappe n'attend qu'un moment d'inattention pour s'immiscer dans le travail. Mais, dans notre quête de la feuille parfaite, nous ne sommes pas sans armes. Voici quelques recommandations. La première est de configurer Excel pour qu'il rectifie automatiquement certaines fautes de frappe grâce à la fonction de correction automatique. La seconde est de corriger manuellement les petites erreurs, soit au moment de la saisie, soit après validation.

Tableau 2.1 : Les valeurs d'erreur susceptibles d'entacher des formules

Ce qu'affiche la cellule	Cause probable
#DIV/0!	Se produit lorsqu'un élément de la formule doit être divisé par le contenu d'une cellule dont la valeur est 0 ou, ce qui est le plus souvent le cas, lorsque cette cellule est vide. En mathématique, la division par zéro est une aberration.
#NOM?	Se produit lorsque la formule se réfère à un nom de plage (reportez-vous au Chapitre 6 pour en savoir plus sur ce sujet) qui n'existe pas dans le classeur. Ce type d'erreur apparaît lorsque vous faites une faute de frappe en tapant le nom ou lorsque du texte utilisé dans une formule n'est pas placé entre guillemets, ce qui laisse croire à Excel qu'il s'agit d'un nom de plage.
#NUL!	Se produit le plus souvent lorsque vous insérez une espace, au lieu du point-virgule utilisé pour séparer les références de cellules utilisées comme arguments pour les fonctions.
#NOMBRE!	Se produit lorsqu'Excel rencontre dans la formule un problème avec un nombre, comme un type d'argument erroné dans une fonction ou un calcul qui produit un nombre trop grand ou trop petit pour être représenté dans la feuille de calcul.
#REF!	Se produit lorsqu'Excel rencontre une référence de cellule non valide. C'est le cas lorsque vous supprimez une cellule utilisée par une formule ou, dans certains cas, quand vous collez des cellules par-dessus celle à laquelle se réfère la formule.
#VALEUR!	Se produit lorsque vous utilisez le mauvais type d'argument ou d'opérateur dans une fonction, ou lors de l'appel à une opération mathématique qui se réfère à des cellules contenant du texte.

La correction automatique

La correction automatique est une aubaine pour tous ceux d'entre nous qui ont tendance à répéter toujours les mêmes erreurs. Grâce à cette fonction, vous pouvez signaler vos fautes de frappe favorites à Excel et obtenir de lui qu'il les corrige aussitôt.

La première fois que vous installez Excel, la correction automatique est d'ores et déjà configurée pour corriger les deux premières lettres majuscules des textes que vous entrez (il met automatiquement la deuxième lettre en minuscule). Il met une majuscule aux noms des jours, ou remplace fort judicieusement un texte erroné par un autre, corrigé.

Vous pouvez à tout moment ajouter vos propres termes à la liste de mots à corriger. Ces textes de remplacement peuvent être de deux types : ceux qui corrigent des fautes de frappe que vous ne pouvez pas vous empêcher de faire et des abréviations ou des acronymes que vous devez tout le temps taper en entier.

Pour déclarer un texte de remplacement :

1. **Cliquez sur Fichier/Options, puis sur l'onglet Vérification dans la boîte de dialogue Options Excel, puis sur le bouton Options de correction automatique.**

   Excel ouvre la boîte de dialogue Correction automatique que montre la Figure 2.9.

2. **Dans l'onglet Correction automatique de la boîte de dialogue qui apparaît, entrez le texte ou l'abréviation dans le champ Remplacer.**

3. **Entrez la correction ou la forme complète correspondant à l'abréviation dans le champ Par.**

4. **Cliquez sur le bouton Ajouter ou appuyez sur la touche Entrée afin d'insérer la correction dans la liste.**

5. **Cliquez sur OK pour fermer la boîte de dialogue Correction automatique.**

Figure 2.9 : Pour accélérer des saisies compliquées, placez une abréviation du terme ou un diminutif dans le champ Remplacer et le texte complet dans le champ Par.

Les règles de modification d'une cellule

En dépit de la correction automatique, des erreurs peuvent néanmoins se produire. Leur correction varie selon que vous les avez repérées au cours de la saisie ou après validation.

- Si vous avez repéré l'erreur avant d'avoir validé l'entrée, vous pouvez la corriger en appuyant sur la touche Retour Arrière jusqu'à ce que vous ayez supprimé tous les caractères erronés de la cellule. Il ne vous reste plus ensuite qu'à retaper le reste de l'entrée.
- Si vous n'avez découvert l'erreur qu'après coup, vous avez le choix entre le remplacement de toute l'entrée ou la seule correction de l'erreur.
- Si le contenu de la cellule est facile à retaper, vous choisirez sans doute de le remplacer. Pour ce faire, positionnez le pointeur sur cette cellule, tapez la nouvelle entrée, puis

validez-la en cliquant sur le bouton Entrer ou en appuyant sur la touche Entrée ou sur une flèche de direction.

- Si l'erreur est facile à corriger mais que l'entrée est longue, vous aurez sans doute intérêt à modifier le contenu de la cellule plutôt que tout retaper. Pour éditer l'entrée, double-cliquez dedans ou appuyez sur la touche de fonction F2.
- L'une et l'autre de ces actions activent la barre de formule qui affiche de nouveau les boutons Entrer et Annuler, tandis que le point d'insertion réapparaît dans la cellule. Notez que, quand vous double-cliquez, le point d'insertion apparaît là où vous avez cliqué ; si vous appuyez sur F2, il apparaît après le dernier caractère de l'entrée.
- Remarquez aussi que, dans la barre d'état, l'indicateur de mode se met sur Modifier. Dans ce mode, vous pouvez utiliser la souris ou les touches fléchées pour déplacer le point d'insertion jusqu'à l'endroit à corriger.

Le Tableau 2.2 contient les touches du clavier que vous pouvez utiliser pour positionner le point d'insertion dans une entrée de cellule et supprimer les caractères indésirables. Pour insérer de nouveaux caractères au point d'insertion, il suffit de les taper. Pour supprimer des caractères au fur et à mesure que vous tapez les nouveaux, appuyez une seule fois sur la touche Insert pour passer du mode d'insertion normal au mode de remplacement, dans lequel les caractères tapés écrasent ceux qu'ils rencontrent. Pour revenir au mode d'insertion normal, appuyez de nouveau sur Insert. Lorsque les corrections auront été faites, vous devrez appuyer sur Entrée afin qu'Excel valide les modifications et les prenne en compte.

Quand Excel est en mode Modifier, vous devez entrer le contenu d'une cellule modifiée en cliquant sur le bouton Entrer ou en appuyant sur Entrée. Vous ne pouvez utiliser les touches fléchées pour terminer l'entrée que si Excel est en mode Entrer. En mode Modifier, les touches fléchées déplacent le point d'insertion dans la cellule, mais pas du tout le pointeur vers d'autres cellules.

Tableau 2.2 : Les touches de modification du contenu d'une cellule

Touche	Action
Suppr	Supprime le caractère à droite du point d'insertion.
Retour Arrière	Supprime le caractère à gauche du point d'insertion.
à	Décale le point d'insertion d'un caractère vers la droite.
ß	Décale le point d'insertion d'un caractère vers la gauche.
á	Si le point d'insertion est la fin de l'entrée, il est déplacé à la position qu'il occupait précédemment.
Fin ou â	Place le point d'insertion après le dernier caractère de l'entrée.
Origine	Place le point d'insertion avant le premier caractère de l'entrée.
Ctrl + à	Place le point d'insertion devant le prochain mot de l'entrée.
Ctrl + ß	Place le point d'insertion devant le mot précédent de l'entrée.
Inser	Fait passer du mode Insertion au mode Écrasement et inversement.

Se débarrasser des corvées de saisie

Avant de conclure la question de la saisie des données, nous estimons devoir vous présenter quelques moyens qui pourront vraiment vous aider à alléger la corvée que représente bien souvent la saisie des données. Il s'agit de la saisie semi-automatique, de la recopie automatique, du remplissage instantané, mais aussi de la manière d'entrer des données dans un groupe de cellules préalablement sélectionné et de répéter la même entrée un certain nombre de fois dans un ensemble de cellules.

La saisie semi-automatique

La fonction de saisie semi-automatique d'Excel ne fera pas tout à votre place, mais elle vous aidera néanmoins à saisir vos données. Dans le but louable de vous décharger des tâches les plus ingrates, les programmeurs de Microsoft ont mis au point une intéressante fonction qui facilite vos saisies.

La *saisie semi-automatique* est une sorte de mémoire qui anticipe la frappe selon ce que vous avez commencé à taper. Elle n'entre en jeu que quand vous tapez du texte, mais pas avec les chiffres ou les formules. Lorsque vous entrez du texte, la saisie semi-automatique recherche si, ailleurs dans la colonne, du texte commençant par les mêmes lettres existe déjà. Si c'est le cas, elle complète aussitôt votre saisie, vous évitant ainsi d'avoir à taper le reste.

Supposons par exemple que nous ayons tapé **Centre culinaire Pigeon vole** dans la cellule A3, puis que le pointeur ait été déplacé vers la cellule A4. Dès activation de la touche C – en majuscule ou en minuscule, cela n'a pas d'importance –, la saisie semi-automatique ajoute aussitôt le restant, soit *_entre culinaire Pigeon vole* juste après le C.

La saisie semi-automatique est parfaite si les cellules A3 et A4 doivent contenir les mêmes entrées. Mais supposons que les entrées commencent par les mêmes lettres, mais qu'elles diffèrent ensuite. La saisie semi-automatique fonctionnera aussi longtemps que les lettres seront identiques – le mot *Centre* en l'occurrence – ; il suffit de continuer à taper. Dès que le texte diffère, comme dans *Centre Jack & Jill*, la saisie semi-automatique cesse dès la frappe du J, car elle n'a plus rien à vous proposer.

La recopie automatique

Bon nombre des feuilles de calcul exigent la saisie de séries de chiffres ou de dates qui se suivent. Vous devrez par exemple entrer les douze mois de l'année dans un classeur, ou numéroter des cellules de 1 à 100.

La fonction de recopie d'Excel, également appelée *recopie incrémentée*, facilite considérablement ces tâches répétitives. Tout ce que vous avez à faire est de taper la première valeur d'une série. Le plus souvent, la recopie automatique se fera un plaisir de remplir les cellules voisines en tirant une poignée de recopie vers la droite pour incrémenter sur une ligne, ou vers le bas pour incrémenter dans une colonne.

La poignée de recopie, qui a la forme d'une croix noire, n'apparaît que quand vous placez le pointeur de la souris sur le coin inférieur droit d'une cellule, ou de la dernière cellule si une plage a été sélectionnée. Gardez à l'esprit que, en faisant glisser une sélection de cellules avec le pointeur de souris en forme d'épaisse croix blanche, Excel se contente d'étendre la sélection aux cellules par-dessus lesquelles vous avez tiré le pointeur (voir Chapitre 3). Si vous faites glisser la sélection avec le pointeur en forme de flèche, Excel déplace la sélection (voir Chapitre 4).

Quand vous créez une série avec la poignée de recopie, vous ne pouvez tirer que dans une seule direction à la fois. Il vous est par exemple possible de remplir les cellules situées à droite ou à gauche sur la même ligne que la cellule initiale contenant les données à recopier, ou vers le haut ou le bas de la même colonne. Mais il est exclu d'opérer dans deux directions, par exemple vers la droite, puis vers le bas en tirant la poignée en diagonale.

Lorsque vous actionnez la souris, le logiciel vous tient informé des données qu'il entre dans la dernière cellule de la plage sélectionnée en affichant son contenu à proximité du pointeur, dans une sorte d'info-bulle. Dès que vous relâchez le bouton de la souris après avoir étendu la recopie, Excel crée une série de données dans toutes les cellules que vous avez sélectionnées ou recopie simplement la valeur initiale sans la modifier. À droite de la dernière entrée qu'il vient d'effectuer, Excel affiche un bouton contextuel qui déroule un menu proposant plusieurs options. Elles servent à outrepasser l'option de recopie par défaut par laquelle Excel recopie la valeur de départ dans une plage de cellules et à activer à la place la recopie incrémentée.

Les Figures 2.10 et 2.11 montrent comment utiliser la fonction de recopie automatique pour entrer des mois de l'année sur une ligne, en commençant par janvier dans la cellule B2 et en finissant par juin en G2. Pour ce faire, tapez simplement **Janvier** dans la cellule B2, amenez le pointeur de la souris sur la poignée de recopie située sur le coin inférieur droit de la cellule, puis tirez-la jusque sur la cellule G2, comme le montre la Figure 2.10. Lorsque vous relâchez le bouton de la souris, Excel remplit les cellules avec les différents mois, de février à juin, comme l'illustre la Figure 2.11. Remarquez que les mois ainsi

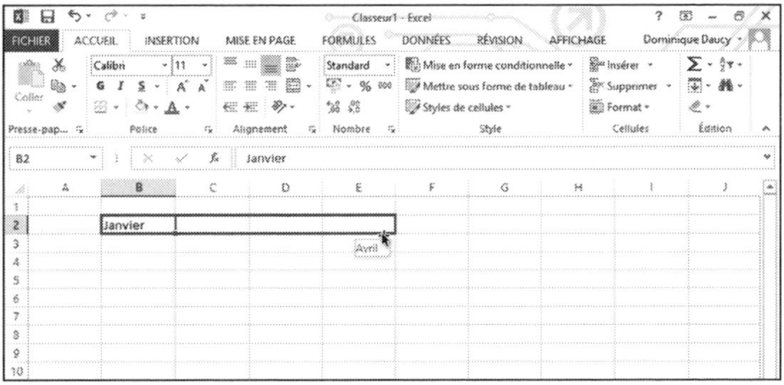

Figure 2.10 : Pour obtenir une série de mois, tapez Janvier dans une cellule, puis tirez la poignée de recopie pour créer automatiquement les autres mois.

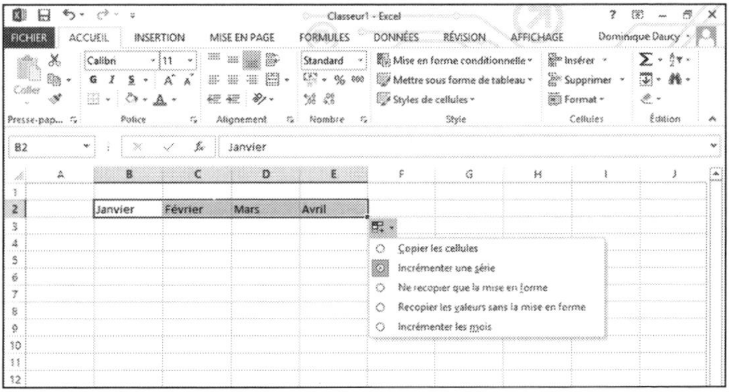

Figure 2.11 : Au moment où vous relâchez le bouton de la souris, Excel remplit les cellules avec les différents mois. Un bouton contextuel affiche un menu permettant de sélectionner un type de recopie.

créés restent sélectionnés, ce qui vous laisse une possibilité de modifier la série ; si vous étiez allé trop loin, tirer la poignée de recopie vers la gauche aurait limité la recopie à celle voulue. Ou encore, si vous n'étiez pas allé assez loin, tirer la poignée aurait ajouté des mois.

Vous pouvez aussi utiliser les options du menu contextuel de la recopie automatique, ouvert en cliquant sur le bouton qui apparaît à proximité de la poignée de recopie et choisir un autre type de recopie que celui proposé par défaut. Pour qu'Excel recopie le mot « janvier » dans chaque cellule, choisissez l'option Copier les cellules. Pour ne recopier que le format de la cellule d'origine (le gras ou l'italique par exemple, ainsi que les couleurs, les bordures, *etc.*), sélectionnez l'option Ne recopier que la mise en forme. Pour recopier les mois sans recopier la mise en forme de la cellule B2, choisissez l'option Recopier les valeurs sans la mise en forme.

Le Tableau 2.3, dans la section suivante, indique les valeurs initiales susceptibles d'être utilisées pour une recopie automatique et les résultats qu'elle produit.

Travailler avec des séries échelonnées

La recopie automatique utilise la valeur initiale sélectionnée (date, heure, jour, année...) pour produire une série. Toutes les séries énumérées dans le Tableau 2.3 varient de 1 (un jour, un mois, une unité...). Il est toutefois possible de faire en sorte que la recopie automatique s'effectue selon une autre valeur en entrant deux valeurs de départ dans des cellules voisines, qui quantifient la modification d'une valeur à une autre. Ces deux valeurs constitueront la sélection initiale que vous étendrez avec la poignée de recopie.

Par exemple, pour démarrer une série le lundi et entrer un jour sur deux dans une ligne, vous taperez **Samedi** dans une cellule et **Lundi** dans la cellule suivante. Après avoir sélectionné ces deux cellules, tirez la poignée de recopie vers la droite aussi loin que nécessaire. Lorsque vous relâchez le bouton de la souris, Excel remplit les cellules avec la série Mercredi, Vendredi, Dimanche, Mardi, et ainsi de suite.

Copier avec la recopie automatique

Vous pouvez utiliser la recopie automatique pour copier un texte sur une plage de cellules, mais sans incrémentation. Pour ce faire, maintenez la touche Ctrl enfoncée tout en cliquant et en tirant la poignée de recopie. Un petit signe « + » apparaît près de la poignée, indiquant qu'une *copie* est en cours, et non une copie incrémentée. Vous pouvez vérifier que l'entrée dupliquée ne change pas en observant l'info-bulle dont le contenu reste identique à celui de la cellule d'origine. Si vous voulez néanmoins incrémenter la recopie, il suffit de cliquer sur le

Tableau 2.3 : Séries susceptibles d'être créées avec la recopie automatique.

Entrée initiale	Série produite par la recopie automatique
Juillet	Août, Septembre, Octobre...
Juil	Août, Sept, Oct, Nov...
Mardi	Mercredi, Jeudi, Vendredi...
Mar	Mer, Jeu, Ven, Sam...
01/04/2002	02/04/2002, 03/04/2002, 04/04/2002...
Janv-00	Févr-00, Mars-00, Avr-00...
15-Févr	16-Févr, 17-Févr, 18-Févr...
10:00 PM	11:00 PM, 12:00 PM, 1:00 AM
8:01	9:01, 10:01, 11:01, 12:01...
1er trim	2e trim, 3e trim, 4e trim...
Tr1	Tr2, Tr3, Tr4, Tr5, Tr6...
T3	T4, T1, T2, T3, T4, T1...
Produit 1	Produit 2, Produit 3, Produit 4...
1er produit	2e produit, 3e produit...

bouton contextuel et de choisir, dans le menu, l'option Incrémenter une série ; les éléments copiés sont aussitôt transformés en série d'éléments numérotés ou successifs.

Alors que maintenir la touche Ctrl enfoncée pendant la recopie automatique empêche l'incrémentation du texte, il en va tout autrement avec les valeurs numériques ! Supposons que vous avez entré le nombre **17** dans une cellule et tiré la poignée de recopie pour remplir les cellules voisines. Dans ce cas, Excel recopie le nombre 17 dans chacune des cellules. Mais si la touche Ctrl est enfoncée, la recopie est incrémentée et donne 18, 19, 20, et ainsi de suite. Si vous avez oublié ce détail et créé une série de nombres incrémentés, alors que vous vouliez simplement recopier le nombre à l'identique dans les cellules, corrigez la manipulation en cliquant sur le bouton contextuel et choisissez l'option Copier les cellules.

Créer une liste personnalisée

En plus de pouvoir varier l'incrémentation d'une série de recopies automatiques, vous pouvez créer vos propres séries. Par exemple, vous vendez des CD de musique classique des compositeurs suivants :

- Chostakovitch
- Gretchaninov
- Rachmaninov
- Rimski-Korsakov
- Rostropovitch
- Tchaïkovski
- Tcherepnine

Au lieu d'avoir à taper sans cesse le nom de chacun de ces artistes chaque fois que vous devez les lister dans une feuille de calcul, vous pouvez en faire une liste personnalisée. Il vous suffira ensuite de taper Chostakovitch dans la première cellule, puis de tirer sur la poignée de recopie pour placer automatiquement tous les autres noms dans les cellules sélectionnées.

Procédez comme suit pour créer une liste personnalisée :

1. **Cliquez sur Fichier/Options, puis sur l'onglet Options avancées. Dans la section Général (faites défiler le volet droit pour y accéder), cliquez sur le bouton Modifier les listes personnalisées. La boîte de dialogue Listes personnalisées apparaît (Figure 2.12).**

   Si vous avez déjà tapé une liste personnalisée dans une plage de cellules, allez à l'Étape 2. Sinon, allez à l'Étape 5.

2. **Cliquez dans le champ de texte Importer la liste des cellules, puis sélectionnez, dans la feuille de calcul, la plage de cellules concernées (voyez à ce propos le Chapitre 3).**

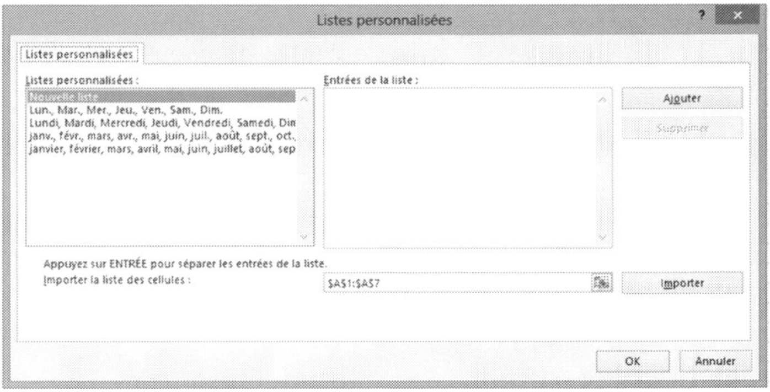

Figure 2.12 : Création d'une liste personnalisée à partir de plages de cellules existantes.

Dès que vous entamez le mouvement, Excel réduit au minimum la boîte de dialogue Options afin qu'elle ne vous gêne pas. Il en rétablit l'affichage classique dès que vous terminez votre sélection.

3. **Cliquez sur le bouton Importer pour copier le contenu des cellules dans la fenêtre Entrées de la liste.**

   Passez à l'Étape 6.

4. **Cliquez dans la fenêtre Entrées de la liste. Tapez ensuite chaque entrée dans l'ordre qui vous convient ; n'oubliez pas de taper sur la touche Entrée après chaque saisie.**

   Après avoir tapé tous les intitulés dans la fenêtre Entrées de la liste, vous pouvez passer à l'étape suivante.

5. **Cliquez sur le bouton Ajouter afin de transférer les éléments dans la liste Listes personnalisées.**

   Créez éventuellement d'autres listes personnalisées en procédant comme nous venons de l'indiquer.

6. **Cliquez sur OK pour fermer la boîte de dialogue Listes pers. et revenir à la boîte de dialogue Options Excel, puis cliquez sur OK ou appuyez sur Entrée pour fermer la boîte de dialogue Options Excel et revenir à la feuille de calcul courante du classeur actif.**

Après avoir ajouté une liste personnalisée dans Excel, il vous suffira simplement de taper la première entrée dans une cellule, puis de tirer la poignée de recopie dans une direction pour que les autres éléments de la liste apparaissent dans la plage de cellules.

TRUC

Si vous n'avez pas l'intention de taper la première ligne, utilisez la fonction de saisie semi-automatique décrite précédemment dans ce chapitre ; créez une entrée sous la forme d'un acronyme qui affichera automatiquement le nom complet comme *albb* pour *A la bonne bouffe*.

Faire de la recopie automatique sur un écran tactile

ÉCRAN TACTILE

Voici comment vous y prendre pour créer une série si vous exploitez Excel sur un écran tactile :

1. **Touchez la cellule qui comporte la première valeur de la future série.**

   Excel sélectionne cette cellule et affiche ses poignées de sélection (avec des cercles) dans l'angle supérieur gauche et l'angle inférieur droit.

2. **Touchez-maintenez cette cellule jusqu'à ce qu'une mini-barre d'outils apparaisse.**

   Elle propose une rangée unique de boutons de commande, de Coller à Recopie automatique, en terminant par un bouton de menu contextuel (avec un triangle noir pointant vers le bas).

3. **Touchez le bouton Recopie automatique.**

   Excel referme la barre d'outils et ajoute un bouton de Recopie automatique à la cellule sélectionnée (une flèche bleue orientée vers le bas qui se manifeste dans son angle inférieur droit).

4. **Faites glisser ce bouton sur les cellules vides de la colonne ou de la ligne dans lesquelles vous souhaitez que la recopie se fasse.**

   Pendant que vous agissez, la case Nom de la barre de formule vous informe de l'entrée suivante dans la série. Lorsque vous interrompez le contact, Excel remplit toutes les cellules que vous avez désignées.

Recopier avec l'outil Remplissage de l'onglet Accueil

Autre solution pour ceux d'entre vous qui exploitent Excel sur un écran tactile sans disposer d'une souris ni d'un trackpad : agir depuis le Ruban.

Voici comment vous y prendre :

1. **Entrez la/les première(s) valeur(s) de la future série dans les cellules de la feuille de calcul, là où vous souhaitez que cette future série apparaisse.**
2. **Sélectionnez la plage dans laquelle la série doit être créée (en ligne ou en colonne) en prenant soin d'inclure, dans la sélection, cette/ces première(s) valeur(s).**
3. **Touchez le bouton Remplissage, puis sélectionnez l'option Série du menu local.**

   Le bouton Remplissage se trouve dans le groupe Édition, directement sous le bouton Somme automatique.
4. **Dans la boîte de dialogue Série de données, validez l'option Recopie incrémentée de la rubrique Type, puis confirmez par OK.**

Notez que cette fenêtre propose différentes options vous permettant d'exercer un contrôle pointu de la fonction. Dans une série de type Linéaire, vous pouvez définir la valeur du pas dans la case éponyme. Dans le même ordre, pour qu'une série linéaire s'interrompe lorsqu'une valeur donnée est atteinte, exprimez-vous dans la case Dernière valeur.

Pour toute série chronologique avec un incrément autre que le jour, vous aurez le choix, comme incrément, entre jour ouvré, mois ou année.

Vive le remplissage instantané !

Nouveau mode d'autocomplétion d'Excel 2013, le remplissage instantané est une fonctionnalité qui vous permet de recopier sans effort une partie de donnée d'un endroit vers un autre, le tout sans avoir à créer ou à copier des formules complexes.

Prenons un exemple pour illustrer cette spectaculaire commande. Imaginons une série de noms et de prénoms réunis dans la colonne A d'un tableau. Le but : obtenir, dans la colonne B, les prénoms et, dans la colonne C, les noms.

Voici comment exploiter à cette fin le remplissage instantané :

1. **Tapez Rémy en B2 et validez via Entrée ou Flèche vers le bas.**

   Excel déplace alors la sélection vers la cellule B3, où il vous suffit de taper la première lettre du prénom suivant pour que Remplissage instantané comprenne immédiatement votre intention.

2. **En B3, tapez A.**

   Aussitôt, la fonction complète le prénom et vous montre qu'elle est prête à en faire autant pour tous les prénoms de la liste (Figure 2.13).

3. **Confirmez via Entrée ou Flèche vers le bas.**

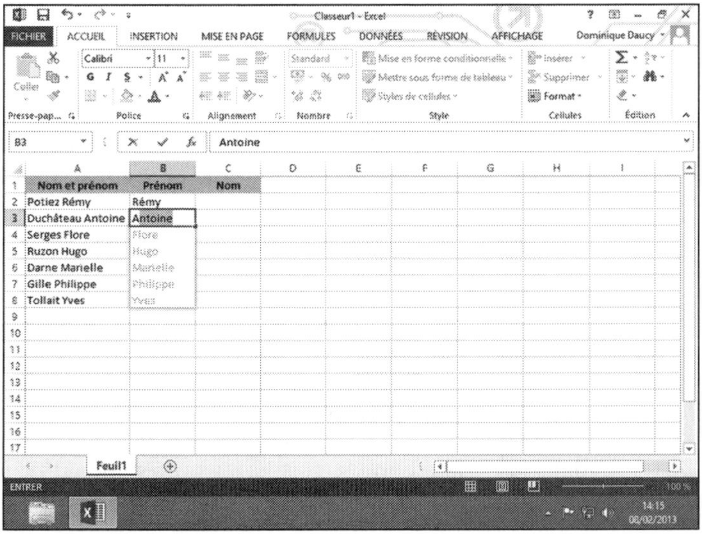

Figure 2.13 : Le remplissage instantané en action.

Et le tour est joué !

Répétez l'opération pour entrer les noms dans la colonne C : tapez **Potiez** en C2, puis tapez **D** en C3 et concluez par Entrée.

Forcément, dans notre exemple, nous n'avons traité que sept entrées. Mais le travail n'aurait pas été plus lourd si nous avions eu à en traiter des centaines. Une fonction que vous aurez plaisir à exploiter tant elle vous fera gagner du temps.

Seul impératif : les données à traiter doivent être présentées de la même manière avec un séparateur identique (espace, virgule, tiret…). Dernière remarque : la fonction est capable de ventiler autre chose que des données texte, comme, par exemple, des références de pièces détachées (style AJ-1234 ou RW-8007).

Insérer des symboles et des caractères spéciaux

Avec Excel, l'insertion de caractères spéciaux est très facile (symboles de devises, marque déposée, copyright, *etc.*). Pour insérer un symbole ou un caractère spécial, cliquez dans le Ruban sur Insertion/Symbole, dans le groupe Symboles, pour ouvrir la boîte de dialogue Caractères spéciaux.

Cette boîte de dialogue contient deux onglets : Symboles et Caractères spéciaux. Pour insérer un signe mathématique ou le symbole d'une devise, sous l'onglet Symboles, localisez-le dans la liste, cliquez dessus, puis sur le bouton Insérer. (À la place, vous pouvez également double-cliquer dessus.) Pour insérer des caractères de langue étrangère ou des lettres accentuées appartenant à d'autres jeux de caractères, déroulez la liste Sous-ensemble, puis cliquez sur un nom de sous-ensemble. Ensuite, vous n'avez plus qu'à trouver, dans la zone de liste, le caractère souhaité, puis à cliquer dessus. L'insertion des symboles monétaires ou des signes mathématiques utilisés très souvent (tels que le symbole de l'euro et les signes + ou -) est un jeu d'enfant : ils figurent, toujours sous l'onglet Symboles, dans la section Caractères spéciaux récemment utilisés.

Pour insérer des caractères spéciaux, tels que le symbole de la marque déposée, une marque de paragraphe ou des points de suspension, cliquez sur l'onglet Caractères spéciaux de la boîte de dialogue du même nom. Repérez le caractère dans la liste, cliquez dessus, puis cliquez sur le bouton Insérer (l'insertion par double-clic fonctionne également).

Une fois vos travaux d'insertion achevés, fermez la boîte de dialogue Caractères spéciaux en cliquant sur le bouton Fermer situé dans le coin supérieur droit.

Les entrées de la plage

Si vous devez saisir un tableau de données dans un nouveau classeur, vous vous simplifierez le travail – et votre existence – en sélectionnant d'abord toutes les cellules vides qui devront contenir ces données avant même de procéder à leur entrée. Pour cela, placez le pointeur dans la première cellule de ce qui sera le tableau, puis sélectionnez toutes les cellules dans les colonnes et les lignes voisines (reportez-vous au Chapitre 3 pour apprendre à sélectionner des plages de cellules). Enfin, commencez à entrer la première donnée.

Quand vous sélectionnez une *plage* de cellules avant de commencer à entrer des informations, Excel restreint la saisie des données à cette plage de la façon suivante :

- Le logiciel avance automatiquement le pointeur de cellule à la prochaine cellule de la plage lorsque vous cliquez sur le bouton Entrer ou appuyez sur la touche Entrée pour valider une saisie.
- Dans une plage contenant plusieurs lignes et colonnes, Excel fait descendre le pointeur de cellule dans la colonne afin que vous puissiez procéder aux entrées ; lorsqu'il atteint la dernière cellule dans la partie sélectionnée de la colonne, Excel place le pointeur tout en haut de la prochaine colonne à droite. Si le tableau n'occupe qu'une ligne, le pointeur est décalé de gauche à droite.
- Lorsque vous finissez d'entrer des informations dans la dernière cellule de la plage sélectionnée, Excel positionne le pointeur de cellule sur la première cellule du tableau

de données qui vient d'être terminé. Pour désélectionner la plage de cellules, cliquez sur une des cellules de la feuille de calcul, hors du tableau ou à l'intérieur, ou appuyez sur une touche fléchée.

Veillez à ne pas appuyer sur une touche fléchée pour valider la saisie dans une des cellules de la plage sélectionnée, au lieu de cliquer sur le bouton Entrer ou d'appuyer sur la touche Entrée. L'appui sur une touche fléchée désélectionne en effet la plage au moment où Excel déplace le pointeur de cellule. Utilisez une de ces méthodes pour déplacer le pointeur de cellule sans désélectionner la plage :

- Appuyez sur Entrée pour passer à la cellule inférieure puis, le moment venu, passer à la prochaine colonne. Appuyez sur Maj + Entrée pour reculer à la cellule précédente.
- Appuyez sur la touche Tab pour passer à la prochaine cellule de la colonne de droite et descendre ensuite dans la colonne. Appuyez sur Maj + Tab pour revenir à la cellule précédente.
- Appuyez sur Ctrl + . (point du pavé numérique) pour aller d'un coin de la plage à un autre.

La saisie express

Quand une même entrée (texte, valeur ou formule) doit apparaître dans plusieurs cellules d'un classeur, vous économiserez beaucoup de temps et d'énergie en la plaçant dans toutes ces cellules en une seule opération. Sélectionnez d'abord la plage de cellules qui doit contenir l'information (comme nous le verrons dans le Chapitre 3, Excel permet de sélectionner plusieurs cellules à la fois), procédez à la saisie, puis validez avec les touches Ctrl + Entrée pour répartir la saisie dans toutes les plages sélectionnées.

Pour que cette opération réussisse, vous devez maintenir la touche Ctrl enfoncée au moment où vous appuyez sur Entrée afin qu'Excel puisse répartir la saisie dans toutes les cellules sélectionnées. Si vous oubliez d'appuyer sur Ctrl, Excel ne place les données que dans la première cellule de la plage. Sur le clavier virtuel, touchez Ctrl, puis Entrée.

Vous pouvez aussi accélérer la saisie des données dans une liste comportant des formules en vous assurant que la case Étendre les formules et formats de plage de données est cochée dans la section Options d'édition de l'onglet Options avancées de la boîte de dialogue Options Excel (pour la faire apparaître, cliquez sur Fichiers/Options). Lorsque cette case est cochée, Excel met automatiquement en forme les nouvelles données que vous tapez dans la dernière colonne d'une liste en fonction de la mise en forme existant dans les colonnes déjà remplies et copie les formules présentes dans ces colonnes. Notez cependant que pour utiliser cette nouvelle fonctionnalité, vous devez d'abord manuellement entrer les formules et configurer la mise en forme dans au moins trois colonnes avant la nouvelle colonne.

Améliorer les formules

Précédemment dans ce chapitre, vous avez appris dans la section « Concocter ces fabuleuses formules ! » à créer des formules qui exécutent un certain nombre d'opérations mathématiques simples telles que l'addition, la soustraction, la multiplication et la division. Au lieu de créer des formules complexes à partir de zéro et/ou d'une combinaison plus ou moins compliquée de ces opérations, vous pouvez demander à une fonction d'Excel de se charger de cette tâche.

Une *fonction* est une formule prédéfinie qui exécute un certain type de calcul. Tout ce que vous avez à faire est de fournir les valeurs que cette fonction utilisera pour déterminer le résultat. En jargon de tableur, ces valeurs sont appelées *arguments de la fonction*. À l'instar des fonctions simples, vous pouvez entrer les arguments de la plupart des fonctions soit sous une forme numérique, comme **22** ou **-4,56**, soit, comme c'est souvent le cas, sous la forme d'une référence de cellule (**B10**) ou d'une plage de cellules (**C3:F3**).

Comme pour les formules que vous créez vous-même, chaque fonction doit commencer par le signe = (égal), afin qu'Excel sache que vous allez taper une fonction ou une formule et non du texte. Juste après le signe égal, vous entrez le nom de la fonction (en majuscules ou en minuscules) suivi des arguments indispensables pour que les calculs puissent être effectués. Tous les arguments d'une fonction sont toujours entre parenthèses.

Après avoir tapé le signe égal et commencé à taper les premières lettres du nom de la fonction que vous voulez utiliser, une liste déroulante apparaît juste en dessous de la cellule, vous proposant toutes les fonctions dont le nom commence par les lettres que vous venez de taper. Identifiez le nom de la fonction que vous voulez dans cette liste, double-cliquez dessus et Excel achève de l'entrer pour vous dans la cellule et dans la barre de formule, suivi de la parenthèse ouvrante (() qui précède les arguments de la fonction.

Excel affiche alors, juste en dessous de la cellule, une info-bulle vous indiquant les arguments attendus par la fonction et vous pouvez spécifier la cellule ou la plage de cellules que vous voulez utiliser comme premiers arguments, soit en la pointant avec la souris, soit en tapant ses références. Dans le cas d'une fonction à plusieurs arguments, vous pouvez cliquer sur les cellules successives ou parcourir la plage de cellules avec la souris (en maintenant enfoncé son bouton gauche), ou bien vous pouvez taper manuellement les arguments successifs, sans oublier de les séparer par un point-virgule (;).

Après avoir entré le dernier argument, tapez la parenthèse fermante ()) pour indiquer la fin de la liste des arguments. L'info-bulle contenant le nom de la fonction et la liste de ses arguments nécessaires disparaît. Cliquez ensuite sur le bouton Entrer ou appuyez sur Entrée ou sur une touche fléchée pour valider la fonction et obtenir d'Excel qu'il calcule le résultat.

Placer une fonction dans une formule avec l'Assistant Fonction

Bien qu'il soit possible d'entrer une fonction en la tapant directement dans une cellule, Excel met à votre disposition, dans la barre de formule, un bouton Assistant Fonction, fort utile pour choisir n'importe laquelle des fonctions intégrées d'Excel. Quand vous cliquez sur ce bouton (après avoir sélectionné la cellule dans laquelle vous voulez insérer la fonction), Excel ouvre la boîte de dialogue Insérer une fonction (voir Figure 2.14) dans laquelle vous pouvez choisir une des fonctions prédéfinies. Après en avoir sélectionné une, Excel ouvre la boîte de dialogue Arguments de la fonction dans laquelle vous spécifiez les différents paramètres à utiliser. Le gros intérêt de cette boîte de dialogue se révèle lorsque vous rencontrez une fonction qui ne vous est pas familière ou est vraiment très complexe (certaines sont plutôt trapues). Vous obtiendrez une aide extrêmement détaillée sur les arguments requis en cliquant sur le lien hypertexte `Aide sur cette fonction`, dans le coin inférieur gauche de la boîte de dialogue.

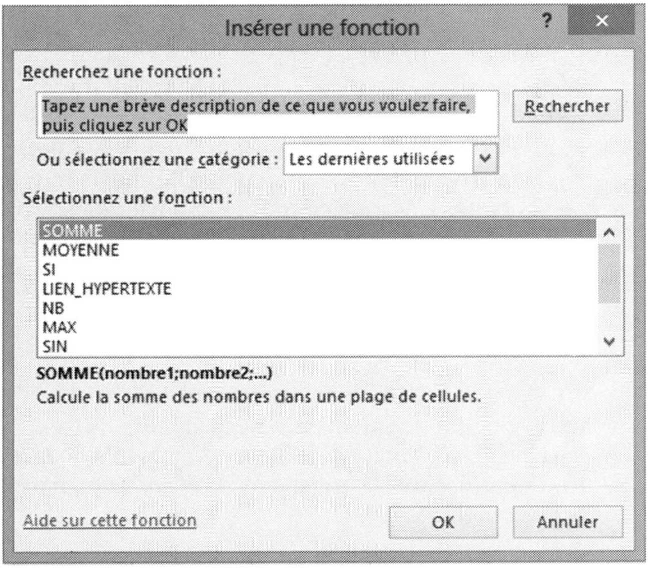

Figure 2.14 : Sélectionnez dans cette boîte de dialogue la fonction à utiliser dans une cellule.

La boîte de dialogue Insérer une fonction contient trois sections : Recherchez une fonction, Ou sélectionnez une catégorie et Sélectionnez une fonction. Lorsque vous ouvrez la boîte de dialogue, Excel sélectionne automatiquement, dans la liste déroulante des catégories de fonctions, la catégorie Les dernières utilisées. Ces fonctions communément utilisées sont listées dans la fenêtre Sélectionner une fonction.

Si la fonction que vous recherchez ne figure pas parmi les plus récemment utilisées, vous devrez la rechercher dans la catégorie appropriée en déroulant la liste Ou sélectionnez une catégorie. Si vous n'avez aucune idée de la catégorie, tapez une description de ce que :vous voulez en faire dans la fenêtre Recherchez une fonction, puis cliquez sur le bouton OK qui se trouve juste à droite ou appuyez sur la touche Entrée. Par exemple, pour localiser la fonction qui totalise des valeurs, il suffit d'entrer le mot **total** dans la fenêtre Recherchez une fonction et de cliquer sur OK. Excel affiche ensuite une liste de fonctions effectuant des totaux. Vous pouvez les examiner chacune en cliquant tour à tour dessus. Quand vous sélectionnez une fonction dans cette liste, la boîte de dialogue Insérer une fonction en présente, en bas, tous les arguments suivis d'une description de ce qu'elle fait.

Après avoir localisé et sélectionné la fonction à utiliser, cliquez sur le bouton OK (tout en bas, à gauche d'Annuler) pour insérer la fonction dans la cellule courante et ouvrir la boîte de dialogue Arguments de la fonction. Elle affiche tous les arguments requis ainsi que ceux qui sont facultatifs. Supposons que vous choisissiez, dans la fenêtre Sélectionnez une fonction, la fonction SOMME (qui est sans aucun doute la plus utilisée), puis que vous cliquiez sur OK. Excel insère aussitôt dans la cellule courante :

```
=SOMME()
```

Cette fonction apparaît aussi dans la barre de formule, après le signe égal. La boîte de dialogue Arguments de la fonction s'ouvre, affichant les arguments de SOMME, comme le montre la Figure 2.15.

Comme vous pouvez le lire dans la boîte de dialogue Arguments de la fonction visible Figure 2.16, vous pouvez sélectionner jusqu'à 255 arguments pour cette fonction. Ce qui n'est cependant pas évident – il y a sûrement un truc, non ? –, c'est que chacun de ces arguments ne se trouve pas forcément dans une seule et même cellule. En fait, la plupart du temps, un seul argument recouvrira un grand nombre de chiffres (sélection multiple) que vous désirez totaliser.

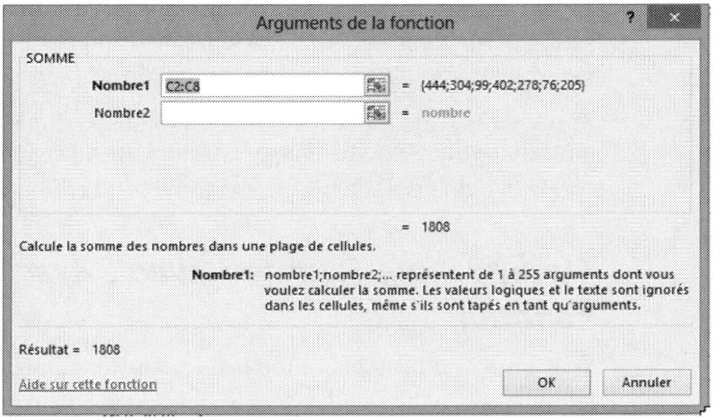

Figure 2.15 : Spécifiez, dans la boîte de dialogue Arguments de la fonction, les arguments à utiliser par la fonction sélectionnée.

Pour sélectionner le premier argument de la boîte de dialogue, cliquez dans une cellule (ou sélectionnez une plage de cellules) en laissant le point d'insertion dans la zone de texte Nombre1 de la boîte de dialogue Arguments de la fonction. Excel affiche l'adresse de cellule (ou l'adresse de la plage) dans le champ Nombre1, tout en indiquant, en bas à droite de la zone SOMME, le total calculé. Cette même somme apparaît aussi en bas de la boîte de dialogue, en regard de la mention Résultat =.

Rappelez-vous qu'en sélectionnant des cellules, vous pouvez réduire la taille de cette boîte de dialogue afin qu'elle n'affiche que la ligne Nombre1 ; pour ce faire, cliquez sur le bouton Minimiser, à droite de la zone de texte Nombre1. Après avoir sélectionné les cellules à utiliser comme premier argument, vous pouvez de nouveau déployer la boîte de dialogue en cliquant sur le même bouton à droite du champ Nombre1. Au lieu de minimiser la boîte de dialogue, vous pouvez aussi la mettre momentanément de côté en cliquant dedans et en la faisant glisser ailleurs.

Si vous calculez sur plus d'une cellule ou groupe de cellules d'un classeur, appuyez sur la touche Tab ou cliquez dans la zone de texte Nombre2 pour y placer le point d'insertion (Excel réagit à cette action en ouvrant aussitôt une zone de texte Nombre3). Indiquez dans le champ Nombre2 la deuxième cellule ou plage de cellules à ajouter au premier argument. Après avoir cliqué dans une cellule ou défini une plage, Excel affiche l'adresse de la ou des cellules ainsi que les valeurs des cellules à droite de la zone de texte. Les différents boutons de minimisation permettent de réduire la boîte de dialogue en n'affichant que la ligne (Nombre1, Nombre2...) à utiliser.

Après avoir sélectionné les cellules à totaliser, cliquez sur OK pour quitter la boîte de dialogue Arguments de la fonction et placer la fonction SOMME dans la cellule courante.

Modifier une fonction avec l'Assistant Fonction

Vous pouvez utiliser le bouton Insérer une fonction pour modifier une fonction directement dans la barre de formule. Sélectionnez la cellule contenant la formule, puis cliquez sur le bouton Insérer une fonction (celui avec un *fx*, à gauche de la barre de formule).

Sitôt après avoir cliqué sur le bouton Insérer une fonction, Excel ouvre la boîte de dialogue Arguments de la fonction. Pour éditer et modifier les arguments de la fonction, sélectionnez les références de cellule dans la zone de texte appropriée (Nombre1, Nombre2, Nombre3...), puis effectuez les modifications que vous jugez utiles pour telle ou telle cellule ou plage. Rappelez-vous qu'Excel ajoute automatiquement à l'argument courant toute cellule ou plage que vous sélectionnez dans la feuille de calcul. Pour remplacer l'argument courant, vous devez le mettre en surbrillance et éliminer les adresses de cellules en appuyant sur la touche Suppr avant de sélectionner la nouvelle cellule ou plage à utiliser comme argument. Rappelez-vous qu'il vous est à tout moment possible de minimiser la boîte de dialogue ou de la déplacer si elle occulte des cellules.

Après avoir modifié la fonction, appuyez sur la touche Entrée ou cliquez sur le bouton OK afin de fermer la boîte de dialogue Arguments de la fonction et mettre la formule à jour dans le classeur.

La somme automatique : l'essayer, c'est l'adopter

Nous nous en voudrions de clôturer cette intéressante discussion sur la saisie des fonctions sans mentionner le bouton Somme présent dans le groupe Édition de l'onglet Accueil du Ruban. C'est le bouton qui porte la lettre grecque sigma (Σ). Ce petit outil vaut son pesant d'or. Outre qu'il est capable de déterminer la somme, la moyenne, le compte, les valeurs maximale et minimale d'une liste, il sait également sélectionner une plage de cellules dans la colonne courante ou dans la ligne, l'utiliser comme argument et entrer automatiquement le résultat du calcul en tant qu'argument dans une fonction. Neuf fois sur dix, Excel sélectionne correctement la plage de cellules à utiliser ; dans le dixième cas, vous pouvez facilement corriger la sélection en tirant le pointeur de cellule par-dessus la plage à calculer.

Cliquez simplement sur le bouton Somme dans l'onglet Accueil du Ruban chaque fois que vous voulez insérer la fonction Somme dans la cellule sélectionnée. Remarquez qu'en sélectionnant l'option Autres fonctions, Excel ouvre la boîte de dialogue Insérer une fonction, comme si vous aviez cliqué sur le bouton *fx*, dans la barre de formule.

Observez dans la Figure 2.16 comment l'outil Somme automatique est utilisé pour calculer le total du vendeur Rémy Potiez à la ligne 2 : placez le pointeur dans la cellule E2, où le total du premier trimestre devrait être calculé, puis cliquez sur le bouton Somme. Excel insère dans la barre de formule la fonction SOMME avec le signe égal et tout le reste, entoure les cellules B2, C2 et D2 avec un rectangle de sélection (un liseré en pointillé animé) et utilise la plage de cellules B2:D2 comme argument de la fonction SOMME. Il ne vous reste plus qu'à valider cette formule en cliquant sur le bouton Entrer dans la barre de formule (ou en appuyant sur la touche Entrée).

Le total apparaît dans la cellule E3 tandis que la fonction suivante est affichée dans la barre de formule :

```
=SOMME(B2:D2)
```

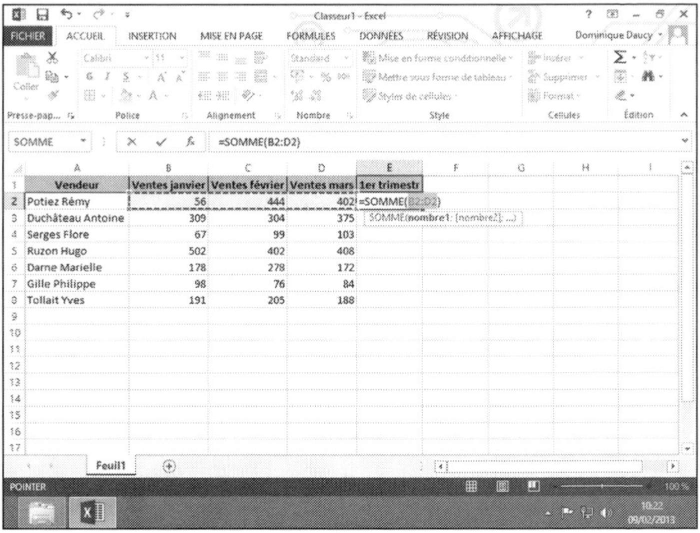

Figure 2.16 : Pour obtenir le total trimestriel du premier vendeur, sélectionnez la cellule E2, puis cliquez sur le bouton Somme automatique.

Après avoir entré la fonction qui totalise les ventes du premier vendeur, vous pouvez copier cette formule pour totaliser les ventes trimestrielles de tous les autres vendeurs en tirant vers le bas la poignée de recopie (c'est la petite croix noire qui apparaît quand vous approchez le pointeur de la souris du coin inférieur droit de la cellule), comme le montre la Figure 2.17, jusqu'à ce que la plage de cellules E3:E8 soit en surbrillance.

Regardez la Figure 2.18 pour voir comment utiliser l'outil Somme automatique pour totaliser, dans la colonne B, les résultats du mois de janvier. Vous devez placer le pointeur de cellule en B9, là où le total doit apparaître. Cliquez ensuite sur l'outil Somme automatique ; Excel place un rectangle de sélection autour des cellules B2 à B8 et entre correctement la plage B3:B9 comme argument de la fonction SOMME.

La Figure 2.19 montre la feuille de calcul après avoir inséré la fonction SOMME dans la cellule B9 et utilisé la fonction de recopie automatique pour reporter la formule vers la droite, dans les cellules C9 et D9. Pour utiliser la recopie automatique, tirez sur la poignée située dans le coin inférieur droit de la cellule et tirez-la jusqu'à la cellule E9 ; relâchez ensuite le bouton de la souris.

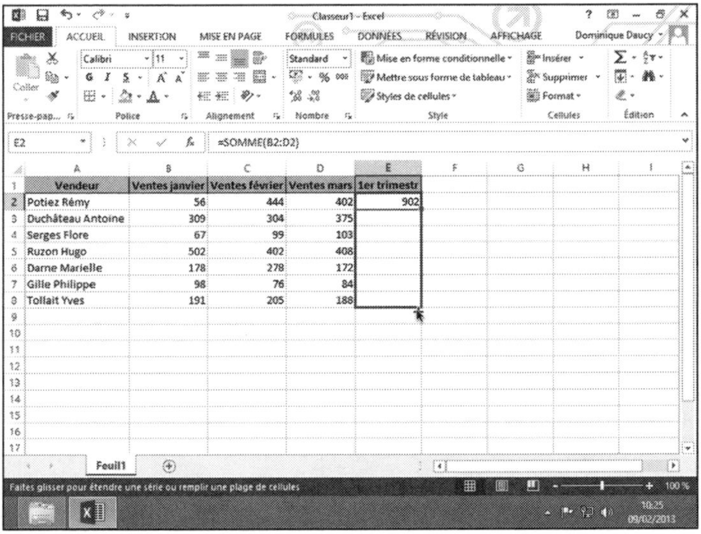

Figure 2.17 : Le total du premier trimestre a été calculé avec l'outil Somme automatique.

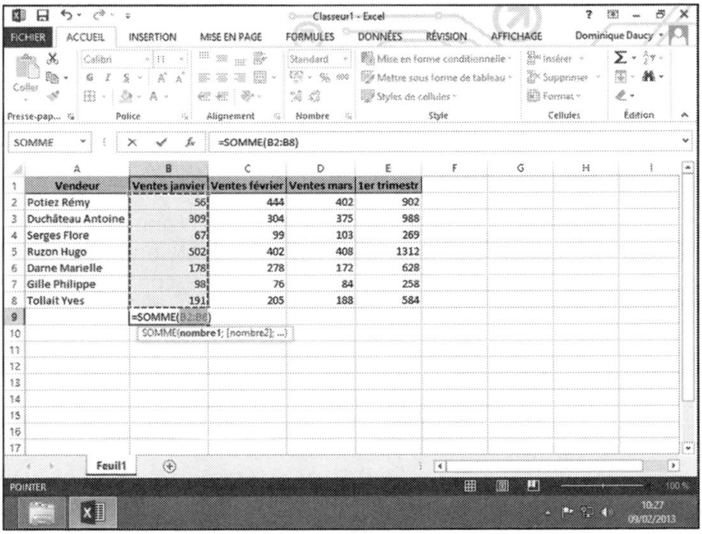

Figure 2.18 : Sélectionnez la cellule B9, cliquez sur l'outil Somme automatique et appuyez sur Entrée pour obtenir le total des ventes de la colonne B pour tous les vendeurs.

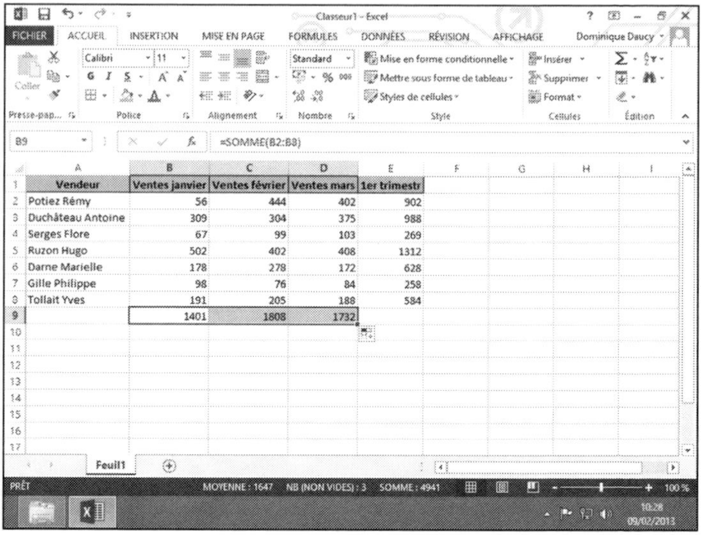

Figure 2.19 : La feuille de calcul après avoir recopié la fonction SOMME à l'aide de la poignée de recopie.

L'outil Totaux de la fonction Analyse rapide

Que ceux qui trouvent fastidieux d'utiliser la somme automatique, puis de recopier cette fonction Somme *via* la poignée de recopie sachent qu'Excel 2013 a pensé à eux. Sa toute nouvelle fonction Analyse rapide et son outil Totaux va les enchanter ! Cette fonction, en effet, est capable de prendre une foule d'actions en charge, comme le formatage conditionnel (Chapitre 3), les graphiques (Chapitre 10) ou encore les tableaux croisés dynamiques (Chapitre 9). Sans compter que l'outil est aussi capable de calculer des sommes de valeurs présentées en colonnes ou en lignes dans vos feuilles de calcul.

Son usage est simple : sélectionnez des cellules (Chapitre 3), puis cliquez sur l'outil Analyse rapide qui s'affiche spontanément dans l'angle inférieur droit de la plage sélectionnée ; une palette apparaît alors directement sous l'outil, qui vous propose une série d'options, allant de Mise en forme à Graphiques sparkline.

Pour ajouter des totaux à une plage de cellules sélectionnées, cliquez tout simplement sur le bouton Totaux, puis positionnez votre pointeur sur la fonction Somme pour obtenir une prévisualisation du résultat (en bas si vous optez pour la première fonction Somme, à droite si vous lui préférez la seconde). Voyez à ce propos la Figure 2.20. Ça vous convient ? Cliquez !

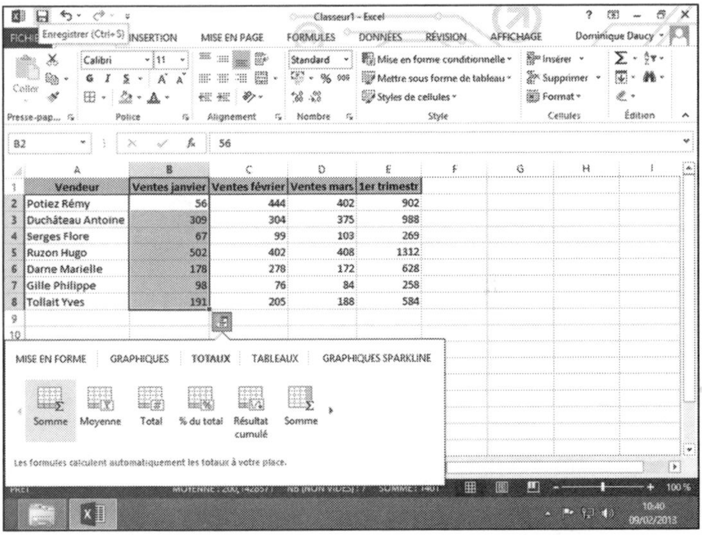

Figure 2.20 : Utilisez l'outil Totaux de la fonction Analyse rapide pour ajouter des totaux dans vos feuilles de calcul.

TRUC

Si, pour une raison ou pour une autre, vous avez du mal à accéder à la palette d'outils de l'Analyse rapide, opérez un clic droit sur votre sélection de cellules et choisissez Analyse rapide dans le menu contextuel.

Stocker les données en lieu sûr

Une règle d'or : enregistrez vos données à intervalles réguliers. Cela vous évitera de devoir tout recommencer si un problème survient.

TRUC

Pour faciliter les sauvegardes, la barre d'outils Accès rapide d'Excel 2013 contient un bouton Enregistrer, reconnaissable à son icône en forme de disquette 3"1/4. Vous n'avez même pas à cliquer sur l'onglet Fichier pour sélectionner la commande

Enregistrer. Encore plus rapide, le raccourci clavier Ctrl + S finit par devenir une seconde nature. N'hésitez pas à l'utiliser, vous n'en abuserez jamais.

Lorsque vous cliquez sur le bouton Enregistrer ou sélectionnez Fichier/Enregistrer pour la première fois avec un nouveau classeur, Excel vous propose la fenêtre Enregistrer sous (Figure 2.21). Par défaut, le programme sélectionne, comme lieu de stockage, le dossier Documents de votre SkyDrive.

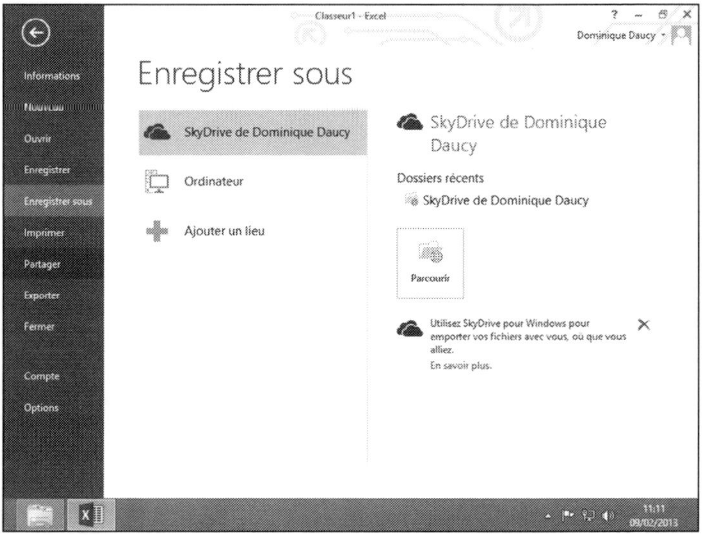

Figure 2.21 : La fenêtre Enregistrer sous vous est proposée lorsque vous invoquez la commande Enregistrer depuis un nouveau classeur.

Pour préférer entreposer le classeur localement (c'est-à-dire sur le disque dur de votre ordinateur ou sur un disque virtuel de votre réseau local), cliquez sur l'option Ordinateur, placée sous SkyDrive de.

Dans ce cas, le volet droit vous propose la liste des dossiers récents vers lesquels vous avez récemment sauvegardé des classeurs ainsi que vos disques locaux, votre Bureau et le dossier Mes documents local.

Si aucune de ces propositions ne vous agrée, cliquez sur Parcourir pour ouvrir la boîte de dialogue Enregistrer sous, où vous pourrez vous exprimer.

Une fois la destination sélectionnée dans cette boîte de dialogue, il vous faut encore y baptiser votre classeur (lui donner un nom plus évocateur que le nom générique Classeur1, Classeur2… attribué provisoirement par Excel) en agissant dans la zone d'édition Nom de fichier, puis lui attribuer un format de fichier *via* le menu local Type.

Une fois ces réglages terminés, cliquez sur Enregistrer ou enfoncez la touche Entrée. Excel procède à la sauvegarde, dans laquelle il inclut toutes les informations de toutes les feuilles de classeur (y compris la position de la cellule active).

Par la suite, vous ne reviendrez à cette fenêtre Enregistrer sous que lorsque vous souhaiterez rebaptiser le classeur ou en enregistrer un exemplaire dans un autre dossier. Vous choisirez alors Fichier/Enregistrer sous plutôt que d'activer le bouton Enregistrer de la barre Accès rapide ou son équivalent clavier, Ctrl + S.

C'est quoi, ce SkyDrive ?

Le nuage, ça vous dit sûrement quelque chose, mais si ça reste relativement nébuleux. SkyDrive est le nom qu'a donné Microsoft à l'espace qu'elle réserve, dans le nuage, à ses utilisateurs Windows Live. L'avantage, si vous sauvegardez vos données à cet endroit, c'est qu'elles seront ensuite accessibles depuis n'importe quel poste de travail exploitant Excel 2013 et disposant d'une connexion Internet.

Ainsi, si vous enregistrez sur SkyDrive un classeur que vous avez créé au bureau, vous pourrez ensuite le modifier depuis le portable qui se trouve à votre domicile, voire depuis une tablette ou un smartphone au café du coin.

Pour en savoir plus sur SkyDrive, activez le lien En savoir plus sous la mention « Utilisez SkyDrive pour Windows pour emporter vos fichiers avec vous, où que vous alliez » en bas à droite du volet droit.

Changer l'emplacement d'enregistrement par défaut

Chaque fois que vous ouvrez la boîte de dialogue Enregistrer sous pour enregistrer le fichier d'un classeur, elle s'ouvre automatiquement sur le dossier spécifié comme Emplacement d'enregistrement par défaut dans l'onglet Enregistrement de la boîte de dialogue Options Excel (Fichier/Options/Enregistrement).

Tant que vous n'avez pas spécifié autre chose, ce dossier par défaut est le dossier Documents associé à votre nom d'utilisateur. Ainsi, par exemple, le chemin d'accès au dossier par défaut dans lequel Excel 2013 enregistre automatiquement mes nouveaux classeurs sur mon ordinateur est :

```
C:\Utilisateurs\Greg\Documents
```

Le dossier Documents n'est pas forcément l'emplacement qui vous convient le mieux pour enregistrer vos nouveaux classeurs. Pour spécifier un autre emplacement d'enregistrement par défaut sur votre ordinateur, suivez ces étapes :

1. **Cliquez sur Fichier/Options/Enregistrement afin d'ouvrir l'onglet Enregistrement de la boîte de dialogue Options Excel.**

   Le chemin d'accès au dossier d'enregistrement par défaut apparaît dans le champ Emplacement d'enregistrement par défaut.

2. **Dans le champ Emplacement d'enregistrement par défaut, sélectionnez le chemin d'accès ou une partie de celui-ci.**

   Ce que vous saisirez remplacera ce qui est sélectionné dans ce champ. Si vous ne voulez remplacer qu'une partie de ce chemin d'accès, ne sélectionnez que la partie à remplacer. Et si vous avez simplement besoin d'ajouter quelque chose, placez simplement le curseur à la fin du chemin existant.

3. **Modifiez ou remplacez le chemin d'accès pour faire apparaître à sa place celui du dossier que vous voulez**

spécifier comme emplacement d'enregistrement par défaut.

4. **Cliquez sur OK pour fermer la boîte de dialogue Options Excel.**

Les différences entre les formats XLSX et XLS

Excel 2013 utilise le format de fichier basé sur XML (que Microsoft appelle officiellement le format Microsoft Office Open XML) apparu dans Excel 2007, vanté comme plus efficace pour enregistrer des données, produisant donc de plus petits fichiers et offrant une meilleure intégration avec les sources de données externes (en particulier s'il s'agit de sources Web utilisant le format XML). Ce format de fichier reposant sur XML porte l'extension de fichier .xlsx – c'est le format par défaut dans lequel Excel enregistre les nouveaux classeurs que vous créez.

ATTENTION !

Le seul inconvénient de ce nouveau format est que les versions antérieures d'Excel ne sont pas capables de l'ouvrir. Cela signifie que, si vous travaillez avec des gens qui ont besoin d'ouvrir vos classeurs, mais ne sont pas encore passés à Excel 2013, vous devez les enregistrer dans le format de fichier utilisé par les versions 97 à 2003 portant l'extension de fichier .xls. Pour cela, lorsque vous enregistrez pour la première fois un nouveau classeur, ouvrez la liste déroulante Type de fichier dans la boîte de dialogue Enregistrer sous et sélectionnez dans cette liste Classeur Excel 97-2003 (*.xls). Si vous avez besoin que tous vos classeurs sans exception soient compatibles avec l'ancien format, reportez-vous à la section « Le format de fichier d'Excel 2013 », au Chapitre 1, dans laquelle vous trouverez comment spécifier le format .xls comme format d'enregistrement par défaut dans Excel 2013.

TRUC

Excel 2013 dispose également d'un nouveau format binaire, appelé Binary ou BIFF12, portant l'extension .xlsb. Vous pouvez choisir ce format si vous avez des feuilles de calcul vraiment énormes qui doivent être compatibles avec les anciennes versions d'Excel (sélectionnez Classeur Excel binaire (*.xlsb) dans la liste Type de fichier de la boîte de dialogue Enregistrer sous).

Deuxième partie

L'art et la manière de modifier un classeur

« Ah ! La barbe ! Ton graphique en aubergine est tout aussi incompréhensible que ton graphique en pomme de terre ou ton graphique en noix de coco. Tu ne pourrais pas faire un camembert, comme tout le monde ? »

Dans cette partie...

- Sélectionner et formater les données.
- Régler la largeur des colonnes et la hauteur des lignes.
- Réorganiser les données.
- Supprimer des données.
- Exploiter les commandes Couper, Copier et Coller.
- Prévisualiser avant d'imprimer.
- Imprimer tout ou partie d'une feuille.

Chapitre 3

On enjolive tout

Dans ce chapitre :

- Sélectionner les cellules à mettre en forme.
- Mettre en forme un tableau de données avec le bouton Mettre sous forme de tableau.
- Appliquer des formats de nombres à des cellules contenant des valeurs.
- Régler la largeur des colonnes et la hauteur des lignes d'une feuille de calcul.
- Masquer des colonnes et des lignes.
- Mettre en forme une plage de cellules en utilisant l'onglet Accueil du Ruban.

Sachez dès à présent qu'entrer des données dans une cellule et mettre ces données en forme sont deux choses très différentes. C'est pourquoi, quand vous entrez de nouvelles données dans une cellule, elles adoptent la mise en forme qui a été définie pour cette cellule. Ce qui vous permet de mettre en forme des cellules vides dans lesquelles vous entrerez ultérieurement des données qui seront à ce moment automatiquement mises en forme.

Choisir un groupe de cellules sélectionnées

Une *sélection de cellules* (ou *plage de cellules*) est un ensemble de cellules contiguës susceptibles d'être mises en forme ou modifiées. La petite sélection de cellule, dans une feuille de calcul, se limite à une seule cellule : la cellule dite *active*. Une seule cellule entourée par le curseur de cellule est une sélection d'une cellule. La sélection de cellules la plus vaste comprend toutes les cellules de la feuille de calcul. La plupart des sélections que vous aurez à effectuer se situent dans un moyen terme ; elles concerneront quelques cellules adjacentes disposées en colonne(s) et/ou en rangée(s).

Excel met en évidence une sélection de cellules dans la feuille de calcul en mettant en surbrillance les cellules sélectionnées, à l'exception de la cellule active qui conserve sa couleur normale. La Figure 3.1 montre diverses sélections de cellules de différentes tailles et formes.

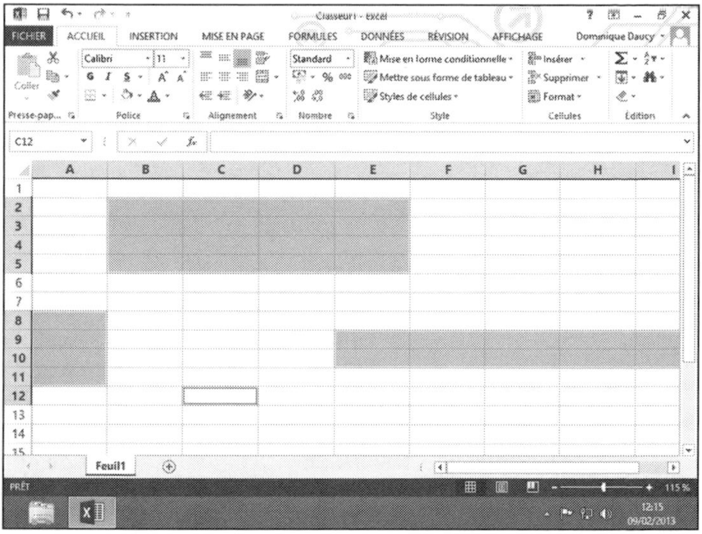

Figure 3.1 : Différentes sélections de diverses tailles et formes.

Les sélections par pointer-cliquer

La souris est l'outil naturel pour sélectionner des plages de cellules : amenez le pointeur de souris (l'épaisse croix blanche) au-dessus de la première cellule, cliquez, puis, bouton de la souris enfoncé, tirez dans la direction où vous désirez étendre la sélection.

- Pour étendre la sélection de cellules vers les colonnes à droite, tirez la souris vers la droite, ce qui met les cellules concernées en surbrillance.
- Pour étendre la sélection vers le bas, tirez vers le bas.
- Pour étendre la sélection à la fois vers le bas et vers la droite, tirez la souris en diagonale vers la cellule située dans le coin inférieur droit de la plage que vous définissez.

Les sélections tactiles

Si vous exploitez Excel sur un dispositif tactile (tablette ou smartphone), il vous suffit, pour sélectionner, d'utiliser votre doigt ou votre stylet. Touchez la première cellule à sélectionner (ce qui équivaut à cliquer), puis faites glisser la poignée de sélection (un des deux cercles qui s'affichent en haut à gauche et en bas à droite) jusqu'à englober les autres cellules voisines à sélectionner.

Les sélections avec la touche Majuscule

Pour accélérer la sélection des cellules, vous pouvez utiliser la bonne vieille méthode Maj + clic, qui s'effectue de la façon suivante :

1. **Cliquez sur la première cellule de la sélection.**

   La cellule est sélectionnée.

2. **Déplacez le pointeur de la souris vers la dernière cellule de la sélection.**

   Elle est au coin opposé de la première cellule. Ne cliquez pas encore.

3. **La touche Maj enfoncée, cliquez dans la dernière cellule.**

   Lors de ce second clic, Excel sélectionne dans les lignes et dans les colonnes toutes les cellules situées entre la première et la dernière cellule.

Avec la souris, la touche Maj agit comme *touche d'extension* entre le premier objet sélectionné et le second (reportez-vous à la section « Étendre une sélection », plus loin dans ce chapitre). L'utilisation de la touche Maj permet de sélectionner la première et la dernière cellule, ainsi que toutes les cellules qui se trouvent entre elles, ou de sélectionner tous les noms de documents dans la liste d'une boîte de dialogue.

Les sélections de cellules non adjacentes

Pour sélectionner des cellules ou des plages non adjacentes, sélectionnez une cellule ou une plage de cellules. Ensuite, touche Ctrl enfoncée, sélectionnez la deuxième cellule ou plage de cellules. Aussi longtemps que la touche Ctrl est enfoncée, Excel ne désélectionne aucune cellule pendant que vous en sélectionnez d'autres.

Depuis le clavier virtuel, touchez la touche Ctrl pour la mettre en service – inutile de la maintenir enfoncée comme vous le feriez sur un clavier classique -, puis réalisez les sélections suivantes. N'oubliez pas de réinvoquer cette touche Ctrl lorsque vous aurez sélectionné tout ce que vous vouliez sélectionner.

La touche Ctrl fonctionne avec la souris en tant que *touche d'addition* d'objets (reportez-vous à la section « Les sélections de cellules non adjacentes au clavier », plus loin dans ce chapitre). La touche Ctrl permet d'ajouter des cellules à une sélection ou de sélectionner des noms épars dans la liste d'une boîte de dialogue, sans risque de désélection intempestive.

Les sélections de grande envergure

Vous pouvez sélectionner toutes les cellules d'une ligne ou d'une colonne, voire toutes les cellules d'une feuille de calcul, en appliquant les techniques suivantes :

- Pour sélectionner toutes les cellules d'une colonne, cliquez dans la lettre qui l'identifie, en haut de la feuille de calcul.
- Pour sélectionner toutes les lignes d'une colonne, cliquez dans son numéro, à gauche de la feuille de calcul.

- Pour sélectionner plusieurs lignes ou colonnes à la fois, tirez dans les en-têtes de lignes ou de colonnes.
- Pour sélectionner des lignes et/ou des colonnes qui ne sont pas contiguës, maintenez la touche Ctrl enfoncée tout en cliquant et/ou en tirant dans les en-têtes des lignes et des colonnes à placer dans la sélection.

Pour sélectionner la totalité des cellules d'une feuille de calcul, appuyez sur Ctrl + A ou cliquez sur le bouton de sélection globale. Il se trouve au point de rencontre des en-têtes de lignes et de colonnes, dans le coin supérieur gauche de la feuille de calcul.

Sélectionner des données d'un tableau avec la sélection automatique

Excel propose une méthode de sélection extrêmement rapide, appelée « sélection automatique », pour sélectionner toutes les cellules d'un tableau d'un seul tenant. Procédez comme suit pour utiliser la sélection automatique :

1. **Cliquez dans la première cellule du tableau afin de la sélectionner.**

   Cette cellule se trouve en haut à gauche du tableau.

2. **Maintenez la touche Maj enfoncée tout en double-cliquant, avec le pointeur en forme de flèche, sur le bord droit ou inférieur de la cellule (Figure 3.2).**

   Double-cliquer sur le *bas* de la cellule, touche Maj enfoncée, étend automatiquement la sélection jusqu'à la dernière cellule en bas de la première colonne, comme le montre la Figure 3.3. Si vous double-cliquez ensuite sur le bord *droit* de la cellule, la sélection est étendue jusqu'à la dernière colonne à droite de la ligne courante.

3a. **Si vous avez d'abord sélectionné une colonne, double-cliquez sur le bord droit de la sélection, touche Maj enfoncée (voir Figure 3.3).**

   Vous sélectionnez ainsi les autres colonnes du tableau, comme l'illustre la Figure 3.4.

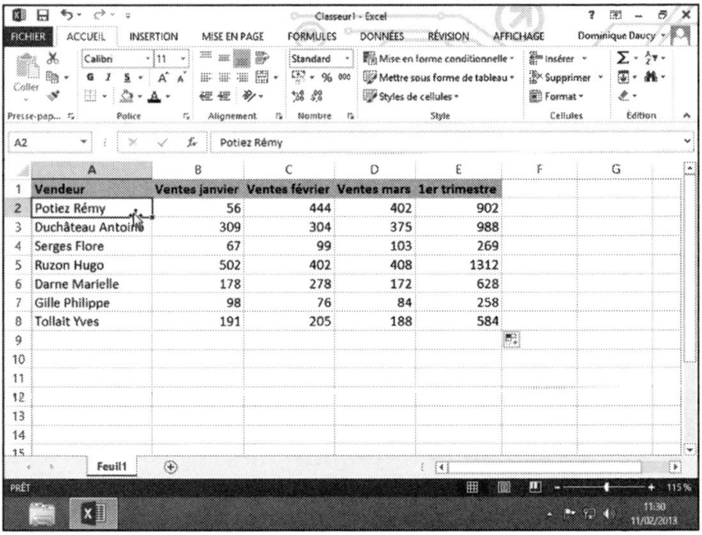

Figure 3.2 : Placez le pointeur de la souris sur le bord droit ou inférieur de la première cellule du tableau.

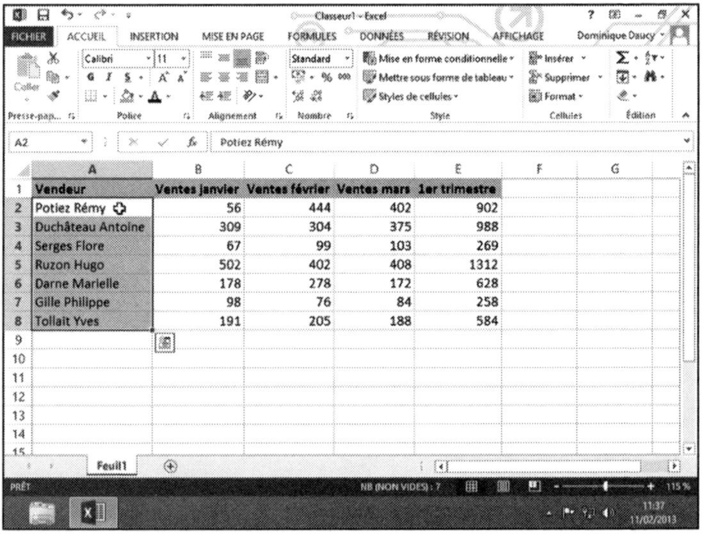

Figure 3.3 : En double-cliquant sur le bord inférieur de la première cellule, touche Maj enfoncée, vous avez étendu la sélection vers le bas.

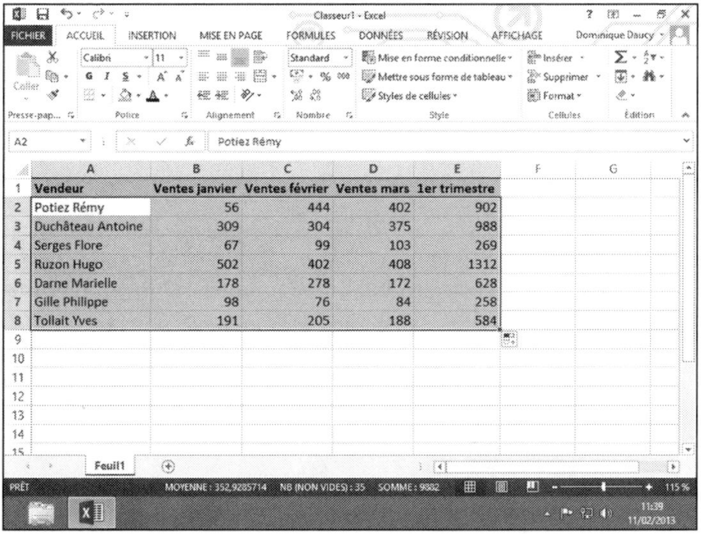

Figure 3.4 : En double-cliquant sur le bord droit de la sélection, touche Maj enfoncée, la sélection s'étend vers les colonnes de droite du tableau.

3b. Si vous avez d'abord sélectionné une ligne, double-cliquez sur le bord inférieur de la sélection, touche Maj enfoncée.

Vous sélectionnez ainsi toutes les lignes restantes du tableau.

Les sélections au clavier

Si vous n'aimez pas travailler à la souris, vous pouvez sélectionner des cellules au clavier. À l'instar de la méthode Maj + clic, les techniques de sélection au clavier utilisent les touches fléchées conjointement avec la touche Maj. Les touches de déplacement du curseur de cellule ont été mentionnées dans le Chapitre 1.

Commencez par placer le curseur dans la première cellule de la sélection puis, touche Maj enfoncée, appuyez sur les touches fléchées appropriées (←, →, ↑, ↓ ou PgPréc et PgSuiv). Ce faisant, Excel ancre la sélection à la cellule courante puis l'étend dans la direction choisie, mettant les cellules sélectionnées en surbrillance au fur et à mesure que vous appuyez sur les touches fléchées.

En sélectionnant de la sorte, vous pouvez modifier l'étendue de la plage de cellules aussi longtemps que vous n'avez pas relâché la touche Maj. Dès qu'elle est relâchée, toute action sur une touche fléchée désélectionne aussitôt la plage, réduisant la sélection à la cellule indiquée par le curseur de cellule.

Étendre une sélection

Si maintenir la touche Maj enfoncée tout en déplaçant le curseur vous semble peu commode, vous pouvez mettre Excel en mode Extension en appuyant brièvement sur la touche de fonction F8 avant d'appuyer sur une touche fléchée. Excel affiche alors l'indicateur Étendre la sélection dans la barre d'état. Quand vous appuyez sur les touches fléchées alors que ce mode est actif, Excel sélectionne les cellules comme si la touche Maj était enfoncée.

Après avoir mis les cellules désirées en surbrillance, appuyez de nouveau sur F8 pour désactiver le mode Extension. L'indicateur Étendre la sélection disparaît de la barre d'état et vous pouvez de nouveau utiliser les touches fléchées pour déplacer le curseur sans sélectionner des cellules.

La sélection automatique au clavier

L'équivalent au clavier de la sélection automatique avec la souris que nous venons de voir (section « Sélectionner des données d'un tableau avec la sélection automatique », plus haut dans ce chapitre) combine l'utilisation de la touche F8 ou de la touche Maj avec Ctrl + touche fléchée ou Fin + touche fléchée pour faire passer le curseur de cellule d'un bloc à un autre tout en sélectionnant toutes les cellules qui se trouvent sur son chemin.

Procédez comme suit pour sélectionner la totalité d'un tableau de données avec la sélection automatique au clavier :

1. **Placez le curseur de cellule dans la première cellule.**

   Elle se trouve en haut à gauche du tableau.

2. **Appuyez une seule fois sur F8 (ou maintenez la touche Maj enfoncée) puis sur les touches Ctrl + Flèche droite**

(ou Fin + Flèche droite) pour étendre la sélection aux colonnes de droite.

3. **Ensuite, appuyez sur Ctrl + Flèche bas (ou Fin + Flèche bas) pour étendre la sélection aux lignes d'en bas.**

Les sélections de cellules non adjacentes au clavier

La sélection de plusieurs plages est un peu plus compliquée au clavier qu'avec la souris, car vous devez passer de l'ancrage du curseur de cellule au déplacement du curseur pour sélectionner la plage, puis à la libération du curseur afin de pouvoir le positionner au début d'une autre plage. Pour libérer le curseur de cellule afin de le positionner ailleurs, appuyez sur Maj + F8. Vous passez ainsi en mode Ajouter à la sélection, qui permet de passer à une autre plage sans sélectionner d'autres cellules. Quand ce mode est actif, l'indicateur Ajouter à la sélection est affiché dans la barre d'état, montrant ainsi que le curseur de cellule est libre.

Appliquez ces étapes générales pour sélectionner plusieurs plages de cellules au clavier :

1. **Placez le curseur dans la première cellule de la première plage à sélectionner.**
2. **Appuyez sur F8 pour enclencher le mode Étendre la sélection.**

   Utilisez les touches fléchées pour sélectionner la première plage de cellules (au lieu d'appuyer sur F8, vous pouvez aussi maintenir enfoncée la touche Maj).

3. **Appuyez sur Maj + F8 pour passer en mode Ajouter à la sélection.**

   L'indicateur Ajouter à la sélection apparaît dans la barre d'état.

4. **Amenez le curseur de cellule à la première plage non adjacente que vous désirez sélectionner.**
5. **Appuyez de nouveau sur F8 pour revenir au mode Étendre la sélection, puis déplacez le curseur de cellule afin de sélectionner une nouvelle plage.**

6. **Si d'autres plages non adjacentes doivent être définies, répétez les Étapes 3, 4 et 5 jusqu'à ce que vous ayez sélectionné toutes les plages à utiliser.**

La sélection de cellules avec Atteindre

Si vous devez sélectionner une très vaste plage de cellules, qu'il serait long et fastidieux de sélectionner au clavier, utilisez la fonction Atteindre :

1. **Placez le curseur de cellule dans la première cellule de la plage, puis appuyez sur F8 pour ancrer le curseur de cellule et enclencher le mode Étendre la sélection.**

2. **Appuyez sur la touche F5 ou sur Ctrl + T pour ouvrir la boîte de dialogue Atteindre. Dans le champ Référence de cette boîte de dialogue, entrez l'adresse de la dernière cellule de la plage à sélectionner (celle du coin opposé à la première cellule) et cliquez sur OK ou appuyez sur Entrée.**

N'OUBLIEZ PAS

Comme Excel est en mode Étendre la sélection lorsque vous utilisez Atteindre pour aller à une autre cellule, il ne se contente pas d'envoyer le curseur de cellule à l'adresse spécifiée, mais sélectionne aussi toutes les cellules intermédiaires. Après avoir sélectionné une plage de cellules avec Atteindre, n'oubliez pas d'appuyer de nouveau sur F8 pour sortir du mode Étendre la sélection et empêcher Excel de continuer à sélectionner d'autres cellules dès que vous allez déplacer le curseur de cellule.

La galerie Mettre sous forme de tableau

Voici maintenant une technique de mise en forme qui ne nécessite aucune sélection préalable de cellules. En fait, l'outil Mettre sous forme de tableau est si automatique qu'il suffit pour l'utiliser que le curseur de cellule se trouve n'importe où dans le tableau à mettre en forme avant de cliquer sur le bouton Mettre sous forme de tableau dans le groupe Style de l'onglet Accueil du Ruban. Lorsque vous cliquez sur ce bouton, la galerie des styles de tableau apparaît, chaque style s'affichant sous forme de miniature, celles-ci étant réparties en trois sections : Clair, Moyen et Foncé.

Aussitôt que vous cliquez sur la miniature correspondant au style de votre choix, Excel fait apparaître la boîte de dialogue Mettre sous forme de tableau (Figure 3.5), vous proposant la plage de cellules à laquelle il doit appliquer le style concerné (en marquant le périmètre correspondant dans la feuille de calcul).

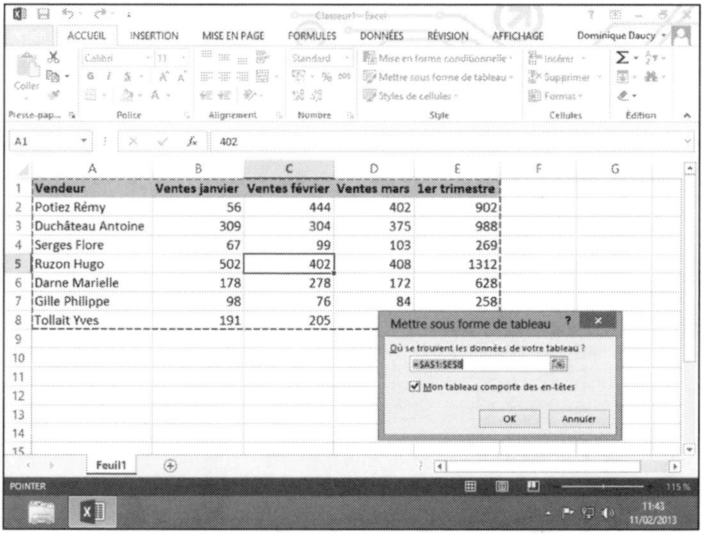

Figure 3.5 : Excel indique l'étendue de cellules à laquelle appliquer le style que vous venez de sélectionner dans la galerie des styles de tableau.

Cette boîte de dialogue contient un champ intitulé « Où se trouvent les données de votre tableau ? » dans laquelle apparaît la plage que vous propose Excel, automatiquement identifiée par lui (et marquée par un contour clignotant dans la feuille de calcul) à partir de la cellule que vous aviez initialement sélectionnée. Elle contient également une case Mon tableau comporte des en-têtes, que vous pouvez cocher pour indiquer à Excel que la première ligne de la plage spécifiée est une ligne d'en-têtes, qui sera donc mise en forme comme telle selon le style sélectionné.

Si Excel n'a pas identifié correctement la plage de cellules à mettre en forme, il suffit de la sélectionner directement dans la feuille de calcul en faisant glisser dessus le pointeur de la souris. La plage correspondante est automatiquement mise à jour dans la boîte de dialogue Mettre sous forme de tableau (qui est par la même occasion devenue Créer un tableau). N'oubliez pas de cocher (ou de décocher) la case Mon tableau comporte des en-têtes si la première ligne de la plage sélectionnée est une ligne d'en-têtes que vous voulez mettre en forme comme telle (ce qui comporte un bouton de tri et de filtrage pour chaque en-tête de colonne).

La galerie des styles de tableau est inactive si vous avez sélectionné une plage de cellules non adjacentes (elle apparaît lorsque vous cliquez sur le bouton Mettre sous forme de tableau, mais il ne se passe rien lorsque vous cliquez sur une miniature).

Lorsque vous cliquez sur OK dans la boîte de dialogue Mettre sous forme de tableau, Excel applique à la plage de cellules spécifiée la mise en forme que vous avez sélectionnée dans la galerie. Les Outils de table apparaissent dans un onglet Création, à l'extrémité du Ruban ; le tableau est sélectionné et l'outil Analyse rapide se manifeste dans son angle inférieur droit (Figure 3.6).

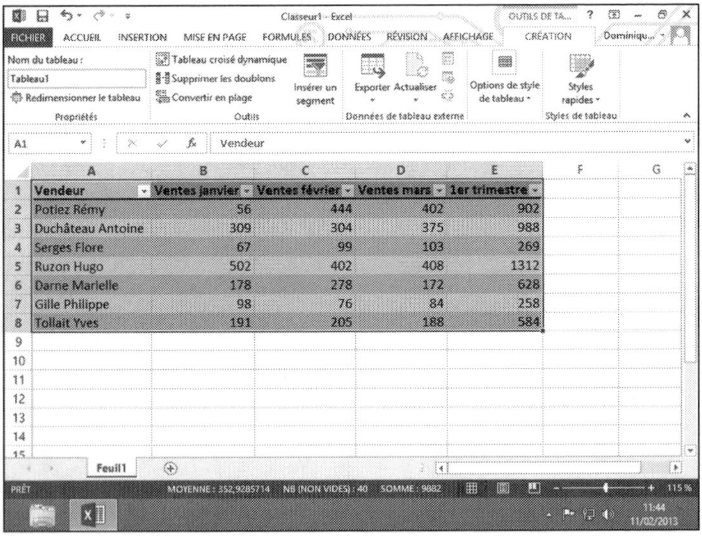

Figure 3.6 : Après avoir appliqué le style de tableau à la galerie, l'onglet Création apparaît sous Outils de table.

TRUC

L'onglet Création contient une palette de Styles rapides permettant de visualiser instantanément l'effet d'une mise en forme sur votre tableau avant même de la lui appliquer. Cliquez sur le bouton Styles rapides (à l'extrémité droite de l'onglet Création) et déplacez simplement le pointeur de la souris au-dessus des miniatures de la palette. Le tableau prend instantanément la mise en forme de la miniature que survole le pointeur. Si nécessaire, faites défiler la feuille de calcul de manière à ce que la palette ne masque pas votre tableau.

En plus de vous permettre de sélectionner facilement une nouvelle mise en forme pour votre tableau, l'onglet Création contient un groupe Options de styles de table, vous proposant un certain nombre de cases à cocher pour personnaliser encore plus la mise en forme que vous avez choisie :

- **Ligne d'en-têtes :** pour activer et désactiver la mise en forme de la ligne d'en-têtes du tableau, comportant notamment pour chaque en-tête un bouton donnant accès à un menu de tri et de filtrage.
- **Ligne des totaux :** quand cette option est activée, Excel ajoute au bas du tableau une ligne supplémentaire faisant le total de chaque colonne. Lorsque vous cliquez sur une cellule de cette ligne des totaux, un bouton apparaît à droite de celle-ci, vous donnant accès à un menu dans lequel vous pouvez choisir une autre fonction que la somme (Moyenne, Max, Min, Écart type…) à appliquer aux valeurs de la colonne correspondante.
- **Bandes de lignes :** Excel affiche une mise en forme différente pour les lignes paires et impaires du tableau.
- **À la première colonne :** quand cette option est activée, Excel affiche une mise en forme spéciale pour la première colonne du tableau.
- **À la dernière colonne :** quand cette option est activée, Excel affiche une mise en forme spéciale pour la dernière colonne du tableau.
- **Bandes de colonnes :** Excel affiche une mise en forme différente pour les colonnes paires et impaires du tableau.

Mettre des cellules en forme avec l'onglet Accueil

Certains tableaux nécessitent une mise en forme plus légère que celles proposées par la galerie des styles de tableau. Vous pouvez par exemple vouloir simplement mettre en gras les en-têtes de colonnes et souligner la ligne des totaux en bas du tableau (en appliquant simplement une bordure inférieure à cette ligne).

Les boutons de mise en forme qui apparaissent dans les groupes Police, Alignement et Nombre de l'onglet Accueil vous permettent de réaliser de telles mises en forme. Le Tableau 3.1 décrit l'utilisation de chacun d'eux.

Tableau 3.1 : Les boutons de commande de mise en forme dans les groupes Police, Alignement et Nombre de l'onglet Accueil

Bouton	Fonction
Police	
Police	Affiche un menu déroulant permettant de sélectionner une nouvelle police pour la cellule sélectionnée.
Taille de police	Affiche une liste déroulante de tailles de police parmi lesquelles vous pouvez choisir celle que vous voulez appliquer aux cellules sélectionnées. Vous pouvez aussi entrer manuellement la taille voulue dans ce champ.
Augmenter la taille de police	Applique à toute la sélection (de caractères ou de cellules) la plus petite taille de la police de la sélection augmentée d'un point.
Réduire la taille de police	Applique à toute la sélection (de caractères ou de cellules) la plus petite taille de la police de la sélection diminuée d'un point.
Gras	Met en gras les caractères ou les cellules sélectionnées.
Italique	Met en italique les caractères ou les cellules sélectionnées.
Souligner	Souligne les caractères ou les cellules sélectionnées.

Bouton	Fonction
Bordures	Affiche le menu Bordures, qui vous donne le choix entre toutes les possibilités de bordures.
Couleur de remplissage	Affiche une palette dans laquelle vous pouvez sélectionner une couleur de remplissage pour les cellules sélectionnées.
Couleur de police	Affiche une palette dans laquelle vous pouvez sélectionner une couleur de police pour la sélection (de caractères ou de cellules).
Alignement	
Aligner à gauche	Aligne sur le bord gauche de la cellule le contenu de toutes les cellules sélectionnées.
Centrer	Centre horizontalement dans la cellule le contenu de toutes les cellules sélectionnées.
Aligner à droite	Aligne sur le bord droit de la cellule le contenu de toutes les cellules sélectionnées.
Augmenter le retrait	Augmente d'une tabulation pour toutes les cellules sélectionnées l'espace entre le bord gauche de la cellule et son contenu.
Diminuer le retrait	Réduit d'une tabulation pour toutes les cellules sélectionnées l'espace entre le bord gauche de la cellule et son contenu.
Aligner en haut	Aligne sur le bord supérieur de la cellule le contenu de toutes les cellules sélectionnées.
Aligner au centre	Centre verticalement dans la cellule le contenu de toutes les cellules sélectionnées.
Aligner en bas	Aligne sur le bord inférieur de la cellule le contenu de toutes les cellules sélectionnées.
Orientation	Affiche un menu permettant de sélectionner différentes orientations angulaires du contenu des cellules sélectionnées.
Renvoyer à la ligne automatiquement	Renvoie automatiquement à la ligne dans les cellules sélectionnées le texte qui est trop long pour tenir dans la largeur de la colonne, sur autant de lignes que nécessaire.

Bouton	Fonction
Fusionner et centrer	Fusionne les cellules sélectionnées pour en faire une seule cellule, en ne retenant que le contenu de la première cellule de la sélection qui est centrée horizontalement. Ce bouton permet également d'afficher un menu (en cliquant sur le triangle pointant vers le bas qui l'accompagne) vous permettant de choisir entre plusieurs manières de fusionner des cellules, ou d'annuler la fusion pour revenir à la disposition initiale.
Nombre	
Format de nombre	Affiche le format de nombre appliqué à la cellule active de la sélection. Cliquez sur le triangle pointant vers le bas pour afficher un menu pour sélectionner parmi tous les formats de nombre d'Excel celui que vous voulez appliquer aux cellules sélectionnées (vous pouvez aussi afficher la boîte de dialogue Format de cellule en sélectionnant Autres dans ce menu).
Monétaire	Applique aux cellules sélectionnées le format Monétaire, qui comporte le séparateur de milliers, l'affichage de deux chiffres après la virgule et le symbole de l'euro (€). La boîte de dialogue Format de cellule vous permet de personnaliser ces paramètres.
Pourcentage	Applique aux cellules sélectionnées le format Pourcentage, qui multiplie par 100 la valeur entrée dans la cellule et y ajoute le symbole %, sans afficher de décimales.
Séparateur de milliers	Affiche le contenu des cellules sélectionnées en utilisant le séparateur de milliers.
Ajouter une décimale	Affiche le contenu des cellules sélectionnées avec un chiffre de plus après la virgule.
Réduire les décimales	Affiche le contenu des cellules sélectionnées avec un chiffre de moins après la virgule.

N'OUBLIEZ PAS

Pensez à exploiter les info-bulles qui s'affichent lorsque vous positionnez votre pointeur sur un de ces outils. Ces phylactères ne se contentent pas de vous expliquer à quoi sert la commande ; ils vous renseignent aussi sur les équivalents claviers qui vous permettront de travailler plus rapidement et plus efficacement.

Mettre en forme des cellules à la source avec la mini-barre d'outils

L'application d'une mise en forme à une sélection de cellules est même encore plus facile dans Excel 2013 grâce à une petite barre d'outils qu'on appelle plus familièrement, mais très sérieusement, la *mini-barre*.

Pour afficher la mini-barre, sélectionnez les cellules à mettre en forme (si vous sélectionnez des caractères dans une cellule, vous aurez une mini-barre plus petite, ne contenant que les outils de mise en forme de caractères) et opérez un clic droit sur cette sélection. Le menu contextuel et la mini-barre apparaissent à droite (Figure 3.7). Dès que vous sélectionnez un des outils de cette mini-barre, le menu disparaît.

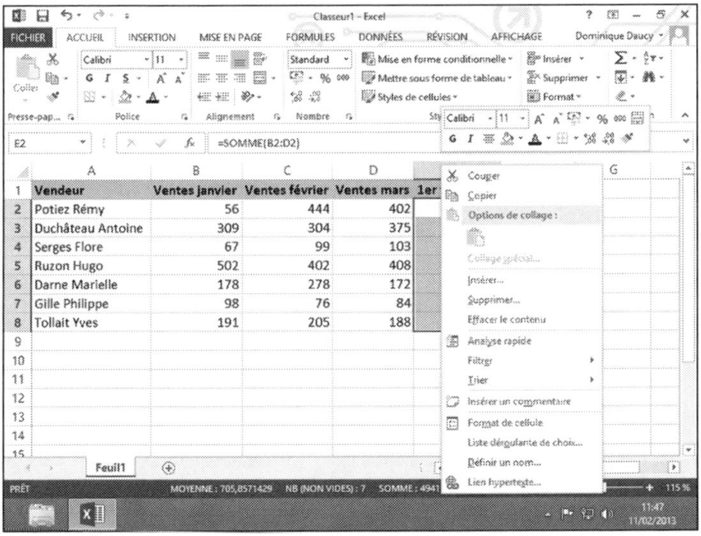

Figure 3.7 : Utilisez les boutons de la mini-barre pour modifier la mise en forme des cellules sélectionnées.

Comme vous le voyez dans cette figure, la mini-barre contient la plupart des boutons du groupe Police de l'onglet Accueil (à l'exception du bouton Souligné). Vous y trouvez aussi le bouton Fusionner et centrer du groupe Alignement (voyez la section « Modifier l'alignement », plus loin dans ce chapitre) et les boutons Monétaire, Pourcentage, Séparateur de milliers,

Ajouter une décimale et Réduire les décimales du groupe Nombre (voyez la section « Connaître les formats de nombre », plus loin dans ce chapitre). Cliquez simplement sur ces boutons pour appliquer les mises en forme correspondantes aux cellules sélectionnées.

La mini-barre contient également le bouton Reproduire la mise en forme du groupe Presse-papiers de l'onglet Accueil, ce qui vous permet de copier facilement la mise en forme de la cellule active pour l'appliquer à d'autres cellules.

La boîte de dialogue Format de cellule

Bien que les boutons des groupes Police, Alignement et Nombre de l'onglet Accueil vous donnent un accès immédiat aux commandes de mise en forme les plus utilisées, ils sont loin de représenter toutes les commandes de mise en forme d'Excel.

Pour accéder à toutes les commandes de mise en forme dont dispose Excel, vous devez ouvrir la boîte de dialogue Format de cellule en suivant une des trois procédures que voici :

- En cliquant sur l'option Autres, tout en bas du menu déroulant associé au bouton Format de nombre du groupe Nombre de l'onglet Accueil.
- En cliquant sur le bouton de lancement de boîte de dialogue dans le coin inférieur droit du même groupe Nombre.
- En appuyant sur Ctrl + Maj + 1 (le 1 du clavier principal, pas celui du pavé numérique).

La boîte de dialogue Format de cellule contient six onglets : Nombre, Alignement, Police, Bordure, Remplissage et Protection. Nous allons, de ce pas, vous montrer comment les utiliser, à l'exception de l'onglet Protection dont nous parlerons au Chapitre 6.

TRUC

Le raccourci clavier qui ouvre la boîte de dialogue Format de cellule, Ctrl + Maj + 1 (le 1 du clavier principal, pas celui du pavé numérique), est bien utile à connaître.

Comprendre les formats de nombre

Ainsi que nous l'avons expliqué dans le Chapitre 2, la saisie des valeurs dans la feuille de calcul définit le type de la mise en forme. Voici quelques exemples :

- Lorsque vous saisissez au clavier un chiffre suivi d'un symbole monétaire reconnu par Windows (par défaut : l'euro et le dollar), Excel applique le format Monétaire.
- Si vous entrez une valeur représentant un pourcentage sous la forme d'un entier suivi du signe %, Excel applique automatiquement le format Pourcentage.
- Si vous entrez une date (les dates sont aussi des valeurs) en respectant un des formats intégrés, comme 11/06/02 ou 11-juin-02, le logiciel affecte un format de nombre Date et lui attribue une valeur interne spéciale qui est la représentation de cette date.

Bien qu'il soit possible de mettre les valeurs en forme de cette manière au cours de la saisie, ce qui est nécessaire pour les dates, vous n'êtes pas obligé de procéder de la sorte. Vous pouvez à tout moment affecter un format de nombre à un groupe de valeurs avant ou après les avoir entrées. À vrai dire, formater les nombres après les avoir saisis est souvent le moyen le plus efficace, car la procédure s'effectue en deux étapes seulement :

1. **Sélection des valeurs nécessitant une mise en forme.**
2. **Sélection du format de nombre à appliquer, soit en utilisant les boutons de mise en forme de l'onglet Accueil, soit en utilisant l'onglet Nombre de la boîte de dialogue Format de cellule.**

TRUC

Même si vous êtes vraiment très doué pour la frappe et préférez entrer directement les valeurs sous leur forme définitive, vous devrez néanmoins recourir aux formats de nombre pour faire en sorte que les valeurs calculées par les formules correspondent à d'autres valeurs que vous aurez entrées et ce parce qu'Excel applique un format de nombre Standard – celui que la boîte de dialogue Format de cellule définit comme « n'ayant pas de format de nombre spécifique » – à toutes les cellules qu'il calcule ainsi qu'à toutes les entrées qui ne correspondent pas à un de ses formats de nombre. Le plus gros problème du format de nombre Standard est qu'il a la désagréable habitude de supprimer tous les zéros qui précèdent un nombre et aussi ceux qui suivent les décimales, d'où l'impossibilité de les aligner parfaitement dans les colonnes, selon la virgule décimale.

Ce triste comportement est visible sur la Figure 3.8, qui représente un tableau de résultats commerciaux sans qu'aucune valeur n'ait été mise en forme. Remarquez comme les chiffres se calent maladroitement contre le bord droit selon le nombre de décimales, sans aucun alignement sur la virgule décimale. Cette mauvaise présentation est causée par le format de nombre Standard d'Excel. Le seul moyen d'y remédier est de choisir un format de nombre plus rationnel.

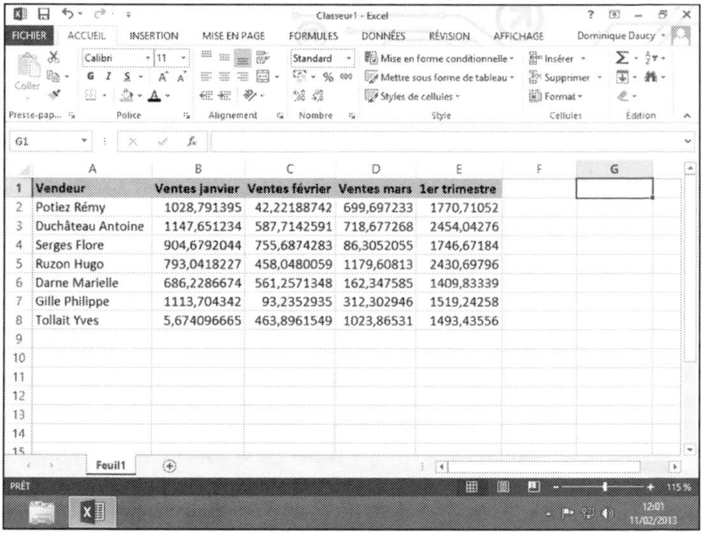

Figure 3.8 : Les nombres comportant des décimales ne s'alignent pas correctement lorsque le format de nombre Standard est utilisé.

Appliquer un style Monétaire

Du fait de la nature financière de la plupart des feuilles de calcul, vous serez sans doute amené à utiliser le format Monétaire plus souvent qu'un autre. C'est une mise en forme très facile à appliquer, puisqu'il vous suffit pour cela de cliquer sur le bouton Monétaire dans l'onglet Accueil du Ruban.

N'oubliez pas que le format Monétaire ajoute le symbole de l'euro (€), affiche la valeur avec deux décimales et utilise le séparateur de milliers. De plus, si vous saisissez une valeur entre parenthèses, elle sera considérée comme négative et affichée avec un signe moins (–).

Comme le montre la Figure 3.9, seules les cellules qui ont été sélectionnées (plage E2:E8) ont reçu le format Monétaire. Il a été appliqué en cliquant sur le bouton Monétaire du groupe Nombre de l'onglet Accueil (son icône montre un billet de banque et des pièces).

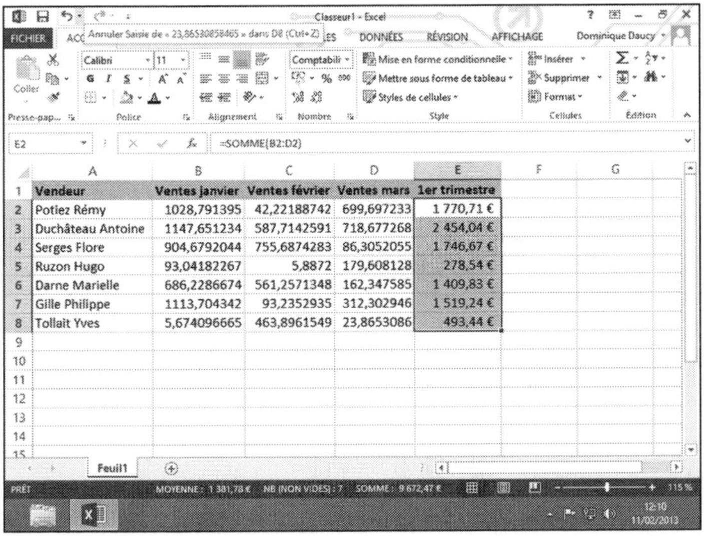

Figure 3.9 : Les totaux ont été présentés en euro en cliquant sur le bouton Monétaire de l'onglet Accueil.

Bien qu'il soit possible de mettre toutes les valeurs du tableau en format Monétaire, il en résulterait une surabondance de signes euro. Nous ne l'avons donc fait apparaître que dans les totaux.

Présenter les cellules avec le style Séparateur de milliers

Le format Séparateur de milliers est une excellente alternative au format Monétaire, car, comme ce dernier, il permet de séparer les milliers, les millions, les milliards, *etc.*

Ce format règle aussi le nombre de décimales et la représentation des nombres négatifs mais il n'affiche aucun symbole monétaire. Observez, à la Figure 3.10 comment le bouton d'activation du format Séparateur de milliers, présent dans l'onglet Accueil du Ruban, a affiché les nombres sélectionnés.

Le format Séparateur de milliers convient très bien pour des résultats commerciaux comme ceux de la Figure 3.10. C'est ce format que nous avons appliqué aux cellules contenant les ventes mensuelles. Pour cela, nous avons sélectionné les cellules de la plage B3:D9 et cliqué sur le bouton Séparateur de milliers (000) dans le groupe Nombre de l'onglet Accueil.

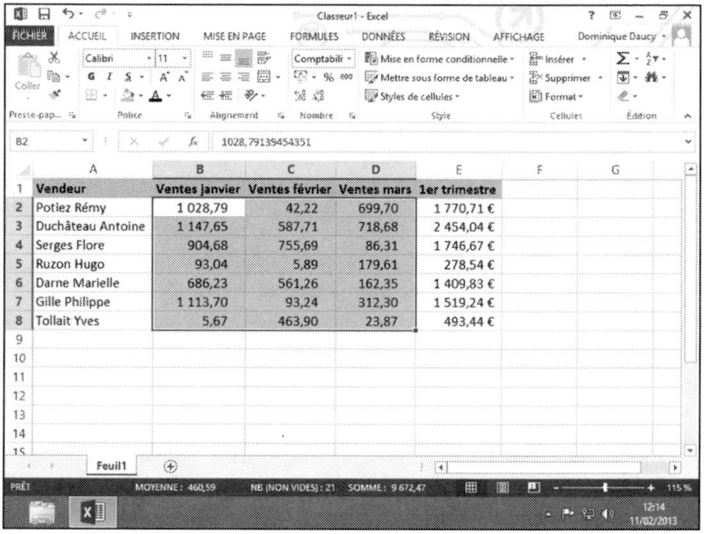

Figure 3.10 : Les chiffres des ventes viennent d'être mis en forme avec le bouton Séparateur de milliers.

Remarquez, Figure 3.10 comment le format Séparateur de milliers gère les décimales ; les chiffres sont désormais parfaitement alignés sur la virgule décimale et surtout par rapport à la virgule qui se trouve dans les totaux mis en forme avec le format Monétaire. Ils ont même été légèrement décalés vers la gauche pour parfaire l'alignement.

Le format Pourcentage

De nombreuses feuilles de calcul contiennent des pourcentages (taux d'intérêt, de croissance, d'inflation, *etc.*). Pour entrer un pourcentage dans une cellule, commencez par cliquer dessus pour la sélectionner, cliquez sur le bouton Style de pourcentage dans le groupe Nombre de l'onglet Accueil, entrez directement le pourcentage voulu s'il est supérieur à 1 (par exemple, entrez **12** pour 12 %) et appuyez sur Entrée. Si vous avez entré par exemple **12** ou **54**, vous voyez apparaître 12 % ou 54 % dans la cellule. Pour entrer un pourcentage inférieur à 1 %, vous devez entrer la valeur numérique correspondante (par exemple, .005 pour 0,5 %). Dans ce cas, vous verrez apparaître 1 % dans la cellule, car le format Pourcentage n'affiche que les valeurs entières. Ce qui n'empêche pas, naturellement, de voir apparaître, dans la barre de formule, la valeur exacte que vous avez entrée, sous forme de pourcentage (dans l'exemple précédent, 0,5 %).

En revanche, si vous appliquez le format Pourcentage à une cellule après y avoir entré une valeur, celle-ci est multipliée par 100 pour être convertie en pourcentage (si vous appliquez le format Pourcentage à une cellule qui contient la valeur 12, vous voyez apparaître 1 200 % dans la cellule).

Pour entrer une série de pourcentages dans une feuille de calcul, le plus commode est donc d'utiliser la première méthode : sélectionner la plage de cellules, cliquer sur le bouton Style de pourcentage pour lui appliquer le format Pourcentage et entrer directement les pourcentages.

La Figure 3.11 montre la situation inverse où des valeurs calculées par une formule ont été converties en pourcentages par l'application aux cellules correspondantes du format pourcentage. C'est ce que vous pouvez voir dans la ligne 10 de cette feuille de calcul, qui montre le ratio, calculé par une formule, du total des ventes par mois par rapport au total des ventes du trimestre (cellule E10). Donc, ces valeurs ont été converties en pourcentage par application aux cellules correspondantes du format Pourcentage après y avoir entré les formules.

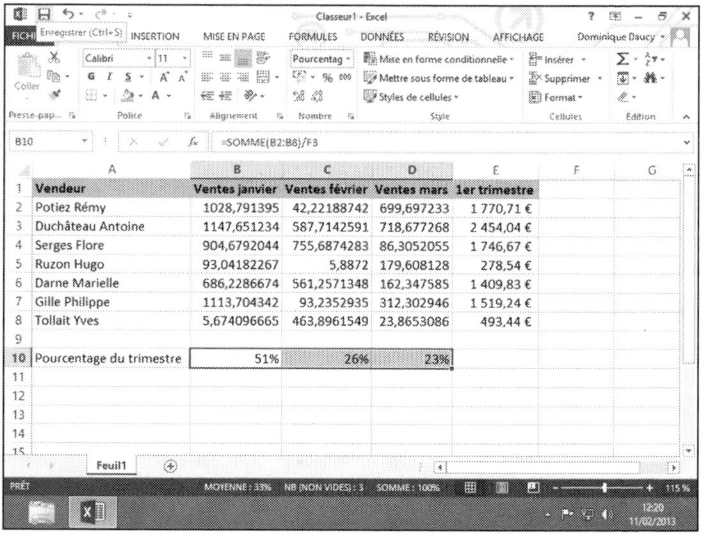

Figure 3.11 : Les pourcentages ont été mis en forme avec le format Pourcentage.

Définir les décimales

Il est possible d'augmenter et de réduire le nombre des décimales d'un nombre ayant reçu un format Monétaire, Séparateur de milliers ou Pourcentage en cliquant tout simplement sur les boutons Ajouter une décimale et Réduire les décimales. Ces deux commandes se trouvent dans le groupe Nombre de l'onglet Accueil.

Chaque fois que vous cliquez sur le bouton Ajouter une décimale (celui avec une flèche pointée vers la gauche), Excel place une autre décimale après la virgule.

Les valeurs qui se cachent sous une mise en forme

Ne vous laissez pas induire en erreur par les formats qui enjolivent la présentation des cellules d'une feuille de calcul. Comme le ferait tout bon illusionniste, un format peut changer l'apparence d'une valeur comme par magie, mais en réalité le chiffre brut que vous avez entré reste immuable. Supposons qu'une formule retourne la valeur suivante :

```
25,6456
```

Supposons maintenant que vous mettiez en forme la cellule qui contient ce chiffre avec l'outil Monétaire. La valeur est affichée sous la forme :

```
25,65 €
```

Ce changement peut vous inciter à penser qu'Excel a arrondi la deuxième décimale à la valeur supérieure. En réalité, le logiciel n'a arrondi que l'*affichage* de la valeur ; la cellule contient toujours la valeur 25,6456. Si vous utilisez le contenu de cette cellule dans une formule, rappelez-vous qu'Excel utilise toujours la valeur véritable pour ses calculs, celle qui est stockée dans la mémoire et non celle qui apparaît à l'écran sous une forme ou sous une autre.

Comment ferez-vous pour que la valeur mise en forme soit la même que la valeur utilisée pour le calcul ? Excel peut satisfaire à votre demande en une seule étape. Sachez qu'il s'agit d'une opération irréversible. Il est en effet possible d'utiliser pour le calcul les valeurs affichées, mais avec une mise en forme particulière, en cochant une seule case. Mais vous ne pourrez pas revenir aux valeurs précédentes en la désactivant.

Puisque vous insistez pour connaître ce truc, voici comment il faut procéder :

1. **Assurez-vous que toutes les cellules de la feuille de calcul ont été mises en forme avec le nombre de décimales que vous désirez.**

   Cette étape doit être accomplie avant de convertir l'affichage de la précision des valeurs dans la feuille de calcul.

2. **Cliquez sur Fichier/Options/Options avancées.**

3. **Dans la section Lors du calcul de ce classeur, cochez la case Définir le calcul avec la précision au format affiché.**

   Excel affiche une boîte d'alerte vous disant La précision pour ces données sera définitivement perdue.

4. **Cliquez sur OK ou appuyez sur Entrée pour confirmer.**

Dates et heures dans les calculs

Dans le Chapitre 2, nous avons indiqué qu'il était très simple de créer des formules qui calculent le temps écoulé entre deux dates ou deux heures. Le hic est qu'Excel affiche automatiquement le résultat du calcul au format date ou heure. Par exemple, si vous entrez 15-8-04 dans la cellule B4, 15/4/04 dans la cellule C4 et, dans la cellule E4, la formule suivante permettant de trouver le nombre de jours écoulés entre les deux dates :

```
=B4-C4
```

Excel renvoie le résultat de 122 déguisé en 01/05/1900 dans la cellule E4. Pour remettre en forme ce résultat, vous devez affecter le format Nombre à la cellule E4 (ouvrez le menu du bouton Format de nombre dans le groupe Nombre de l'onglet Accueil et sélectionnez Nombre). La valeur 122 remplace alors 01/05/1900, indiquant que 122 jours se sont écoulés entre les deux dates.

Il en va de même avec les formules calculant le temps écoulé entre deux heures. Vous devez modifier le format de la cellule abritant le résultat. Prenons un exemple : vous saisissez 8:00 AM dans la cellule C8, 4:00 PM dans la cellule D8 et, dans la cellule E8, la formule suivante permettant de calculer le nombre d'heures écoulées entre ces deux instants :

```
=D8-C8
```

Il vous faut là aussi transformer au format Standard le résultat de la cellule E8, qui apparaît automatiquement sous la forme 8:00 AM. Une fois converti, le résultat est de 0,333333333 à la place de 8:00 AM, soit sa fraction sur une période de 24 heures. Pour obtenir le nombre d'heures correspondant, il suffit de multiplier 0,333333333 par 24, ce qui donne 8.

Un coup d'œil sur les différents formats de nombre

Excel prend en charge d'autres formats que Monétaire, Séparateur de milliers et Pourcentage. Pour les utiliser, sélectionnez la cellule ou la plage à mettre en forme, puis cliquez dedans avec le bouton droit de la souris. Dans le menu contextuel qui apparaît, sélectionnez l'option Format de cellule (ou appuyez sur Ctrl + Maj + 1 [le 1 du clavier principal]). Dans les deux cas, la boîte de dialogue Format de cellule apparaît.

Dans la boîte de dialogue Format de cellule, cliquez sur l'onglet Nombre puis sélectionnez le format désiré dans la liste Catégorie. Certains, comme Date, Heure, Fraction et Spécial, proposent un choix encore plus étendu de formats. D'autres, comme Nombre et Monétaire, possèdent leur propre boîte permettant de paramétrer la mise en forme. Chaque fois que vous sélectionnez un format, Excel affiche dans la zone Exemple la présentation de la première cellule de la plage sélectionnée. Si cet aperçu vous convient, cliquez sur OK ou appuyez sur Entrée pour appliquer la mise en forme choisie aux cellules sélectionnées.

La catégorie Spécial de la boîte de dialogue Format de cellule, onglet Nombre, contient des mises en forme très particulières. Les formats que voici vous intéresseront certainement :

- **Sécurité sociale** : divise automatiquement les treize chiffres du numéro INSEE mentionnant le sexe, l'année de naissance, le mois, le lieu ainsi que les deux codes à trois chiffres. Exemple : 1 68 05 75 123 456.
- **Code postal** : conserve les zéros qui précèdent un nombre (important pour entrer des codes postaux comme 04120 ou 07000).
- **Numéro de téléphone** : sépare les dix chiffres des numéros de téléphone français deux par deux, en plaçant une espace entre chaque groupe (exemple : 01 40 21 46 20). D'autres options mettent en forme les numéros de téléphone belges, canadiens, luxembourgeois, marocains et suisses.

Régler les colonnes

Si Excel 2013 ne se charge pas lui-même de régler la largeur des colonnes, vous n'aurez aucune difficulté à le faire par vous-même. Le moyen le plus simple de les ajuster consiste à appliquer la largeur la plus appropriée grâce à la commande Ajustement automatique. Elle demande à Excel de réduire ou d'augmenter la largeur des colonnes selon le contenu le plus long qui s'y trouve.

Procédez comme suit pour appliquer un ajustement automatique aux colonnes :

1. **Placez le pointeur de la souris sur la bordure grise de droite de l'en-tête de la colonne, tout en haut de la feuille de calcul.**

   Le pointeur de la souris se transforme en double flèche pointant vers la gauche et vers la droite.

2. **Double-cliquez.**

   Excel ajuste automatiquement la largeur de la colonne selon la donnée la plus longue qui s'y trouve.

L'ajustement automatique peut être appliqué à plusieurs colonnes à la fois. Il suffit de sélectionner toutes les colonnes à régler (si elles sont adjacentes, cliquez et tirez dans leur en-tête ; sinon, touche Ctrl enfoncée, cliquez dans les différents en-têtes). Après avoir sélectionné les colonnes, double-cliquez sur n'importe quelle bordure de droite d'un en-tête.

L'ajustement automatique ne produit pas toujours le résultat escompté : un titre très long qui déborde sur les autres cellules, à droite, est exagérément élargi.

Si l'ajustement automatique ne vous convient pas, au lieu de double-cliquer, tirez la bordure de droite de l'en-tête jusqu'à ce que vous ayez obtenu la largeur désirée. Cette méthode manuelle est parfaite pour régler plusieurs colonnes à la fois. La largeur de celle que vous ajustez sera répercutée sur toutes celles qui sont sélectionnées.

Vous pouvez aussi fixer la largeur des colonnes à partir du menu affiché par le bouton Format du groupe Cellules de l'onglet Accueil. La section de ce menu concernant la largeur de colonne contient les trois options suivantes :

- **Largeur :** fait apparaître la boîte de dialogue Largeur de colonne, dans laquelle vous pouvez spécifier le nombre de caractères à afficher dans la colonne. Cliquez sur OK après avoir entré la valeur voulue.

- **Ajustement automatique :** ajuste automatiquement la largeur de la colonne ou des colonnes de la sélection pour que le contenu le plus long y tienne en entier.
- **Largeur standard :** fait apparaître la boîte de dialogue Largeur standard, dans laquelle vous pouvez spécifier la largeur standard des colonnes, en nombre de caractères. Cliquez sur OK après avoir entré la valeur voulue.

Ajuster les lignes

Le réglage de la hauteur des lignes est comparable à celui de la largeur des colonnes, à ce détail près que vous serez moins souvent amené à ajuster des lignes que des colonnes. Excel modifie en effet automatiquement la hauteur de ligne selon les entrées, notamment lors d'un changement de taille de police ou d'un retour à la ligne à l'intérieur d'une cellule. Ces cas seront évoqués dans la section « Modifier l'alignement », plus loin dans ce chapitre. La plupart des modifications de hauteur de ligne sont effectuées pour augmenter l'espace réservé au titre d'un tableau sans ajouter des lignes vides (nous y reviendrons dans la section « De haut en bas », plus loin dans ce chapitre).

Pour augmenter la hauteur d'une ligne, tirez le bas de l'en-tête de ligne jusqu'à ce que vous ayez obtenu la hauteur désirée, puis relâchez le bouton de la souris. Pour réduire la hauteur d'une ligne, inversez la manipulation en faisant remonter le bas de l'en-tête. Pour appliquer un ajustement automatique, double-cliquez sur la bordure inférieure de l'en-tête.

Comme pour les colonnes, vous pouvez aussi ajuster la hauteur des lignes sélectionnées en utilisant ce même menu du bouton Format du groupe Cellules de l'onglet Accueil :

- **Hauteur :** fait apparaître la boîte de dialogue Hauteur de ligne, dans laquelle vous pouvez spécifier la hauteur de ligne (en points). Cliquez sur OK après avoir entré la valeur voulue.

- **Ajustement automatique :** ajuste automatiquement la hauteur de la ligne ou des lignes de la sélection pour que le contenu le plus long y soit entièrement affiché.

On la voit, on ne la voit plus !

Un détail amusant concernant les lignes et les colonnes : il est possible de les réduire à tel point qu'elles semblent avoir disparu de la feuille de calcul ! Ce comportement est très pratique pour masquer des données. Supposons qu'une feuille de calcul contienne la liste des employés et leur salaire ; vous avez besoin de ces chiffres pour calculer un budget, mais vous ne tenez pas à ce que ces données sensibles apparaissent dans le rapport imprimé. Au lieu de perdre du temps à déplacer la colonne des salaires hors de la zone à imprimer, il suffit de masquer la colonne au moment de l'impression.

Masquer et afficher des colonnes

Bien qu'il soit possible de masquer des lignes et des colonnes manuellement, Excel propose une méthode autrement plus rapide et efficace, par l'option Masquer & afficher du menu du bouton Format du groupe Cellules de l'onglet Accueil. Supposons que vous deviez masquer la colonne B d'une feuille de calcul parce qu'elle contient des informations sensibles ou sans rapport avec le sujet. Pour masquer cette colonne, suivez ces étapes :

1. **Cliquez sur une cellule quelconque de la colonne B pour la sélectionner.**
2. **Cliquez sur le bouton Format du groupe Cellules de l'onglet Accueil pour faire apparaître son menu.**
3. **Dans ce menu, sélectionnez Masquer & afficher/Masquer les colonnes.**

La colonne *s'évanouit* ! Toutes les informations de la colonne B disparaissent de la feuille de calcul. Remarquez notamment la succession des lettres des en-têtes de colonnes : A, C, D, E… Il manque la lettre B.

Vous obtiendriez le même résultat en cliquant dans l'en-tête de la colonne avec le bouton droit de la souris et en choisissant, dans le menu contextuel, l'option Masquer.

Supposons maintenant que vous ayez imprimé la feuille de calcul et qu'il vous faut modifier une des entrées de la colonne B. Procédez comme suit pour réafficher la colonne :

1. **Placez le pointeur de la souris sur l'en-tête de la colonne A, puis tirez-le vers la droite pour sélectionner les colonnes A et C.**

   En tirant de A à C, vous incluez la colonne B dans la sélection. Ne cliquez surtout pas sur A *et* C, touche Ctrl enfoncée, car vous omettriez la colonne B.

2. **Cliquez sur le bouton Format du groupe Cellules de l'onglet Accueil pour faire apparaître son menu.**

3. **Dans ce menu, sélectionnez Masquer & afficher/Afficher les colonnes.**

Excel fait réapparaître la colonne B ; les trois colonnes A, B et C sont sélectionnées. Pour les désélectionner, cliquez sur n'importe quelle cellule de la feuille de calcul.

Il est aussi possible de réafficher la colonne B en sélectionnant les colonnes A à C, en cliquant sur l'une d'elles avec le bouton droit de la souris et en choisissant la commande Afficher dans le menu contextuel.

Masquer et afficher des lignes

La procédure est exactement la même pour masquer et afficher des lignes que pour masquer et afficher des colonnes, à la seule différence qu'après avoir sélectionné les lignes voulues, il suffit de sélectionner Masquer & afficher/Masquer les lignes (au lieu de Masquer les colonnes) et Masquer & afficher/Afficher les lignes (au lieu de Afficher des colonnes) dans le menu affiché par le bouton Format de l'onglet Accueil.

N'oubliez pas que vous pouvez aussi cliquer du bouton droit sur la ligne ou les lignes sélectionnées pour sélectionner Masquer ou Afficher dans le menu contextuel qui apparaît.

Du côté de la police

Quand vous ouvrez une nouvelle feuille de calcul, Excel assigne une même police à la même taille à toutes les entrées auxquelles vous procédez. Le programme utilise la police Calibri de 11 points (en typographie, le corps d'une police, c'est-à-dire sa taille, est exprimée en points). Bien que cette police convienne parfaitement pour la saisie, vous serez tenté d'en choisir d'autres pour agrémenter les titres et les en-têtes de vos tableaux.

TRUC

Si vous ne tenez pas à conserver la police standard utilisée par Excel, vous pouvez en spécifier une autre dans l'onglet Général de la boîte de dialogue Options Excel (Fichier/Options). Dans la section Lors de la création de classeurs, sélectionnez la police que vous voulez utiliser par défaut en la choisissant dans la liste déroulante Utiliser cette police. Sélectionnez également si nécessaire la taille que vous voulez utiliser par défaut dans la liste déroulante Taille de la police (vous pouvez aussi l'entrer manuellement).

La plupart des choix concernant la police peuvent être effectués directement depuis le groupe Police de l'onglet Accueil, ce qui évite d'avoir à afficher la boîte de dialogue Format de cellule.

- Pour appliquer une nouvelle police à une cellule ou à une plage, cliquez sur le bouton fléché du champ Police, dans le groupe Police de l'onglet Accueil. Sélectionnez ensuite le nom de la police à utiliser. Remarquez qu'Excel affiche le nom de chaque police avec sa typographie réelle, ce qui facilite le choix.
- Pour modifier la taille de la police, cliquez sur le bouton fléché du champ Taille de police, dans le groupe Police de l'onglet Accueil et sélectionnez une nouvelle taille dans la liste.

Vous pouvez aussi appliquer du **gras**, de l'*italique*, un soulignement ou ~~barrer~~ des données. Le groupe Police de l'onglet Accueil contient les boutons permettant d'appliquer ou de supprimer les trois premiers styles ; remarquez que ces boutons reçoivent un fond orange (au lieu du bleu habituel) chaque fois que vous sélectionnez une cellule dont le contenu a reçu l'attribut correspondant. Lorsque vous cliquez sur un de ces boutons afin de supprimer le style dans la cellule sélectionnée, il reçoit à nouveau le fond bleu qui indique que la cellule sélectionnée n'a plus l'attribut correspondant.

Vous procéderez probablement à la plupart des modifications de police à partir de l'onglet Accueil du Ruban, mais il vous sera parfois plus commode de les faire sous l'onglet Police de la boîte de dialogue Format de cellule.

L'onglet Police de la boîte de dialogue Format de cellule réunit tous les paramètres de police, y compris les styles (gras, italique...), les effets (barré, exposant et indice) et les couleurs. Si vous devez effectuer plusieurs modifications de police dans une sélection, travailler avec cet onglet Police sera beaucoup plus rapide et rationnel. La boîte de dialogue contient d'ailleurs une fenêtre d'aperçu qui montre l'effet – à l'écran du moins – des différents paramètres.

Pour changer la couleur de police dans des cellules sélectionnées, cliquez sur le triangle pointant vers le bas du bouton Couleur de police dans le groupe Police de l'onglet Accueil et sélectionnez la couleur que vous voulez appliquer au texte des cellules dans la palette qui apparaît. N'oubliez pas que, selon le principe des Styles rapides, il vous suffit de placer le pointeur sur une couleur dans la palette pour voir le texte des cellules sélectionnées prendre la couleur correspondante. Pour appliquer effectivement la couleur choisie, cliquez dessus.

Modifier l'alignement

Lorsque vous commencez à saisir des entrées, leur alignement dans les cellules dépend de leur type. Tous les textes sont alignés à gauche et toutes les valeurs à droite. Vous pouvez cependant modifier cette disposition à votre guise.

Le groupe Alignement de l'onglet Accueil contient trois outils d'alignement : Aligné à gauche, Au centre et Aligné à droite. Ils disposent le contenu de la cellule ou d'une plage exactement comme vous le désirez. À droite de ces boutons d'alignement, se trouve le bouton Fusionner et centrer.

Ce bouton mérite d'être connu, car il sert à centrer instantanément un titre sur toute la largeur d'un tableau. La Figure 3.12 montre comment l'utiliser. Dans cette figure, le titre « ENTREPRISES DEFERCO S.A. - VENTES 2013 » (ancré en A1) déborde, comme il est assez long, sur la cellule de droite (soit B1). Pour centrer ce titre au-dessus du tableau, qui s'étend des colonnes A à E, sélectionnez la plage de cellules A1:E1 puis, dans le groupe Alignement de l'onglet Accueil, cliquez sur le bouton Fusionner et centrer.

Figure 3.12 : La feuille de calcul après le centrage du titre sur les colonnes A à E.

Observez le résultat : dans la ligne 1, les cellules des colonnes A à E ont été fusionnées en une seule cellule et le titre a été parfaitement centré dans cette « supercellule » qui s'étend d'un côté à l'autre du tableau.

TRUC

Si vous devez de nouveau scinder une cellule fusionnée en cellules distinctes, sélectionnez-la, puis cliquez tout simplement à nouveau sur le bouton Fusionner et centrer dans le groupe Alignement de l'onglet Accueil.

Les retraits

Excel permet de mettre des entrées en retrait dans les cellules. Pour ce faire, cliquez sur le bouton Augmenter le retrait, dans le groupe Alignement de l'onglet Accueil. Ce bouton est reconnaissable à l'icône montrant une flèche repoussant quelques lignes vers la droite. Chaque fois que vous cliquez dessus, Excel met les entrées de la sélection courante en retrait d'un caractère (en police standard). Si vous voulez savoir ce que c'est qu'une police standard et comment la modifier, reportez-vous à la section « Du côté de la police », plus haut dans ce chapitre.

Un retrait peut être supprimé en cliquant sur le bouton Réduire le retrait ; il se trouve immédiatement à gauche du bouton Augmenter le retrait. Vous pouvez aussi modifier le nombre de caractères du décalage effectué avec le bouton Augmenter le retrait ; pour ce faire, ouvrez la boîte de dialogue Format de cellule (Ctrl + Maj + 1 [le 1 du clavier principal, pas celui du pavé numérique]), sélectionnez l'onglet Alignement, puis entrez une valeur dans le champ Retrait, soit en la tapant, soit en actionnant le bouton rotatif.

De haut en bas

L'alignement à gauche, centré ou à droite concerne le positionnement de l'entrée par rapport aux bords gauche et droit de la cellule, c'est-à-dire horizontalement. Vous pouvez aussi aligner le texte par rapport aux bords haut et bas de la cellule, soit verticalement. Par défaut, toutes les entrées sont placées en bas de la cellule, mais il est possible de les centrer verticalement ou de les placer contre le bord supérieur des cellules.

Pour modifier l'alignement vertical dans une plage de cellules sélectionnées, ouvrez la boîte de dialogue Format de cellule (Ctrl + Maj + 1 [le 1 du clavier principal, pas celui du pavé numérique]), puis cliquez sur l'onglet Alignement ; enfin, sélectionnez Haut, Centré, Bas, Justifié ou Distribué dans la liste déroulante Vertical.

La Figure 3.13 montre, dans la feuille des ventes de la société Deferco, le titre du tableau après qu'il a été centré verticalement (ce texte avait été centré horizontalement sur plusieurs colonnes avec la commande Fusionner et centrer ; la hauteur de la ligne 1, qui est par défaut de 15 points, a été augmentée à 36 points).

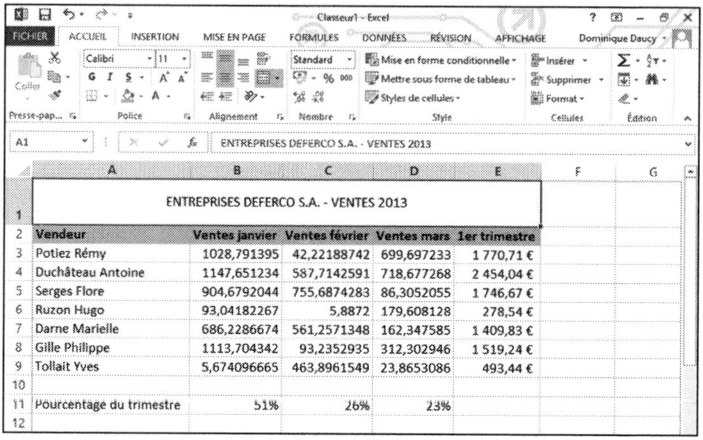

	A	B	C	D	E
1	ENTREPRISES DEFERCO S.A. - VENTES 2013				
2	Vendeur	Ventes janvier	Ventes février	Ventes mars	1er trimestre
3	Potiez Rémy	1028,791395	42,22188742	699,697233	1 770,71 €
4	Duchâteau Antoine	1147,651234	587,7142591	718,677268	2 454,04 €
5	Serges Flore	904,6792044	755,6874283	86,3052055	1 746,67 €
6	Ruzon Hugo	93,04182267	5,8872	179,608128	278,54 €
7	Darne Marielle	686,2286674	561,2571348	162,347585	1 409,83 €
8	Gille Philippe	1113,704342	93,2352935	312,302946	1 519,24 €
9	Tollait Yves	5,674096665	463,8961549	23,8653086	493,44 €
10					
11	Pourcentage du trimestre	51%	26%	23%	
12					

Figure 3.13 : La feuille de calcul après le centrage vertical du titre du tableau

Gérer le renvoi à la ligne

Dans les tableaux, le placement des titres dans les colonnes a toujours posé un problème ; il fallait souvent les abréger pour éviter d'avoir à élargir les colonnes pour les faire tenir dedans. Dans Excel, ce problème peut être évité grâce à la fonction de renvoi à la ligne. La Figure 3.14 montre une nouvelle feuille de calcul dans laquelle les produits et la société qui les commercialise viennent d'être encodés sans formatage.

La Figure 3.15, pour sa part, propose les mêmes titres mais après validation du renvoi à la ligne automatique. De fait, dans

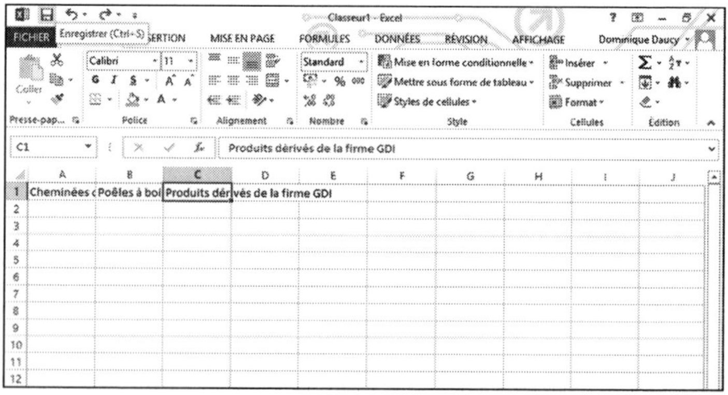

Figure 3.14 : Avant l'action.

cet exemple, les titres ont été mis en forme avec l'option Renvoyer à la ligne automatiquement, afin qu'ils tiennent chacun dans sa cellule.

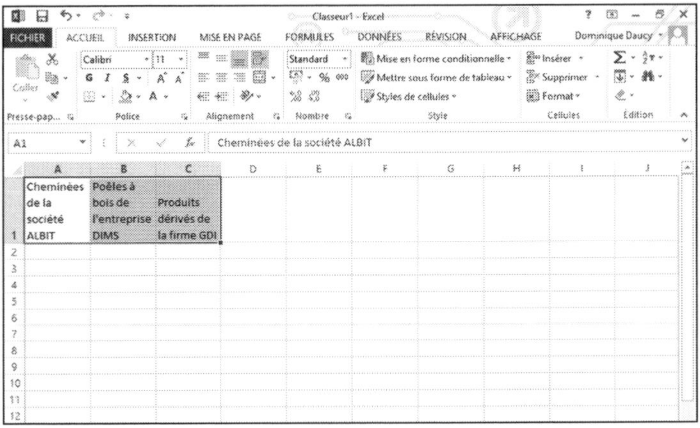

Figure 3.15 : Après activation de l'option de renvoi automatique.

Pour obtenir la présentation de cette Figure 3.15, sélectionnez les cellules contenant les titres (de A1 à C1), puis cliquez sur le bouton Renvoyer à la ligne automatiquement dans le groupe Alignement de l'onglet Accueil.

Le renvoi à la ligne empêche les textes longs de déborder sur les cellules voisines. Pour recevoir les lignes supplémentaires, le logiciel augmente automatiquement la hauteur de ligne.

Quand vous sélectionnez l'option Renvoyer à la ligne automatiquement, Excel continue à utiliser les alignements vertical et horizontal que vous avez spécifiés pour la cellule. Notez que vous pouvez utiliser n'importe quelle option d'alignement de l'onglet Alignement de la boîte de dialogue Format de cellule : Gauche (avec ou sans retrait), Centré, Droit (avec ou sans retrait), Justifié ou Centré sur plusieurs colonnes. Vous ne pouvez toutefois pas utiliser l'option Recopié. Présente dans la liste déroulante Horizontal, l'option Recopié sert à répéter une entrée sur toute la largeur de la cellule.

Pour obtenir un renvoi à la ligne justifié sur les bords gauche et droit de la cellule, sélectionnez l'option Justifié dans la liste déroulante Horizontal de l'onglet Alignement de la boîte de dialogue Format de cellule.

TRUC

Un long texte peut être séparé en plusieurs lignes en plaçant le point d'insertion dedans, dans la cellule ou dans la barre de formule, et en appuyant sur les touches Alt + Entrée. Excel agrandit la ligne contenue dans la cellule, ainsi que la barre de formule, puis commence une nouvelle ligne. Dès que vous appuyez sur Entrée pour valider la saisie ou la modification, Excel effectue automatiquement le renvoi à la ligne selon la largeur de la colonne et l'emplacement du point d'insertion.

Incliner les données

Au lieu de définir un renvoi à la ligne pour les textes saisis dans les cellules, vous préférerez peut-être modifier leur orientation en les inclinant dans un sens ou dans un autre. Dans la Figure 3.16, le changement de direction des titres a donné un effet plus intéressant qu'un simple renvoi à la ligne.

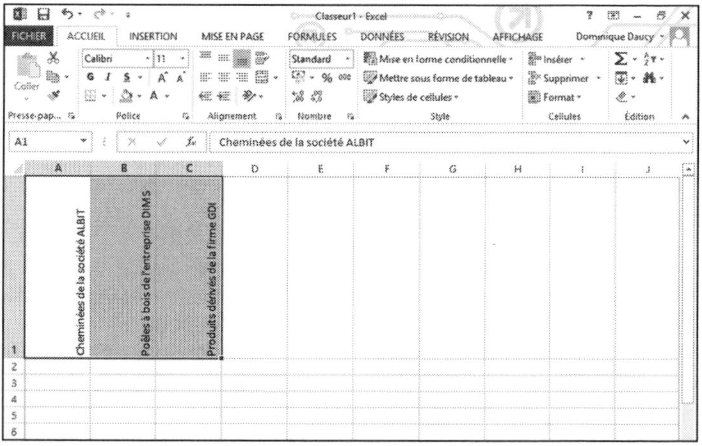

Figure 3.16 : Les titres ont été inclinés à 90° dans le sens inverse des aiguilles d'une montre.

Cet exemple montre une rotation à 90° vers le haut (dans le sens inverse des aiguilles d'une montre). Remarquez que cette opération a entraîné un ajustement de la largeur des colonnes.

Pour pivoter le contenu des cellules, sélectionnez d'abord la plage A1:C1, puis cliquez sur le triangle pointant vers le bas du bouton Orientation (dans le groupe Alignement de l'onglet Accueil). Dans le menu qui apparaît, sélectionnez Rotation du texte vers le haut.

La Figure 3.17 montre maintenant les mêmes titres orientés à 45°. Pour obtenir ce résultat, sélectionnez cette fois Rotation dans le sens inverse des aiguilles d'une montre dans ce même menu du bouton Orientation (après avoir sélectionné la même plage A1:C1, naturellement).

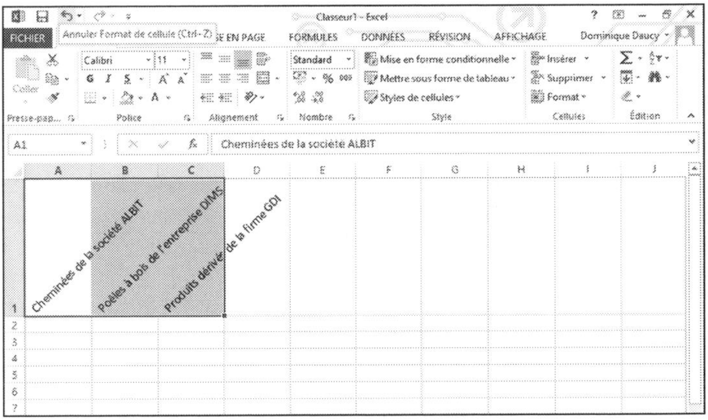

Figure 3.17 : Les titres ont été inclinés à 45° vers le haut.

Un texte peut être incliné à d'autres valeurs que 45 ou 90 degrés. Après avoir sélectionné le texte à faire pivoter, sélectionnez Format de cellule – Alignement dans le menu du bouton Orientation du groupe Alignement de l'onglet Accueil pour ouvrir la boîte de dialogue Format de cellule avec l'onglet Alignement au premier plan et utilisez la section Orientation de cet onglet pour spécifier l'angle voulu.

Pour cela, cliquez à l'endroit voulu dans le demi-cercle ou entrez directement l'angle voulu en degrés (avec un signe moins pour une rotation dans le sens des aiguilles d'une montre) dans le champ qui se trouve en dessous.

N'OUBLIEZ PAS

Vous pouvez définir n'importe quelle inclinaison, de 90° vers le haut à 90° vers le bas, soit en tapant la valeur exacte dans le champ Degrés, soit en actionnant l'aiguille du cadran.

Pour placer le texte verticalement de telle manière que les lettres soient empilées les unes sur les autres, cliquez sur le rectangle montrant le mot « Texte » ainsi disposé, à gauche du cadran.

Ajuster

Pour éviter qu'Excel élargisse les colonnes pour y faire tenir les entrées (pour afficher l'intégralité d'un tableau de données à l'écran ou l'imprimer sur une seule feuille), utilisez la commande Ajuster.

Cliquez sur l'onglet Alignement de la boîte de dialogue Format de cellule (Ctrl + Maj + 1 [le 1 du clavier principal, pas celui du pavé numérique]) et cochez la case Ajuster. Excel réduit la taille de la police dans les cellules sélectionnées, ce qui lui évite d'avoir à modifier la largeur des colonnes. Sachez cependant que vous risquez de vous retrouver avec des textes illisibles. Notez aussi qu'il est impossible d'appliquer simultanément les options Renvoyer à la ligne automatiquement et Ajuster ; la sélection de l'une désélectionne aussitôt l'autre.

Boîtes à bordures

Le quadrillage que vous apercevez dans une feuille de calcul sert simplement à mieux visualiser les lignes et les colonnes dans lesquelles vous travaillez. Vous pouvez choisir de l'imprimer avec vos données ou non (en cochant la case Imprimer du groupe Options de la feuille de calcul dans l'onglet Mise en page du Ruban).

Vous pouvez mettre en évidence certaines parties de la feuille de calcul ou d'un tableau à l'aide de bordures ou en appliquant un effet d'ombrage aux cellules. Ne confondez pas les *bordures* que vous définissez vous-même avec le *quadrillage* correspondant aux lignes et aux colonnes de la feuille de calcul. Les bordures sont toujours imprimées, indépendamment du fait que vous décidiez ou non d'imprimer le quadrillage.

Pour mieux voir les bordures que vous ajoutez à des cellules, supprimez l'affichage du quadrillage. Pour cela, ôtez la coche de la case Quadrillage du groupe Options de la feuille de calcul dans l'onglet Mise en page du Ruban.

Pour ajouter des bordures à une sélection de cellules, cliquez sur le triangle pointant vers le bas du bouton Toutes les bordures du groupe Police de l'onglet Accueil et sélectionnez dans le menu qui apparaît (Figure 3.18) le type de bordures que vous voulez appliquer à votre sélection.

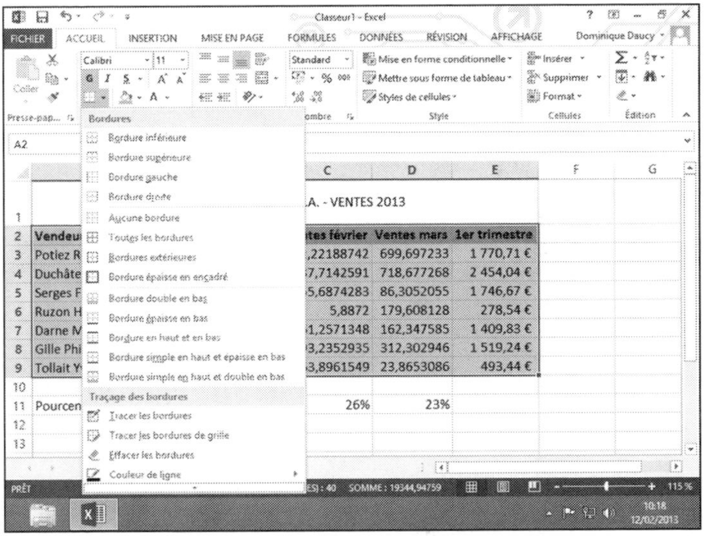

Figure 3.18 : Dans le menu du bouton Toutes les bordures, sélectionnez le type de bordures à appliquer à la sélection.

Rappelez-vous ces préceptes lorsque vous définissez des bordures :

- Pour que les bordures ne soient tracées qu'autour de la sélection, sélectionnez Bordures extérieures ou Bordure épaisse en encadré dans le menu du bouton Toutes les bordures.
- Pour que les bordures apparaissent autour de chacune des cellules de la plage sélectionnée, choisissez Toutes les bordures dans ce menu.

Pour changer le type de trait, l'épaisseur ou la couleur de la bordure que vous appliquez à une sélection de cellules, vous devez ouvrir la boîte de dialogue Format de cellule et cliquer sur son onglet Bordure (sélectionnez Autres bordures dans le menu du bouton Toutes les bordures ou appuyez sur Ctrl + Maj + 1 [le 1 du clavier principal, pas celui du pavé numérique]) et cliquez sur l'onglet Bordure dans la boîte de dialogue Format de cellule qui apparaît).

Pour changer le type de trait, sélectionnez celui qui vous convient dans la section Ligne de cet onglet. Pour changer la couleur, cliquez sur le bouton Couleur dans cette section Ligne et sélectionnez la couleur qui vous convient dans la palette qui apparaît. Pour définir les contours de la bordure, utilisez les boutons de la section Présélection et de la section Bordure (qui vous montre aussi le résultat de ce que vous sélectionnez). Pour appliquer à la sélection ce que vous venez de choisir, cliquez sur OK.

Pour vous débarrasser d'une bordure, vous devez sélectionner les cellules correspondantes et choisir Aucune bordure dans le menu du bouton Toutes les bordures du groupe Police de l'onglet Accueil.

Couleurs de remplissage, motifs et dégradés

Vous pouvez aussi mettre en évidence des zones de votre feuille de calcul en appliquant une couleur de remplissage, un motif ou un dégradé aux cellules correspondantes.

Si vous avez une imprimante en noir et blanc, vous allez restreindre vos choix à des nuances de gris légères dans la palette de couleurs, sinon le contenu des cellules sera pratiquement illisible une fois imprimé.

Pour appliquer une nouvelle couleur de remplissage à une sélection de cellules, vous pouvez cliquer sur le triangle pointant vers le bas du bouton Couleur de remplissage du groupe Police de l'onglet Accueil et sélectionner la couleur voulue dans la palette qui apparaît. Selon le principe des Styles rapides, cette palette vous permet de voir l'effet sur les cellules sélectionnées lorsque vous placez simplement le pointeur de la souris sur une couleur avant de la sélectionner.

Pour appliquer un nouveau motif à une sélection de cellules, vous devez ouvrir la boîte de dialogue Format de cellule (Ctrl + Maj + 1 [le 1 du clavier principal, pas celui du pavé numérique]) et cliquer sur l'onglet Remplissage. Dans cet onglet, cliquez sur le bouton Motif pour faire apparaître la palette des motifs et faites votre sélection dans celle-ci. Pour appliquer une couleur au motif sélectionné, cliquez sur le bouton Couleur (juste au-dessus du bouton Motif) et sélectionnez la couleur voulue dans la palette qui apparaît. Pour appliquer aux cellules sélectionnées le motif ainsi défini, cliquez sur OK.

Si vous voulez ajouter un dégradé de couleurs dans une direction ou une autre aux cellules sélectionnées, cliquez sur le bouton Motifs et textures dans l'onglet Remplissage de la boîte de dialogue Format de cellule. La nouvelle boîte de dialogue qui apparaît contient un seul onglet Dégradé, contenant plusieurs options pour définir ce dégradé.

Après avoir spécifié la première et la deuxième couleur et l'orientation du dégradé, vérifiez que le résultat vous convient dans l'exemple affiché dans le coin inférieur droit de cette boîte de dialogue et cliquez sur OK pour revenir à la boîte de dialogue Format de cellule. Le dégradé que vous venez de définir y apparaît maintenant dans la section Aperçu. Pour voir le résultat sur votre sélection, il vous faut maintenant l'appliquer en cliquant sur le bouton OK.

Faites-le avec style

Les styles intégrés d'Excel 2013 vous permettent de formater vos tableaux en un tournemain. Vous les trouverez sous le bouton Styles de cellules du groupe Style de l'onglet Accueil du Ruban (Figure 3.19).

L'usage est simple : opérez une sélection de cellules, puis accédez à cette liste de styles prêts à l'emploi et faites votre choix.

Créer un style personnel

Lancez-vous : attribuez, à une sélection, tous les formatages souhaités (police, taille, couleur, gras, italique, souligné,

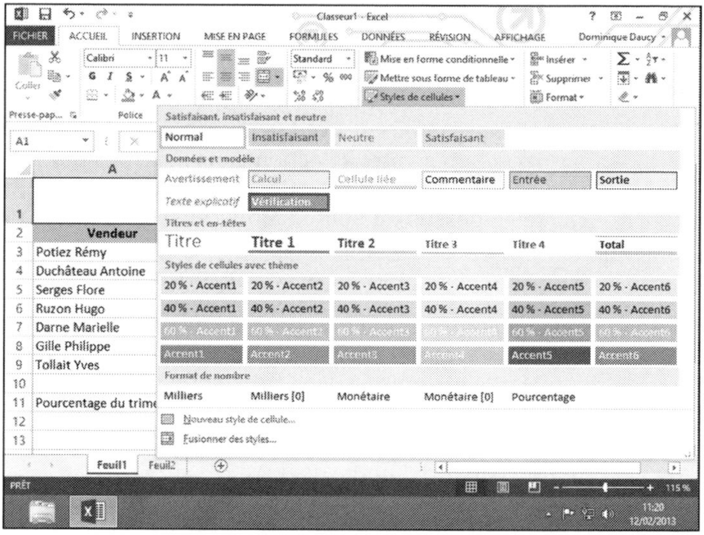

Figure 3.19 : Les styles prédéfinis d'Excel 2013.

remplissage, motif, bordures, orientation…) ; cliquez ensuite sur Styles de cellules, puis sur Nouveau style de cellule. Dans la boîte Style qu'Excel vous ouvre suite à cette action, remplacez le nom générique Style 1 par un nom plus évocateur, puis cliquez sur OK.

Excel ajoute alors un exemplaire de votre nouveau style à une section, qu'il baptise Personnalisé et ajoute dans la fenêtre Styles de cellules. C'est ici que vous sélectionnez ce style lorsque vous souhaiterez l'appliquer à une sélection.

N'OUBLIEZ PAS

Les styles que vous ajoutez ainsi à un classeur n'y sont définitivement associés qu'après la prochaine sauvegarde. N'oubliez pas d'activer le bouton Enregistrer de la barre d'outils Accès rapide ou d'invoquer son équivalent clavier, Ctrl + S.

Copier des styles personnels d'un classeur dans un autre

Excel vous permet de copier, dans un classeur, des styles personnels définis dans un autre. Voici comment vous y prendre :

1. **Ouvrez le classeur cible.**

Il peut s'agir d'un classeur vierge ou d'un classeur existant.

2. **Ouvrez le classeur source.**

   Reportez-vous à la section précédente pour savoir comment créer des styles personnels.

3. **Réactivez le classeur cible.**

   Cliquez sur son icône depuis la barre des tâches de Windows ou utilisez la combinaison Alt + Tab pour naviguer parmi les éléments ouverts et pouvoir sélectionner celui qui vous intéresse.

4. **Activez le bouton Styles de cellules du groupe Style de l'onglet Accueil, puis, dans la fenêtre correspondante, validez, tout en bas, l'option Fusionner des styles.**

   Excel ouvre la boîte de dialogue Fusionner des styles.

5. **Sélectionnez, dans la liste, le classeur source, puis confirmez par OK.**

Dès que vous licenciez la fenêtre, Excel ajoute les styles du classeur source à la rubrique Personnalisé de la fenêtre des styles du classeur actif. N'oubliez pas de sauvegarder pour que ces styles restent où vous venez de les mettre.

Vous simplifier la vie avec l'outil Reproduire la mise en forme

Imaginez que vous avez attribué à une cellule tous les formatages dont vous aviez envie et puis vous vous rendez compte que vous auriez dû traiter de la même façon d'autres cellules de la feuille.

Certes, vous pouvez créer un style personnel comme la section précédente vous a appris à le faire. Mais il y a une autre façon d'agir.

Inutile, en effet, de créer un style ou, au pire, de répéter toute la démarche puisque Excel 2013 vous propose un outil qui, baptisé fort à propos Reproduire la mise en forme, vous permet de reporter sur une sélection de cellules tous les formatages appliqués à une cellule source.

Dans la pratique :

1. **Appliquez à une cellule source toutes les mises en forme souhaitées (police, alignement, bordure, couleur...).**

2. **Sélectionnez cette cellule, puis cliquez sur l'outil Reproduire la mise en forme que vous trouverez dans le premier groupe de l'onglet Accueil.**

   Le pointeur se transforme en un signe + accompagné, à droite, d'un petit pinceau. La cellule sélectionnée, pour sa part, est mise en évidence par un pourtour qui clignote.

3. **Avec ce pointeur particulier, sélectionnez les cellules auxquelles vous souhaitez appliquer le formatage de la cellule source.**

   Dès que vous relâchez le bouton de la souris, Excel applique aux cellules cibles tous les attributs de mise en forme de la cellule source.

Si votre intention est de reporter la mise en forme sur plusieurs groupes de cellules, verrouillez l'outil en cliquant deux fois dessus depuis l'onglet Accueil. Après sélection de la cellule source, désignez successivement les différents groupes de cellules cibles. Quand vous aurez terminé, vous désactiverez l'outil en recliquant dessus depuis son onglet.

TRUC

Pensez à exploiter cet outil si vous voulez réaffecter à une sélection le formatage de base : il vous suffit de choisir, comme cellule source, une cellule de la feuille que vous n'avez pas formatée.

Mise en forme conditionnelle

Voilà qui est intéressant ! La mise en forme conditionnelle vous permet d'affecter un formatage à une sélection en fonction de son contenu, tout l'intérêt étant que, si les valeurs changent, le formatage change aussi spontanément, sans que vous ayez à intervenir.

Dès que vous invoquez la commande Mise en forme conditionnelle (groupe Style – onglet Accueil), un menu local vous propose les options suivantes :

- **Règles de mise en surbrillance des cellules** : donne accès à un sous-menu qui vous permet de mettre en surbrillance les cellules qui contiennent certaines valeurs, textes ou dates, qui comportent des valeurs supérieures ou inférieures à une valeur donnée ou qui sont comprises dans une fourchette donnée de valeurs. Ce sous-menu vous permet en outre de traiter les cellules qui comportent un texte donné (comme Oui, Non ou Peut-être dans une liste) ou une date donnée (comme une échéance).
- **Règles des valeurs plus/moins élevées** : déroule aussi un sous-menu qui permet de formater différemment, dans la sélection, les valeurs les plus élevées ou les plus basses, les pourcentages et les valeurs supérieures ou inférieures à la moyenne.
- **Barres de données** : vous propose une palette comportant différentes couleurs de remplissage en uni ou en dégradé que vous pouvez appliquer à la sélection pour symboliser l'importance des valeurs les unes par rapport aux autres.
- **Nuances de couleurs** : vous soumet également une palette proposant jusqu'à trois couleurs de remplissage que vous pouvez appliquer à la sélection pour symboliser l'importance des valeurs les unes par rapport aux autres.
- **Jeux d'icônes** : vous déroule une série de palettes d'icônes que vous pouvez appliquer à la sélection pour symboliser l'importance des valeurs les unes par rapport aux autres.
- **Nouvelle règle** : donne accès à la boîte de dialogue Nouvelle règle de mise en forme où vous pouvez définir une règle personnalisée.
- **Effacer les règles** : vous permet d'effacer les règles de mise en forme conditionnelle soit de la sélection soit de la feuille entière (voire du tableau ou du tableau croisé dynamique).

- **Gérer les règles** : donne accès à la boîte de dialogue Gestionnaire des règles de mise en forme conditionnelle dans laquelle vous pouvez modifier ou supprimer des règles ainsi qu'en changer l'ordre de préséance en les faisant glisser vers le bas ou vers le haut dans la zone impartie.

Formater avec l'outil Analyse rapide

Voilà un moyen bien pratique de faire du formatage conditionnel, d'autant que cette nouvelle fonction d'Excel 2013 vous permet de prévisualiser l'effet de votre choix avant de l'appliquer à la sélection.

Pour exploiter cette fonction, sélectionnez les données de votre tableau que vous souhaitez mettre en forme, puis activez l'outil Analyse rapide (en bas à droite de la sélection). Par défaut, c'est son option Mise en forme qui est activée ; il vous suffit donc de désigner la commande à appliquer pour apprécier immédiatement l'effet de cette commande sur la plage en surbrillance (Figure 3.20).

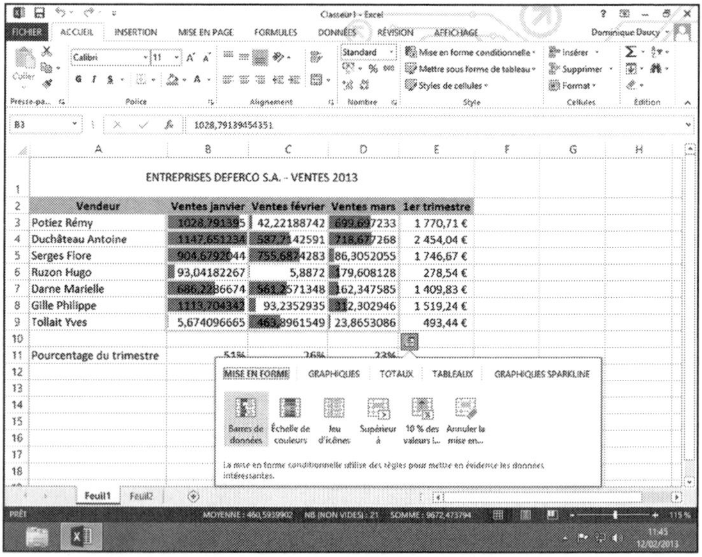

Figure 3.20 : L'option Barres de données et son effet sur la feuille en arrière-plan.

Si vous cliquez sur Supérieur à, Excel vous adresse la boîte de dialogue du même nom dans laquelle vous pouvez définir le seuil (à gauche) et la couleur de remplissage (à droite).

Les autres options de formatage conditionnel ne provoquent l'apparition d'aucune fenêtre, Excel se bornant, dans ces cas, à appliquer la première option (par défaut) du formatage sélectionné.

Chapitre 4

Procéder à des modifications

Dans ce chapitre :

- Ouvrir un classeur en vue de le modifier.
- Annuler vos bourdes.
- Déplacer et copier par glisser-déposer.
- Copier des formules.
- Déplacer et copier par Couper, Copier et Coller.
- Supprimer des entrées dans des cellules.
- Supprimer et insérer des lignes et des colonnes.

Dans ce chapitre, vous découvrirez comment appliquer ces modifications en toute sérénité dans un classeur. La copie et le déplacement des données ainsi que l'insertion et la suppression des lignes et des colonnes sont des tâches faciles à maîtriser. Ce qui est un peu plus ardu à comprendre, c'est l'effet de ces actions sur la feuille de calcul. Mais ne vous en faites pas ! Si un changement compromet votre travail, vous pourrez toujours recourir à la fonction d'annulation pour revenir en arrière et vous retrouver en terrain plus familier.

S'ouvrir aux changements

Avant de commettre l'irréparable – c'est-à-dire d'effectuer des modifications… –, vous devez, bien sûr, ouvrir Excel. Pour ouvrir un classeur, vous avez le choix entre cliquer sur Fichier/

Ouvrir, appuyer sur Alt + FV ou utiliser les raccourcis clavier des versions précédentes d'Excel, soit Ctrl + O ou Ctrl + F12.

Quand vous utilisez la combinaison de touches Ctrl + F12, contrairement aux autres méthodes, Excel 2013 court-circuite la fenêtre Ouvrir et vous propose d'emblée la boîte de dialogue du même nom. C'est super à condition que le classeur auquel vous voulez accéder se trouve dans le dossier actuellement ouvert (il s'agit, par défaut, du dossier Documents du dossier Bibliothèques de votre disque dur, à moins que vous n'ayez ouvert des fichiers stockés dans un autre dossier ou sur un autre disque pendant votre séance de travail).

Si vous venez tout juste de mettre Excel en service et n'avez donc encore ouvert aucun classeur, vous pouvez sélectionner celui que vous voulez ouvrir dans la liste Récent du volet gauche. Pensez à exploiter le bouton Ouvrir d'autres classeurs si celui que vous cherchez ne figure pas dans la liste qui vous est soumise.

La fenêtre Ouvrir

Dans la fenêtre Ouvrir telle qu'elle se présente lorsque vous y accédez pour la première fois (Figure 4.1), c'est l'option Classeurs (utilisation récente) qui est validée dans le volet gauche. Si celui que vous cherchez à ouvrir n'est pas répertorié dans le volet droit, désignez, à gauche, un autre emplacement :

- **SkyDrive de...** : pour ouvrir un classeur que vous avez sauvegardé dans un dossier de votre Windows Live SkyDrive. (Pour en savoir plus à ce sujet ou pour ouvrir un compte, rendez-vous sur le site `http://windows.microsoft.com/fr-be/skydrive/download`.) Dès que vous validez cette option, le volet droit recense les dossiers de votre SkyDrive auxquels vous avez récemment accédé et met en outre à votre disposition un bouton Parcourir grâce auquel vous pourrez isoler, *via* la boîte de dialogue Ouvrir, le classeur que vous cherchez.
- **Ordinateur** : pour accéder aux classeurs que vous avez stockés sur votre disque dur ou sur un disque réseau auquel vous avez accès. Validez cette option pour répertorier, à droite, tous les classeurs qui se trouvent à

cet endroit et que vous avez exploités récemment. Vous pourrez aussi désigner le Bureau (de Windows 7 ou de Windows 8) et le dossier Mes documents. Enfin, un bouton Parcourir vous permet, comme dans le cas précédent, d'accéder, *via* la boîte de dialogue Ouvrir, à d'autres dossiers de ce disque.

- **Ajouter un lieu** : pour ajouter un site SharePoint ou un emplacement à partir duquel votre compte SkyDrive vous autorise à ouvrir des fichiers. La validation de cette option provoque, à droite, l'affichage de deux sous-options : Office 365 SharePoint et SkyDrive. Choisissez la première pour vous connecter à un site SharePoint pour lequel vous possédez un identifiant et un mot de passe qui vous permettent d'ajouter les dossiers correspondants à la fenêtre Ouvrir sous l'option Ordinateur. Préférez SkyDrive pour vous connecter à votre compte Windows Live (pour lequel vous possédez à la fois un identifiant et une clé d'accès) afin d'ajouter votre espace dans le nuage à la fenêtre Ouvrir, sous l'option SkyDrive.

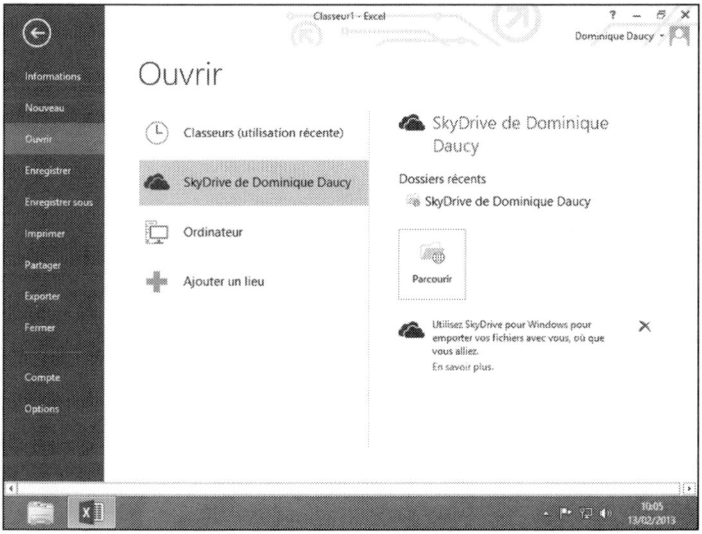

Figure 4.1 : Validez l'option SkyDrive de la fenêtre Ouvrir pour ouvrir un classeur en ligne.

La boîte de dialogue Ouvrir

Une fois que vous avez sélectionné un dossier et un disque dans la fenêtre Ouvrir d'Excel 2013 ou invoqué l'équivalent clavier Ctrl + F12 dont il a été question plus haut, vous échouez dans une boîte de dialogue semblable à celle de la Figure 4.2. Comme vous le voyez, elle est divisée en deux volets : à gauche le volet Navigation depuis lequel vous pouvez décider d'ouvrir un nouveau classeur et, à droite, le volet principal qui vous propose les icônes de tous les sous-dossiers du dossier courant ainsi que tous les documents qu'Excel est en mesure d'ouvrir.

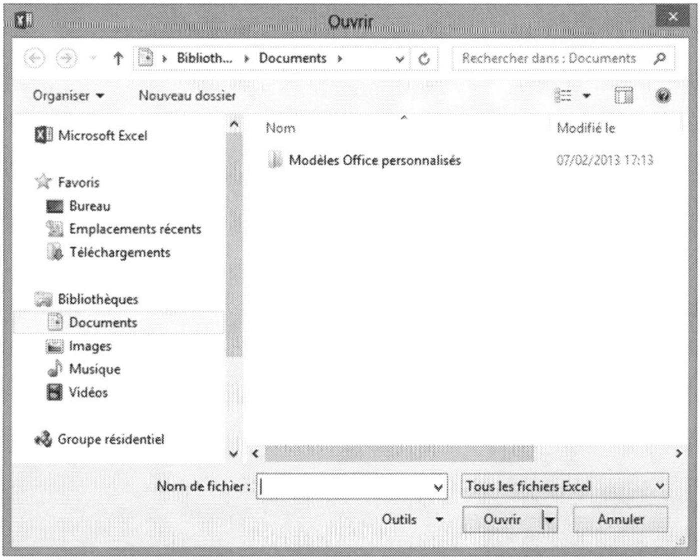

Figure 4.2 : Utiliser la boîte de dialogue Ouvrir pour naviguer jusqu'au classeur que vous voulez ouvrir.

Le dossier qui est affiché lorsque la boîte de dialogue Ouvrir apparaît est soit celui qui est spécifié comme Emplacement d'enregistrement par défaut dans l'onglet Enregistrement de la boîte de dialogue Options Excel, soit le dernier que vous avez ouvert pendant la séance de travail en cours, soit celui auquel vous avez accédé *via* la fenêtre Ouvrir.

Pour ouvrir un classeur qui se trouve dans un autre dossier, cliquez sur le lien correspondant dans la section Liens favoris du volet de navigation, ou cliquez sur le triangle pointant vers le bas à droite de Dossiers et cliquez sur le dossier voulu dans la liste qui apparaît.

Si vous ouvrez un nouveau dossier pour lequel aucun fichier n'apparaît dans le volet de droite (alors que vous savez qu'il n'est pas vide), cela signifie simplement qu'il ne contient aucun fichier d'un type qu'Excel est capable d'ouvrir directement (classeurs, modèles et macros). Pour afficher tous les fichiers du dossier, qu'Excel puisse ou non les ouvrir directement (c'est-à-dire sans aucune conversion), cliquez sur le bouton indiquant les types de fichiers affichés et sélectionnez Tous les fichiers dans la liste déroulante qui apparaît.

Lorsque l'icône du classeur que vous voulez ouvrir apparaît dans la boîte de dialogue Ouvrir, vous pouvez ouvrir ce classeur en cliquant sur son icône puis en cliquant sur le bouton Ouvrir, ou tout simplement en double-cliquant sur son icône.

Modifier le nombre de fichiers récents

Excel 2013 tient à jour la liste des 25 derniers fichiers que vous avez ouverts dans la liste Classeurs (utilisation récente) du volet droit de la fenêtre Ouvrir quand l'option Classeurs (utilisation récente) est validée à gauche. Vous pouvez contrôler le nombre de fichiers de cette liste :

1. **Choisissez Fichier/Options/Options avancées pour accéder à la boîte de dialogue Options Excel.**
2. **Faites défiler jusqu'à visualiser la rubrique Afficher.**
3. **Modifiez, comme bon vous semble, la valeur de la case Afficher ce nombre de classeurs récents ou utilisez aux mêmes fins les flèches de défilement placées à droite de la case d'édition.**
4. **Cliquez sur OK ou enfoncez la touche Entrée pour fermer la fenêtre des options d'Excel.**

N'OUBLIEZ PAS

Entrez **0** si vous ne souhaitez pas qu'Excel vous propose cette liste.

Validez l'option Accéder rapidement à ce nombre de classeurs récents pour qu'Excel affiche les quatre classeurs les plus récents sous la forme de commandes du menu Fichier en mode Backstage. En agissant de la sorte, vous pourrez accéder à ces fichiers en validant la commande correspondante même lorsque la fenêtre Ouvrir ne sera pas affichée. N'hésitez pas à adapter le nombre de classeurs ainsi traités en vous exprimant dans la case d'édition correspondante.

Ouvrir plusieurs classeurs

Si vous avez l'intention de travailler sur plusieurs classeurs, ouvrez-les directement : depuis la boite de dialogue Ouvrir, sélectionnez, dans la liste, les classeurs que vous voulez ouvrir, puis cliquez sur Ouvrir ou validez *via* la touche Entrée.

Pour réaliser cette sélection, si les classeurs concernés sont contigus, cliquez sur le nom du premier d'entre eux, puis enfoncez la touche Maj et maintenez-la dans cette position tandis que vous cliquez sur le dernier à sélectionner. En revanche, si les classeurs à sélectionner ne sont pas contigus, utilisez la touche Ctrl : cliquez sur le premier classeur à marquer, enfoncez la touche Ctrl et maintenez-la enfoncée, puis cliquez successivement sur les autres classeurs à inclure dans la sélection.

Une fois de retour dans l'interface classique du programme, vous pourrez passer d'un classeur ouvert à un autre en cliquant sur son nom depuis la barre des tâches ou en utilisant la combinaison Alt + Tab pour afficher les vignettes des éléments ouverts et faire votre choix. (Le Chapitre 7 vous explique plus en détails comment travailler avec plusieurs classeurs simultanément.)

Rechercher des classeurs

Le seul problème que vous puissiez rencontrer quand vous tentez de charger un fichier *via* la boîte de dialogue Ouvrir est de savoir où se trouve ce fichier. Tout est parfait aussi longtemps que le nom du fichier apparaît parmi ceux listés dans la fenêtre de la boîte de dialogue ; mais que faire si le fichier est invisible et semble se cacher dans les mystérieuses profondeurs de l'arborescence des dossiers ?

Vous vous tournerez alors vers le champ Rechercher que vous trouverez dans l'angle supérieur droit de la boîte de dialogue Ouvrir.

Entrez-y des caractères qui se trouvent dans le nom du classeur ou dans le classeur lui-même.

Au fur et à mesure que Windows trouve des fichiers correspondant à vos critères de recherche, les noms de ceux-ci (classeurs Excel, mais aussi modèles et macros) apparaissent dans la boîte de dialogue Ouvrir. Dès que le classeur que vous recherchez apparaît, vous pouvez l'ouvrir en double-cliquant sur son icône, ou en cliquant dessus puis sur le bouton Ouvrir.

Encore plus sur les annulations

Avant de vous lancer dans la réalisation d'une feuille de calcul, vous devez connaître la fonction d'annulation et savoir comment elle peut rétablir la situation si jamais vous vous êtes fourvoyé. Le bouton Annuler de la barre d'outils Accès rapide est une commande à facettes multiples. Quand vous supprimez par exemple le contenu d'une cellule ou d'une plage avec la commande Effacer du même menu, l'info-bulle du bouton Annuler devient Annuler Effacer (Ctrl + Z). Si vous déplacez une entrée avec les commandes Couper et Coller, l'info-bulle du bouton Annuler devient Annuler Coller.

En dehors du bouton Annuler dans la barre d'outils Accès rapide, vous pouvez utiliser le raccourci clavier Ctrl + Z qui fait exactement la même chose.

TRUC

Le bouton Annuler de la barre d'outils Accès rapide réagit à toutes les actions que vous entreprenez. Si vous vous rendez compte après coup qu'il fallait annuler – c'est-à-dire après avoir appliqué d'autres commandes entre-temps –, vous devrez déployer le menu déroulant qui lui est associé (en cliquant sur le triangle pointant vers le bas qui l'accompagne), pour y sélectionner l'action à annuler. Cette action ainsi que toutes celles qui ont suivi (et qui apparaissent au-dessus dans le menu) sont annulées.

Rétablir et Répéter

Après avoir appliqué la commande Annuler, Excel rend la commande Rétablir (ou Répéter selon la commande que vous avez appliquée juste avant) accessible. Si vous supprimez une entrée en appuyant sur la touche Suppr et cliquez ensuite sur le bouton Annuler dans la barre d'outils Accès rapide (ou appuyez sur Ctrl + Z, ce qui revient au même), l'info-bulle suivante apparaît en dessous du bouton Répéter lorsque vous placez dessus le pointeur de la souris :

```
Répéter EffacerCtrl + Y
```

Quand vous appliquez la commande Répéter, Excel refait ce que vous venez d'annuler. Autrement dit, Excel revient en arrière d'une action, comme si elle n'avait pas été exécutée.

Que faire s'il est impossible d'annuler ?

C'est souvent quand vous estimez qu'il serait prudent de rétablir le classeur le plus important que vous vous apercevez avec horreur que la commande Annuler ne fonctionne pas tout le temps. Bien qu'il soit néanmoins possible d'annuler la dernière suppression de cellule erronée, un déplacement ou une recopie inconséquente, vous ne pourrez pas revenir sur un enregistrement de fichier. D'où l'intérêt de la commande Enregistrer sous, qui permet de conserver un exemplaire du classeur tel qu'il était au moment de l'ouverture ou du dernier enregistrement.

Excel ne signale malheureusement jamais qu'il est sur le point d'entreprendre une action sur laquelle il ne pourra pas revenir, ou alors trop tard. Après avoir commis l'irréparable, vous placez le pointeur de la souris sur le bouton Annuler en croyant pouvoir annuler ce que vous venez de faire et vous lisez : « Impossible d'annuler » (d'ailleurs, le bouton Annuler apparaît en grisé dans la barre d'outils Accès rapide pour indiquer que cette commande n'est pas accessible).

La seule exception à cette règle est quand le logiciel vous prévient (et vous avez intérêt à en tenir compte). Lorsque vous choisissez une commande qui peut normalement être annulée, sauf dans les circonstances présentes, à cause d'un manque de mémoire vive, par exemple, ou parce que l'annulation affecterait trop profondément la feuille de calcul, Excel le sait et affiche une boîte d'alerte qui signale le manque de mémoire et demande s'il faut quand même exécuter la commande. Si vous cliquez sur le bouton Oui, sachez que la commande sera appliquée sans aucune chance de revenir en arrière ; si vous découvrez par la suite que la ligne supprimée contient une formule essentielle, dont vous ne connaissez plus la teneur, vous ne pourrez pas recourir à la commande Annuler pour rattraper votre bourde. Dans ce cas, la seule chance de vous en tirer est de fermer le fichier (Fichier/Fermer) mais SANS enregistrer vos modifications.

Le bon vieux glisser-déposer

Une des premières techniques de modification que vous vous devez de connaître est le *glisser-déposer*. Comme le suggère son nom, il s'agit d'une manipulation effectuée à la souris et qui consiste à choisir une cellule ou une plage sélectionnée et à faire glisser cette sélection ailleurs dans la feuille de calcul. Bien que le glisser-déposer serve essentiellement à déplacer des entrées simples, vous pouvez l'utiliser pour déplacer des plages entières.

Procédez comme suit pour déplacer une cellule ou une plage de cellules :

1. **Sélectionnez une cellule ou une plage de cellules.**
2. **Placez le pointeur de souris sur un bord de la ou des cellules sélectionnées.**

   La transformation du pointeur en flèche à quatre pointes indique que vous pouvez commencer à faire glisser la cellule ou la plage.

3. **Faites glisser la cellule ou la plage sélectionnée jusqu'à sa destination.**

   Faites glisser la sélection en déplaçant la souris, bouton gauche enfoncé.

   Pendant le déplacement, vous faites en réalité glisser le contour des cellules, ce qui vous permet d'avoir une idée de l'emplacement qu'elles occuperont. C'est uniquement au moment où vous relâchez le bouton de la souris que le déplacement du contenu des cellules se produit effectivement.

Faites glisser le contour jusqu'à sa destination exacte (l'info-bulle qui accompagne le pointeur indique la plage de cellules de destination).

4. **Relâchez le bouton de la souris.**

   Les données figurant dans la ou les cellules apparaissent aussitôt à leur nouvel emplacement.

Les Figures 4.3 et 4.4 montrent un déplacement de cellules. Dans la première, la plage A10:D10 (elle contient les totaux par mois) a été sélectionnée afin d'être déplacée vers la ligne 12 et libérer ainsi de la place pour les chiffres des ventes de deux nouveaux vendeurs qui n'avaient pas été pris en compte lors de la création de ce classeur. Dans la Figure 4.4, les chiffres des ventes ont été déplacés.

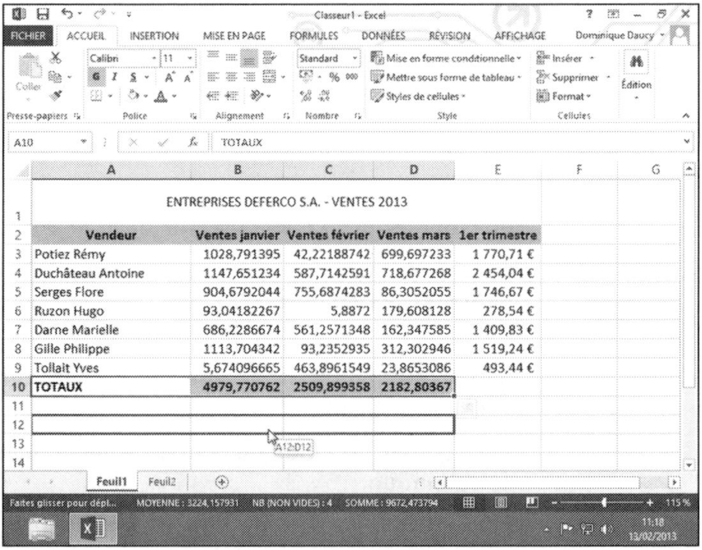

Figure 4.3 : Une plage sélectionnée est en cours de déplacement.

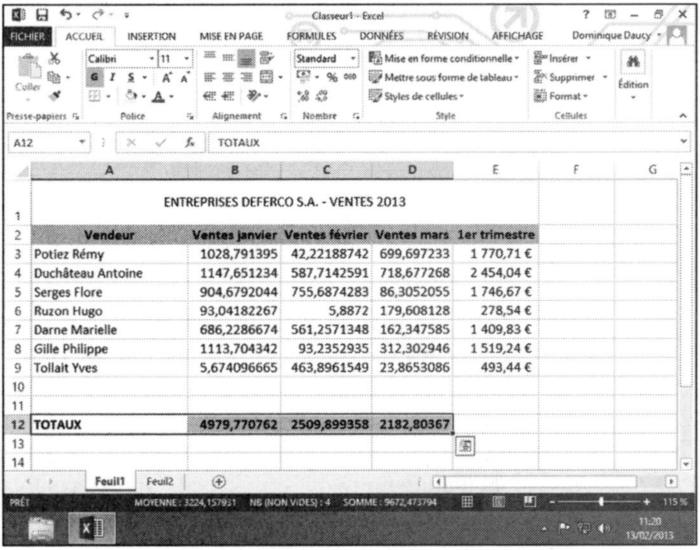

Figure 4.4 : La plage sélectionnée vient d'être déposée à son nouvel emplacement.

Notez que les arguments de la fonction SOMME, dans les cellules B12 à D12, ne tiennent pas compte de la modification lorsque vous vous contentez de déplacer celles-ci : ils couvrent toujours les lignes 3 à 9. Toutefois, dès que vous commencez à entrer des valeurs dans les cellules B10 à D10 et B11 à D11, Excel met à jour automatiquement les arguments de la fonction SOMME dans les cellules B12 à D12. Ainsi, par exemple, la formule SOMME(B3:B9) de la cellule B12 devient, comme par magie, SOMME(B3:B11).

La copie par glisser-déposer

Comment copier une ligne de cellules au lieu de simplement les déplacer ? Supposons que vous deviez commencer, dans la feuille de calcul, un nouveau tableau dans les lignes situées plus bas. Il vous faudra copier la ligne de cellules contenant les titres mis en forme en procédant ainsi :

1. **Sélectionnez la ligne de cellules.**

   Dans les Figures 4.3 et 4.4, c'est la plage de cellules A1:E2.

2. **La touche Ctrl enfoncée, amenez le pointeur de la souris au bord de la sélection.**

   Le pointeur se transforme en flèche blanche accompagnée, en haut à droite, d'un petit signe plus (+). Il indique que le glisser-déposer effectuera une copie et non un déplacement.

3. **Tirez la sélection par sa bordure, jusqu'à l'emplacement où elle doit être copiée, puis relâchez le bouton de la souris.**

   Pendant que vous faites glisser la sélection, une info-bulle indique les références de la plage que survole le pointeur.

Si, lors d'un glisser-déposer pour déplacer ou copier des cellules, vous positionnez le contour de la sélection de telle manière qu'il chevauche des cellules contenant des données, Excel affiche une boîte d'alerte avec la question suivante : « Voulez-vous remplacer le contenu des cellules de destination ? »

Pour éviter le remplacement des données existantes et renoncer au glisser-déposer, cliquez sur le bouton Annuler. Mais si vous avez l'intention de remplacer les données existantes par les nouvelles, cliquez sur OK.

Insérer par glisser-déposer

À l'instar des redoutables Klingons de *Star Trek*, les feuilles de calcul d'Excel ne font jamais de prisonniers. Dès que vous amenez une entrée sur une cellule occupée, cette entrée supplante sans vergogne celle qui s'y trouvait.

Pour insérer la ligne en cours de déplacement parmi d'autres lignes qui contiennent des données sans supprimer les données existantes, maintenez la touche Maj enfoncée pendant le glisser-déposer. Si vous copiez, vous devrez faire preuve de dextérité en maintenant à la fois les touches Ctrl et Maj enfoncées.

Lorsque la touche Maj est enfoncée, le contour de la sélection que vous aviez manipulé jusqu'à présent est remplacé par une barre d'insertion qui se déplace entre les lignes et/ou les colonnes. Elle matérialise l'emplacement où se fera l'insertion si, à ce moment, vous relâchez le bouton de la souris. Dans ce cas, Excel insère une ligne ou une colonne et déplace les cellules existantes vers des cellules vides.

TRUC

J'ai pourtant maintenu la touche Maj enfoncée comme vous l'aviez dit...

L'insertion par glisser-déposer est une des fonctions les plus délicates à réussir. Parfois, vous faites exactement ce qu'il faut et vous voyez néanmoins apparaître la boîte d'alerte qui vous prévient qu'Excel s'apprête à remplacer des données existantes au lieu de les décaler. Si cela se produit, cliquez sur le bouton Annuler. Il est fort heureusement possible d'insérer des données avec les commandes Couper et Coller (reportez-vous à la section « Faire de la place avec la commande Insérer », plus loin dans ce chapitre), sans avoir à se soucier du comportement de la barre d'insertion.

La recopie automatique des formules

La copie par glisser-déposer, en maintenant la touche Ctrl enfoncée, est utile lorsqu'il faut recopier une série de cellules adjacentes ailleurs dans la feuille de calcul. Mais très souvent vous aurez à ne recopier qu'une seule formule dans plusieurs cellules voisines qui doivent exécuter le même type de calcul, comme totaliser des chiffres dans des colonnes. Ce type de copie de formule, très courant, ne peut pas être fait par un glisser-déposer. Il faut recourir à la recopie automatique, décrite dans le Chapitre 2, ou aux commandes Copier et Coller (reportez-vous à la section « Le couper-coller numérique », plus loin dans ce chapitre).

TRUC

Pensez à exploiter la commande Totaux de l'outil Analyse rapide. Vous pouvez en effet l'utiliser pour calculer une somme sous une série de valeurs en colonne ou à droite d'une série de valeurs en ligne. Dans la pratique, sélectionnez la plage à traiter, cliquez sur l'outil Analyse rapide, puis sur Totaux ; ensuite, choisissez le bouton Somme placé au début de la palette pour totaliser les colonnes dans une nouvelle ligne dans le bas du tableau et/ou le bouton Somme placé à la fin de la palette pour totaliser les lignes dans une nouvelle colonne à la droite du tableau.

Revenons à la recopie automatique pour copier une formule dans une plage de cellules. La Figure 4.5 montre la feuille de calcul de la société Deferco. avec tous les vendeurs, mais cette fois avec uniquement le total de janvier.

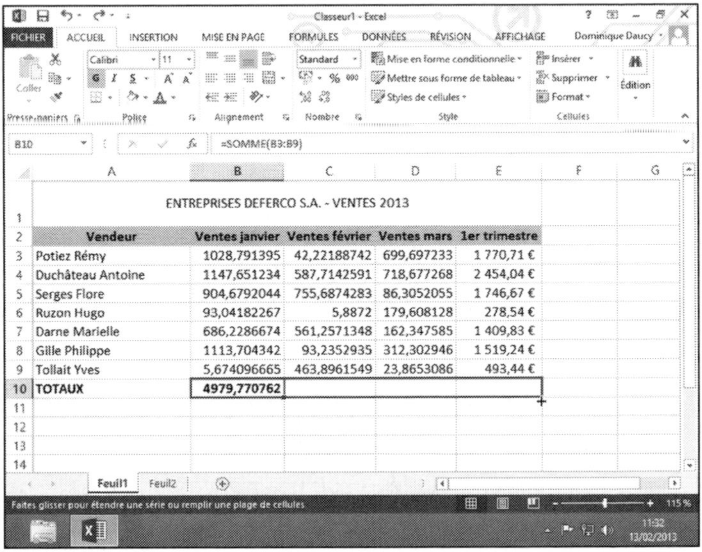

Figure 4.5 : Copie d'une formule dans une même ligne grâce à la recopie automatique.

La Figure 4.6 montre la feuille de calcul après avoir fait glisser la poignée de recopie sur la plage de cellules C10:E10 à partir de la cellule B10 (qui contient la formule à copier).

Absolument relatif et inversement

Référez-vous à la Figure 4.6 pour voir la feuille de calcul après la recopie de la formule d'une cellule dans la plage C10:E10. La cellule B10 est active. Remarquez comment Excel gère la recopie des formules. La formule d'origine, dans la cellule B10, est :

```
=SOMME(B3:B9)
```

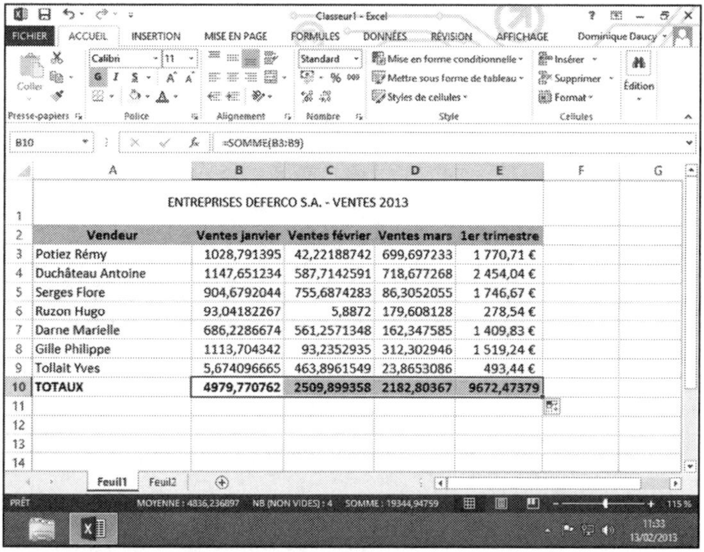

Figure 4.6 : La feuille de calcul après la recopie de la formule totalisant les mois.

Lorsque cette formule est recopiée dans la cellule voisine, C12, Excel la modifie légèrement à cet emplacement :

```
=SOMME(C3:C9)
```

Excel a en effet rectifié la référence de colonne, qui est passée de B à C, car la recopie s'est faite de la gauche vers la droite.

Quand vous copiez une formule dans une plage qui s'étend vers le bas sur plusieurs lignes, Excel modifie les numéros de lignes en conséquence, au lieu des lettres de colonnes, selon l'emplacement de chaque recopie. La cellule E3 de la feuille de calcul de la société Deferco contient la formule suivante :

```
=SOMME(B3:D3)
```

Quand vous recopiez cette formule vers le bas, dans la cellule E4, Excel la modifie de la manière suivante :

```
=SOMME(B4:D4)
```

Excel ajuste la référence de ligne afin qu'elle corresponde à la nouvelle position dans la ligne 4. Comme cette modification de la formule a été effectuée selon la direction de la recopie, les références de cellules sont appelées *références de cellules relatives.*

Certaines choses sont absolues

Toutes les formules que vous créez contiennent naturellement des références de cellule absolues, à moins que vous en décidiez autrement. Du fait que la plupart des recopies de cellule nécessitent une correction de leurs références, vous aurez rarement à revenir sur cet arrangement. Cependant, de temps en temps, vous serez confronté à une exception.

Une des exceptions les plus communes se produit lorsque vous désirez comparer une plage de valeurs différentes avec une seule valeur. Ce cas de figure se présente classiquement lorsque vous voulez calculer le pourcentage de plusieurs parties par rapport au total. Par exemple, dans la feuille de calcul de l'entreprise Deferco, vous rencontrez cette situation en créant et recopiant une formule qui détermine chaque pourcentage mensuel par rapport au total trimestriel de la cellule E10.

Supposons que vous vouliez entrer ces formules dans la rangée 12 de la feuille de calcul, en commençant par la cellule B12. La formule qui, dans cette cellule, calcule le pourcentage des ventes de janvier par rapport au trimestre est sans détour :

```
=B10/E10
```

Cette formule divise le total des ventes de janvier, dans la cellule B10, par le total trimestriel de la cellule E10 (on ne saurait faire plus simple…). Mais regardez ce qui se passerait si vous tiriez la poignée de recopie d'une cellule vers la droite pour recopier la formule dans la cellule C12 :

```
=C10/F10
```

L'ajustement de la première référence de cellule, qui passe de B10 à C10, est bien celui que nous attendions. Mais l'ajustement de la deuxième partie des références de cellule, qui passe de E10 à F10, est désastreux. Non seulement vous n'obtenez pas le calcul du pourcentage des ventes de février, mais vous

vous retrouvez en prime avec l'horrible erreur #DIV/0! dans la cellule C12.

Pour éviter qu'Excel n'ajuste inconsidérément une référence de cellule lors d'une recopie, vous devez convertir la référence. De relative, elle doit devenir absolue. Pour cela, appuyez sur la touche de fonction F4 juste après avoir entré la référence de la cellule. Excel signale qu'une référence de cellule est absolue en plaçant, devant la lettre de la colonne et le numéro de la ligne, le signe dollar ($). Regardez par exemple la Figure 4.7 : la cellule B12 contient la formule correcte pour effectuer la recopie dans la plage C12:D12, soit :

```
=B10/$E$10
```

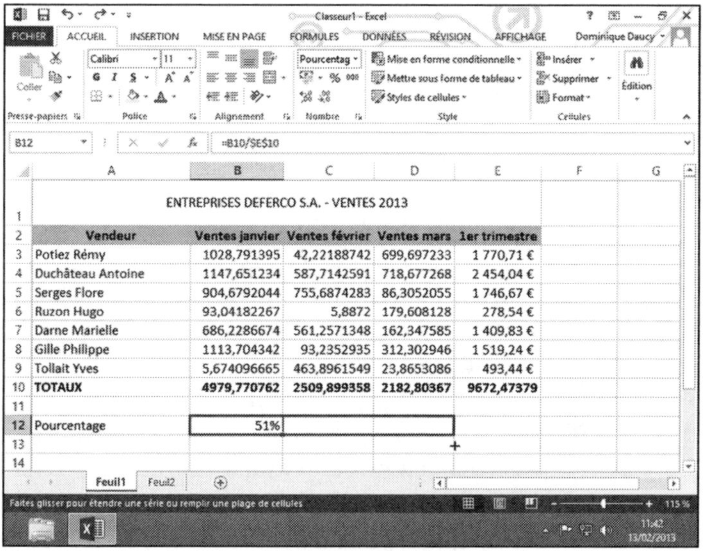

Figure 4.7 : Recopie d'une formule avec une référence de cellule absolue.

Examinez la feuille de calcul après que cette formule a été répétée dans la plage C12:D12 avec la poignée de recopie et la cellule C12 sélectionnée (Figure 4.8). Remarquez la formule suivante dans la barre de formule :

```
=C10/$E$10
```

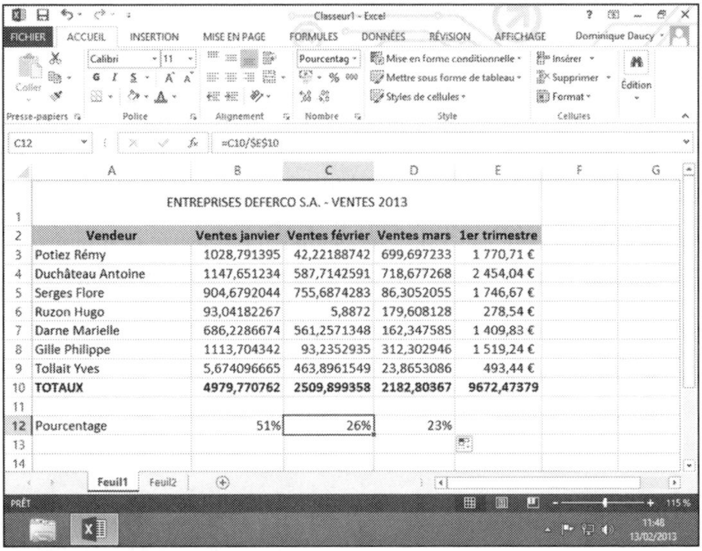

Figure 4.8 : La feuille de calcul après la recopie d'une formule contenant une référence de cellule absolue.

Parce que E10 a été modifiée en $E$10 dans la formule originale, toutes les recopies conservent cette même référence de cellule, qui est immuable.

Si vous avez commis une bourde en recopiant une formule dans laquelle une ou plusieurs références de cellules auraient dû être absolues et non relatives, modifiez la formule d'origine de la manière suivante :

1. **Double-cliquez sur la cellule contenant la formule, puis cliquez dans la barre de formule ou appuyez sur la touche de fonction F2 pour la modifier.**
2. **Placez le point d'insertion dans la référence à convertir en référence absolue.**
3. **Appuyez sur la touche F4.**
4. **Lorsque la modification est terminée, cliquez sur le bouton Entrer, dans la barre de formule, puis recopiez la formule corrigée dans les cellules erronées grâce à la poignée de recopie.**

Si vous exploitez Excel sur un dispositif tactile non équipé d'un clavier physique, la seule façon de transformer une référence relative en référence absolue ou mixte est d'afficher le clavier virtuel et, en agissant depuis la barre de formule, d'introduire vous-même les signes $ aux endroits requis.

Le couper-coller numérique

Au lieu d'utiliser le glisser-déposer ou la recopie automatique, vous pouvez recourir aux bonnes vieilles commandes Couper, Copier et Coller pour déplacer ou recopier des informations dans une feuille de calcul. Ces commandes utilisent le Presse-papiers comme relais pour les informations que vous avez coupées ou collées ; elles y restent en attendant d'être collées quelque part. Ce procédé permet non seulement de déplacer ou copier des données dans n'importe quelle feuille de calcul ouverte dans Excel, mais aussi dans d'autres logiciels tournant sous Windows, comme Word par exemple.

Procédez comme suit pour déplacer une cellule ou une plage avec les commandes Couper et Coller :

1. **Sélectionnez les cellules à déplacer.**
2. **Cliquez sur le bouton Couper (les ciseaux) dans le groupe Presse-papiers de l'onglet Accueil.**

   Vous pouvez aussi utiliser le raccourci clavier Ctrl + X.

   Quel que soit votre choix, Excel entoure la ou les cellules avec un *rectangle de sélection* qui se présente sous la forme d'une ligne dont le pointillé est animé. Le message suivant apparaît dans la barre d'état :

   ```
   Sélectionnez une destination et appuyez sur ENTRÉE ou cliquez
   sur Coller.
   ```

3. **Déplacez le curseur de cellule ou sélectionnez la cellule en haut à gauche de la nouvelle plage dans laquelle vous désirez déplacer les données.**
4. **Appuyez sur Entrée pour terminer le déplacement.**

   Vous pouvez aussi cliquer sur le bouton Coller dans le groupe Presse-papiers de l'onglet Accueil, ou utiliser le raccourci clavier Ctrl + V.

Remarquez qu'en indiquant la plage de destination vous n'avez pas à sélectionner un agencement de cellules vides correspondant, dans sa forme, à la sélection que vous déplacez. Du moment que vous indiquez à Excel où se trouve la cellule située en haut à gauche de la plage de destination, il saura se débrouiller pour le reste.

La copie d'une sélection de cellule(s) avec les commandes Copier et Coller s'effectue de la même manière qu'avec les commandes Couper et Coller. Après avoir sélectionné la plage à copier, vous bénéficiez même d'un plus grand choix pour le stockage des données dans le Presse-papiers. Au lieu de cliquer sur le bouton Copier dans le groupe Presse-papiers de l'onglet Accueil, ou de sélectionner Copier dans le menu contextuel de la cellule, vous pouvez utiliser le raccourci clavier Ctrl + C.

Ça colle pour vous

L'avantage de la copie des données dans le Presse-papiers avec les commandes Copier et Coller est que les informations ainsi mises de côté peuvent être collées à plusieurs reprises. Assurez-vous simplement, après avoir appuyé sur Entrée pour terminer la première opération de copie, de cliquer sur le bouton Coller dans le groupe Presse-papiers de l'onglet Accueil ou de choisir la commande Coller (dans le menu contextuel), ou d'appuyer sur Ctrl + V.

Quand vous utilisez la commande Coller, Excel copie la sélection dans la plage que vous lui avez indiquée sans supprimer le rectangle de sélection qui court autour de la sélection originale. Il indique ainsi que vous pouvez continuer à choisir d'autres plages de destination, que ce soit dans le même document ou dans un autre.

Après avoir sélectionné la première cellule de l'autre plage dans laquelle vous désirez coller la sélection, choisissez de nouveau la commande Coller. Vous pouvez continuer de la sorte en collant la sélection à volonté. Après avoir effectué la dernière copie, appuyez sur la touche Entrée au lieu de choisir la commande Coller. Si vous avez oublié d'appuyer sur Entrée et choisi Coller, éliminez le rectangle de sélection en appuyant sur la touche Échap.

Les options de collage

Juste après avoir cliqué sur le bouton Coller, dans le groupe Presse-papiers de l'onglet Accueil (ou avoir appuyé sur Ctrl + V), pour coller des données que vous avez copiées – et non coupées – dans le Presse-papiers, Excel affiche à l'extrémité de la plage collée un bouton Options de collage doté de son propre menu déroulant. Quand vous cliquez sur ce bouton ou si appuyez sur la touche Ctrl, une palette semblable à celle de la Figure 4.9 apparaît. Elle contient trois groupes d'options : Coller, Coller des valeurs, Autres options de collage.

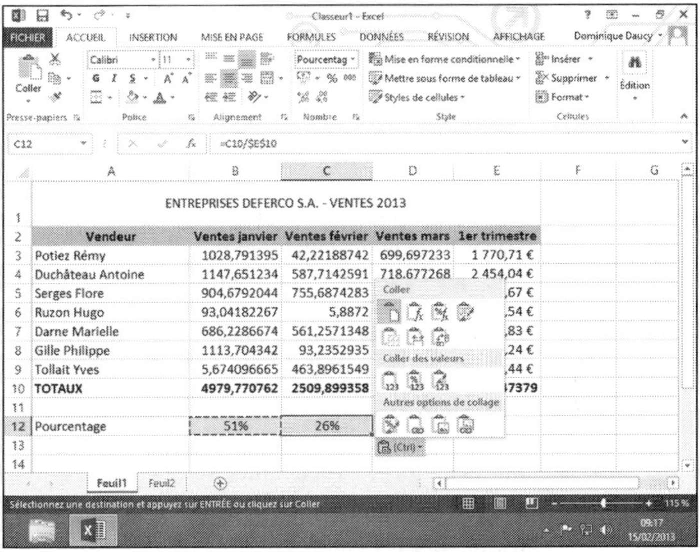

Figure 4.9 : Cliquer sur le bouton des options de collage ou appuyer sur Ctrl déploie une palette donnant accès à de nombreuses options de collage.

Les options de la palette sont les suivantes :

- **Coller (E)** : colle tout dans les cellules sélectionnées (formules, mise en forme, *etc.*)
- **Formules (U)** : colle tous les textes, nombres et formules dans les cellules sélectionnées, sans la mise en forme.

- **Mise en forme des formules et nombres (O)** : colle les mises en forme de nombre affectées aux valeurs copiées, ainsi que les formules.
- **Conserver la mise en forme source (C)** : copie la mise en forme des cellules originales et la colle dans les cellules de destination (ainsi que les entrées copiées).
- **Aucune bordure (B)** : colle tout dans les cellules sélectionnées mais sans copier de bordures.
- **Conserver les largeurs de colonnes sources (O)** : la largeur des colonnes dans la plage de destination est mise à la largeur des colonnes de la plage source lors de la copie.
- **Transposer (T)** : change l'orientation des entrées collées. Par exemple, si les données se trouvent dans une seule colonne, elles seront copiées dans une seule ligne.
- **Valeurs (V)** : ne colle que le résultat produit par chacune des formules de la plage source.
- **Mise en forme des valeurs et nombres (A)** : ne colle que les résultats calculés de toutes formules ainsi que les mises en forme affectées aux étiquettes, valeurs et formules. Cela signifie que toutes les étiquettes et valeurs dans les cellules de destination reçoivent la même mise en forme que celles de la plage source, bien que les formules originales soient perdues et que seules les valeurs calculées (les résultats des formules) sont conservées.
- **Mise en forme des valeurs et de la source (E)** : colle les résultats calculés de toutes les formules ainsi que les mises en forme des cellules source.
- **Mise en forme (R)** : Excel ne colle que les mises en forme, pas les entrées.
- **Coller avec liaison (N)** : crée des liens de formule dans la plage de destination afin que toute modification effectuée dans la plage source soit immédiatement répercutée dans les cellules correspondantes, à destination.
- **Image (I)** : ne colle que les images présentes dans la sélection de cellules copiées.

- **Image liée (I)** : colle un lien vers les images, dans la sélection de cellules copiées.

Les options de la palette Options de collage sont contextuelles. Elles dépendent directement du type de cellules préalablement copiées dans le Presse-papiers Office. De plus, il est possible d'accéder à cette même palette d'options de collage en cliquant sur le menu déroulant situé juste sous le bouton Coller du Ruban au lieu de cliquer sur le bouton apparaissant en bas à droite de la plage de cellules collées dans la feuille de calcul, ou encore d'appuyer sur la touche Ctrl.

Coller à partir du volet Presse-papiers Office

Le Presse-papiers d'Office est capable de stocker de nombreux éléments coupés ou copiés provenant de tout programme fonctionnant sous Windows, pas seulement Excel. Cela signifie que vous pouvez continuer à coller des cellules du Presse-papiers vers un classeur, même si vous en avez fini avec un déplacement ou une copie, et ce si vous avez appuyé sur la touche Entrée au lieu d'utiliser la commande Coller.

Pour ouvrir le volet Presse-papiers Office, cliquez sur le bouton lanceur de boîte de dialogue, dans le coin inférieur droit du groupe Presse-papiers de l'onglet Accueil. Le volet Presse-papiers Office apparaît dans la partie gauche de la fenêtre d'Excel, comme le montre la Figure 4.10.

Pour coller un élément du Presse-papiers dans une autre feuille de calcul que celle d'où provenaient les données, cliquez sur l'élément présent dans le volet afin de le coller à l'emplacement du curseur de cellule.

Remarquez qu'il est possible de coller tous les éléments stockés dans le Presse-papiers dans la feuille de calcul courante en cliquant sur le bouton Coller tout, en haut du volet Presse-papiers Office. Pour vider le volet de tous les éléments qui s'y trouvent, cliquez sur le bouton Effacer tout. Pour ne supprimer qu'un élément en particulier du Presse-papiers, placez le pointeur de la souris sur cet élément dans le volet Presse-papiers Office jusqu'à ce qu'un bouton de menu contextuel apparaisse.

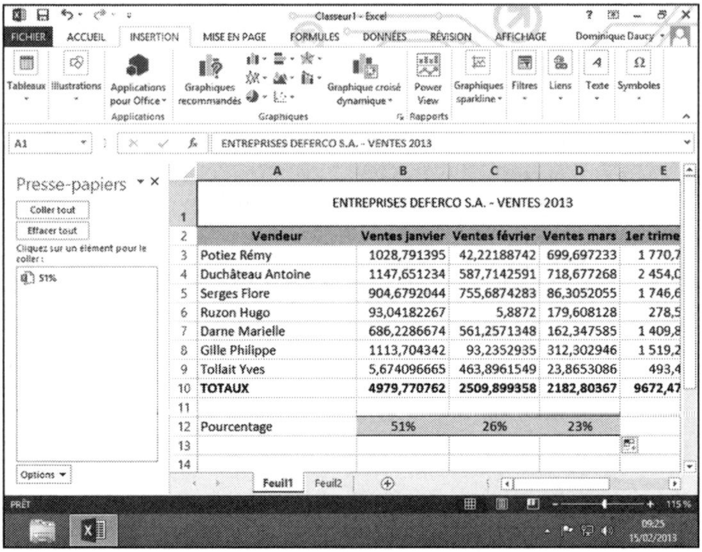

Figure 4.10 : Le volet Presse-papiers Office apparaît dans la partie gauche de la fenêtre d'Excel.

Cliquez ensuite sur ce bouton et, dans le menu, choisissez l'option Supprimer.

TRUC

Pour faire apparaître automatiquement le volet Presse-papiers Office après avoir utilisé deux fois la commande Couper ou la commande Coller, sélectionnez Afficher le Presse-papiers Office automatiquement dans le menu Options du Presse-papiers. Pour faire apparaître le Presse-papiers Office lorsque vous appuyez deux fois de suite sur Ctrl + C (en pratique, maintenez enfoncée la touche Ctrl tout en appuyant deux fois de suite sur la touche C), sélectionnez dans ce même menu l'option Afficher le Presse-papiers Office lorsque Ctrl + C est utilisé deux fois. Pour fermer le Presse-papiers Office, cliquez sur son bouton de fermeture, dans son coin supérieur droit.

Qu'est-ce qu'il a de spécial, ce coller ?

Normalement, à moins que vous n'alliez farfouiller dans les options de collage décrites précédemment dans ce chapitre, Excel copie toutes les informations dans la plage de cellules sélectionnée, c'est-à-dire les valeurs, textes, formules et mises en forme. Si vous le désirez, utilisez la commande Collage spécial pour spécifier que seules les entrées doivent être copiées (sans mise en forme) ou que seule la mise en forme doit être copiée (sans les entrées).

Pour coller des éléments particuliers d'une sélection de cellules tout en ne tenant pas compte d'autres éléments, cliquez sur le triangle pointant vers le bas qui apparaît dans la partie inférieure du bouton Coller du groupe Presse-papiers de l'onglet Accueil, puis sélectionnez Collage spécial dans le menu qui s'affiche. La boîte de dialogue Collage spécial apparaît (Figure 4.11), dans laquelle vous pouvez sélectionner ce que vous voulez coller en cliquant sur le bouton radio correspondant :

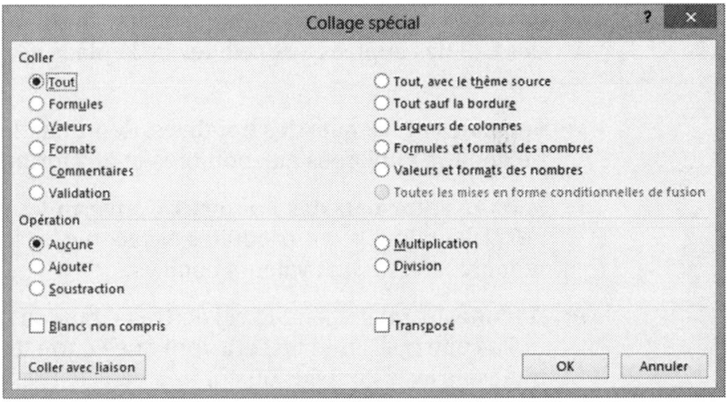

Figure 4.11 : Les options de collage spécial permettent de coller sélectivement tel ou tel élément des cellules sélectionnées.

- **Tout.** Excel choisit cette option pour coller toutes les informations (notamment les formules, mises en forme...) dans la sélection de cellules.
- **Formules.** Tous les textes, nombres et formules de la sélection courante sont collés, mais sans leur mise en forme.
- **Valeurs.** Convertit toutes les formules de la sélection courante aux valeurs qu'elles ont calculées.
- **Formats.** Ne colle que les mises en forme de la sélection de cellules courante, sans se préoccuper des entrées.
- **Commentaires.** Ne colle que les notes que vous avez attachées aux cellules (des sortes de Post-it électroniques que nous étudierons dans le Chapitre 6).

- **Validation.** Ne colle que les règles de validation de données dans la plage de cellules que vous avez configurée avec la commande Validation de données. Cette commande permet de définir une valeur ou une plage de valeurs autorisée pour une cellule ou un ensemble de cellules.
- **Tout, avec le thème source.** Colle tout le contenu de la cellule qui a été copiée, y compris le style de cellule avec lequel celle-ci est mise en forme.
- **Tout sauf la bordure.** Colle toutes les informations de la sélection hormis les éventuelles bordures.
- **Largeurs de colonnes.** Applique la largeur des colonnes des cellules copiées aux cellules de la plage de destination.
- **Formules et formats des nombres.** Reproduit les formats de nombre appliqués aux nombres et aux formules.
- **Valeurs et formats des nombres.** Convertit les formats aux valeurs qu'ils ont produites et recopie les formats de nombre affectés aux valeurs copiées.
- **Aucune.** Normalement, Excel active ce bouton, indiquant qu'aucune opération ne sera appliquée entre les données que vous avez coupées ou copiées dans le Presse-papiers et celles qui seront collées dans la plage de cellules.
- **Ajouter.** Ajoute les données copiées dans le Presse-papiers aux entrées figurant dans les cellules de destination.
- **Soustraction.** Retranche les données copiées dans le Presse-papiers de celles des cellules de destination.
- **Multiplication.** Multiplie les données copiées dans le Presse-papiers avec les entrées des cellules de destination.
- **Division.** Divise les données copiées dans le Presse-papiers par les entrées des cellules de destination.
- **Blancs non compris.** Cochez cette case afin qu'Excel ne copie aucune cellule vide. De cette manière, une cellule vide ne pourra pas se substituer à une cellule contenant des données.

- **Transposé.** Lorsque cette case est cochée, Excel change l'orientation des cellules collées. Cette option est précieuse lorsque les données d'origine sont, par exemple, disposées sur une seule ligne et que vous préférez les disposer sur une colonne.

À propos des suppressions

Une étude d'Excel ne saurait être complète sans apprendre à se débarrasser des données que contiennent les cellules. Il existe deux sortes de suppression dans une feuille de calcul :

- **Vider une cellule** : la cellule est simplement vidée de son contenu, sans être véritablement supprimée, ce qui peut affecter la mise en place des cellules environnantes.
- **Supprimer une cellule** : la suppression élimine tout ce qui constitue une cellule, y compris son contenu et sa mise en forme. Lorsque vous supprimez une cellule, Excel doit déplacer les cellules environnantes afin de combler le vide provoqué par la disparition.

Vider une cellule

Pour se débarrasser uniquement du contenu d'une sélection de cellules sans supprimer les cellules elles-mêmes, sélectionnez une plage et appuyez sur la touche Suppr.

Si vous voulez être plus précis, cliquez sur le bouton Effacer dans le groupe Édition de l'onglet Accueil (il représente une gomme) et sélectionnez une des commandes suivantes dans le menu qui apparaît :

- **Effacer tout :** toutes les entrées de la sélection sont supprimées, ainsi que toutes les mises en forme et les commentaires.
- **Effacer les formats :** seules les mises en forme sont supprimées dans la sélection.
- **Effacer le contenu :** efface uniquement le contenu de la sélection (texte ou valeur), exactement comme la touche Suppr.

- **Effacer les commentaires :** seuls les commentaires sont supprimés dans la sélection.
- **Effacer les liens hypertextes :** supprime tous les liens hypertextes actifs dans la plage sélectionnée, mais conserve le texte auquel ils étaient liés.

Virez-moi toutes ces cellules

Pour supprimer une sélection de cellules au lieu de seulement les vider de leur contenu, cliquez sur le triangle pointant vers le bas du bouton Supprimer du groupe Cellules de l'onglet Accueil, et sélectionnez Supprimer les cellules dans le menu qui apparaît. La boîte de dialogue Supprimer s'affiche, vous proposant différentes possibilités pour remplacer les cellules que vous allez supprimer :

- **Décaler les cellules vers la gauche :** c'est l'option par défaut. Les cellules situées à droite de celles qui ont été supprimées sont déplacées vers la gauche pour combler le vide produit.
- **Décaler les cellules vers le haut :** les cellules situées sous celles qui ont été supprimées sont déplacées vers le haut.
- **Ligne entière :** toutes les lignes de la sélection courante sont supprimées.
- **Colonne entière :** toutes les colonnes de la sélection courante sont supprimées.

Si vous savez que vous voulez déplacer les cellules restantes vers la gauche en supprimant les cellules de la sélection, vous pouvez cliquer simplement sur le bouton Supprimer du groupe Cellules de l'onglet Accueil. L'effet est exactement le même que sélectionner la première des trois options ci-dessus dans la boîte de dialogue Supprimer.

Si vous savez à l'avance que vous voudrez supprimer des lignes ou des colonnes entières de la feuille de calcul, vous pouvez les sélectionner en cliquant dans les en-têtes, puis en opérant un clic droit sur la sélection et en choisissant Supprimer dans le menu qui apparaît.

Pour supprimer des lignes ou des colonnes entières, il n'est pas nécessaire de sélectionner les lignes ou les colonnes elles-mêmes. Il suffit que des cellules leur appartenant soient sélectionnées. Après avoir sélectionné des cellules appartenant aux colonnes ou aux lignes à supprimer, cliquez sur le triangle pointant vers le bas du bouton Supprimer du groupe Cellules de l'onglet Accueil, et sélectionnez Supprimer des colonnes du tableau ou Supprimer des lignes du tableau dans le menu qui apparaît.

La suppression de lignes ou de colonnes entières est risquée, à moins que vous soyez certain qu'elles ne contiennent pas de valeurs à conserver. Rappelez-vous qu'en supprimant par exemple toute la ligne A, vous supprimez en réalité toutes les informations de cette ligne dans les colonnes A à XFD, alors que vous ne voyez que quelques-unes de ces colonnes. De même, si vous supprimez une colonne entière, vous supprimez toutes les informations de cette colonne contenues dans les lignes 1 à 1 048 576.

Faire de la place avec la commande Insérer

Pour ces cas inévitables où vous devrez glisser de nouvelles entrées dans une région déjà bien remplie de la feuille de calcul, vous aurez intérêt à insérer les nouvelles cellules plutôt que de vous lancer dans les délicats déplacements et réorganisations de plusieurs plages de cellules. Pour insérer une nouvelle ligne, sélectionnez les cellules – dont beaucoup sont d'ores et déjà occupées – près desquelles les nouvelles cellules doivent être placées, puis cliquez sur le triangle pointant vers le bas dans le bouton Insérer du groupe Cellules de l'onglet Accueil, et sélectionnez Insérer des cellules dans le menu qui apparaît. La boîte de dialogue Insertion de cellules s'affiche, vous proposant les options suivantes :

- **Décaler les cellules vers la droite :** quand vous cliquez sur le bouton OK ou appuyez sur la touche Entrée, les cellules existantes sont décalées vers la droite afin de libérer de la place pour les cellules qui seront créées.

- **Décaler les cellules vers le bas :** c'est l'option par défaut. Elle demande à Excel de décaler les cellules vers le bas au moment où vous cliquez sur le bouton OK ou appuyez sur la touche Entrée.
- **Ligne entière** et **Colonne entière :** insertion de lignes ou de colonnes entières. Il est inséré autant de lignes ou de colonnes qu'il y a de lignes ou de colonnes sélectionnées au moment de cliquer sur le bouton OK ou d'appuyer sur la touche Entrée.

TRUC

Si vous savez que vous voulez déplacer les cellules existantes vers la droite pour faire de la place aux nouvelles cellules insérées, vous pouvez cliquer simplement sur le bouton Insérer du groupe Cellules de l'onglet Accueil. Il en résulte exactement le même effet que de sélectionner la première des trois options ci-dessus dans la boîte de dialogue Insertion de cellules.

Chapitre 5

Imprimer le chef-d'œuvre

Dans ce chapitre :

- Prévisualiser les pages avant l'impression.
- Imprimer rapidement à partir de la barre d'outils Accès rapide.
- Imprimer toutes les feuilles de calcul d'un classeur.
- N'imprimer que certaines cellules d'une feuille de calcul.
- Modifier l'orientation des pages.
- Imprimer la totalité d'une feuille de calcul sur une seule page.
- Modifier les marges d'un rapport.

Pour la plupart des gens, l'impression est la finalité d'une feuille de calcul (on est loin de la notion du « bureau sans papier » que promettait la bureautique). Toutes les saisies, mises en forme, vérifications de formules, bref, toutes les opérations que vous effectuez avec un tableur ne sont que des préparations à l'impression des informations.

Dans ce chapitre, vous découvrirez combien il est facile d'imprimer des rapports avec Excel 2013 grâce à la fenêtre Imprimer, à l'Aperçu d'impression et à l'onglet Mise en page du Ruban. Quelques règles simples vous permettront d'obtenir une présentation irréprochable des documents, dès la première fois que vous les envoyez à l'imprimante (et pas la deuxième ou la troisième).

Un coup d'œil à la page en mode Mise en page

Le nouveau mode d'affichage Mise en page d'Excel 2013 procure une visibilité immédiate sur la mise en page d'une feuille de calcul. Pour activer ce mode d'affichage, cliquez simplement sur le bouton Mise en page dans la barre d'état (c'est l'icône du milieu parmi les trois qui se trouvent juste à gauche de la glissière du zoom). Vous pouvez aussi cliquer, dans le Ruban, sur le bouton Mise en page, sous l'onglet Affichage. Lorsque vous passez en mode Mise en page, comme le montre la Figure 5.1, Excel affiche une règle horizontale et une règle verticale, respectivement au-dessus et à gauche des lettres de colonne et des numéros de ligne. Dans la zone d'affichage de la feuille de calcul, vous voyez également apparaître les marges de la page telles qu'elles seront sur le papier, avec les en-têtes et les pieds de page si vous en avez défini, et les sauts de page, naturellement. Vous pouvez utiliser le zoom pour voir apparaître plusieurs pages à la fois sur votre écran.

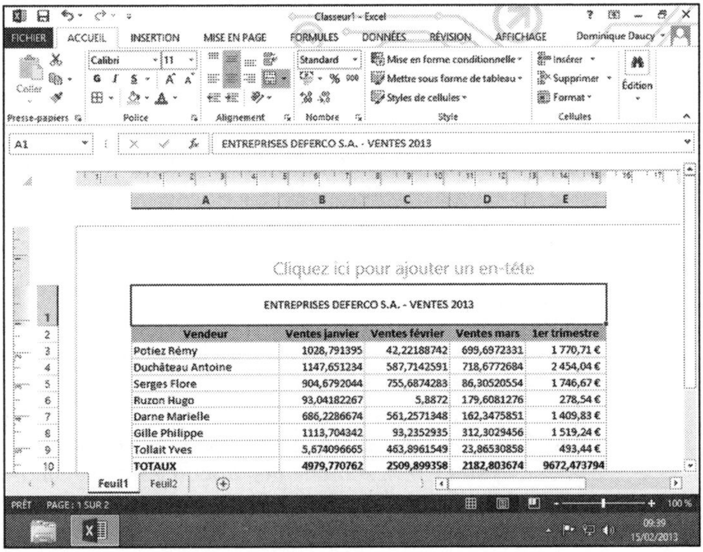

Figure 5.1 : Affichage d'une feuille de calcul en mode Mise en page.

Pour voir combien de pages sont nécessaires pour imprimer votre feuille de calcul, tirez le curseur de zoom vers la gauche, dans la barre d'état, jusqu'au moment où toutes les données de la feuille apparaissent à l'écran et tiennent dans la même feuille.

Excel affiche les règles en utilisant l'unité par défaut, c'est-à-dire les centimètres. Pour changer l'unité, ouvrez la boîte de dialogue Options Excel sur l'onglet Options avancées (Fichier/Options Excel/Options avancées) et sélectionnez l'unité de votre choix dans la liste déroulante Unités de la règle de la section Afficher.

Vous êtes libre de masquer ou d'afficher les règles dans le mode Mise en page. Pour cela, cliquez sur le bouton Afficher/Masquer dans l'onglet Affichage du Ruban et cliquez sur la case Règle pour en ôter ou y mettre la coche.

Agir dans la fenêtre Imprimer

Pour ne pas gâcher inutilement du papier, imprimez la feuille de calcul directement à partir de la fenêtre Imprimer de l'affichage Backstage en cliquant sur Fichier/Imprimer ou bien en appuyant sur Ctrl + P ou sur Ctrl + F2. Comme le révèle la Figure 5.2, la fenêtre Imprimer montre, d'un seul coup d'œil, tous les paramètres d'impression ainsi qu'un aperçu des pages.

Vous pouvez, si vous le souhaitez, ajouter un bouton Prévisualiser et Imprimer à la barre d'outils Accès rapide qui ouvre cette fenêtre Imprimer de l'affichage Backstage. Pour ce faire, cliquez sur le bouton de personnalisation de cette barre et choisissez, dans le menu local, l'option Aperçu et Impression ; le bouton correspondant sera ajouté en bout de barre d'Accès rapide, prêt à être sollicité.

Vous pouvez utiliser la fonction d'aperçu avant l'impression de la fenêtre Imprimer pour imprimer une feuille de calcul, une partie de feuille de calcul ou le classeur tout entier. Vous devrez gérer les sauts de pages lorsque le document à imprimer ne tient pas sur une seule feuille de papier. L'aperçu montre exactement comment les données seront réparties sur la ou les feuilles au moment de l'impression. Au besoin, vous pouvez

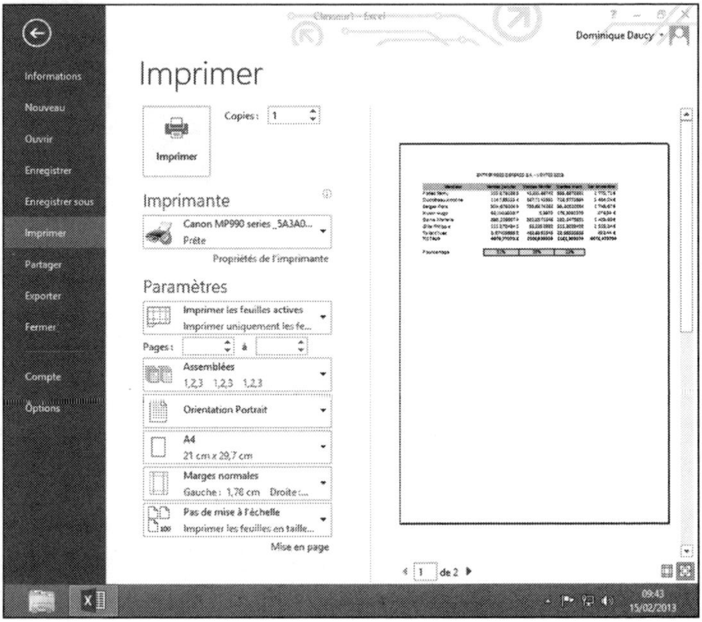

Figure 5.2 : La fenêtre Imprimer regroupe les paramètres d'affichage et propose un aperçu.

retourner dans la feuille de calcul afin d'y effectuer des changements à partir de l'onglet Mise en page du Ruban (ou en réglant directement la largeur des colonnes dans la feuille de calcul) avant d'envoyer le document vers l'imprimante.

Le contenu d'une page est à peine lisible dans la fenêtre Imprimer. Pour agrandir l'aperçu à la taille réelle afin de vérifier des données, cliquez sur le bouton Zoom sur la page, en bas à droite. La Figure 5.3 montre la première page d'une feuille de calcul zoomée de la sorte.

Après avoir agrandi l'aperçu, actionnez les barres de défilement pour accéder à ses diverses parties. Pour revenir à l'affichage de la feuille de calcul toute entière, cliquez de nouveau sur le bouton Zoom sur la page.

Le nombre de pages à imprimer est indiqué en bas à gauche de l'aperçu. Si le document compte plusieurs pages, cliquez sur les boutons fléchés de part et d'autre du compteur pour les parcourir.

Figure 5.3 : Zoom sur votre feuille de calcul.

Cliquez sur le bouton Afficher les marges, à gauche du bouton Zoom sur la page, pour voir comment les données occuperont la feuille de papier. Les marges sont réglables en plaçant le pointeur de la souris dessus ; lorsqu'il se transforme en poignée, cliquez et tirez pour les régler. Nous y reviendrons à la section « Soigner les marges », plus loin dans ce chapitre.

Après avoir vérifié le document, vous configurerez les paramètres suivants :

- Le bouton **Imprimer** et le champ **Copies** : cliquez dessus pour imprimer la feuille de calcul en autant d'exemplaires qu'indiqué dans le champ Copies.
- Le menu **Imprimante** : il sert à sélectionner une imprimante ou un fax. Excel affiche toujours, dans ce menu, le nom de l'imprimante par défaut définie dans Windows.
- Les menus **Paramètres** : le premier de ces menus sert à définir ce qu'il faut imprimer. Vous avez le choix entre Imprimer les feuilles actives (préalablement sélectionnées),

Imprimer le classeur entier ou Imprimer la sélection. Sous le menu, vous pouvez indiquer les numéros des pages à imprimer, de la première du lot à la dernière.

Les autres menus permettent d'imprimer recto verso (si l'imprimante est capable de gérer cette fonction), d'imprimer les pages assemblées, lorsque plusieurs exemplaires

La zone d'impression

Excel comporte une fonctionnalité spéciale appelée Zone d'impression. Pour l'utiliser, commencez par sélectionner une plage de cellules dans la feuille de calcul. Ensuite, dans le Ruban, cliquez sur l'onglet Mise en page puis, dans le groupe Mise en page, cliquez sur le bouton Zone d'impression et choisissez Définir. Cela fait, Excel imprimera cette sélection chaque fois que vous imprimez la feuille de calcul, soit en cliquant sur le bouton Impression rapide, si vous l'avez ajouté à la barre d'outils Accès rapide, soit en cliquant sur Fichier/Imprimer ou en utilisant le raccourci Ctrl + P.

Après avoir défini la zone d'impression, cette plage de cellules est la seule qui puisse être imprimée, quelle que soit par ailleurs la configuration définie dans les menus Paramètres de la fenêtre Imprimer, et ce jusqu'à ce que vous choisissiez l'option Annuler dans le menu Mise en page/Zone d'impression.

Vous pouvez aussi définir et annuler une zone d'impression dans l'onglet Feuille de la boîte de dialogue Mise en page (pour ouvrir cette boîte de dialogue, cliquez sur le lanceur de boîte de dialogue du groupe Mise en page de l'onglet Mise en page, dans le coin inférieur droit de ce groupe). Pour cela, cliquez dans le champ Zone d'impression dans l'onglet Feuille de cette boîte de dialogue et sélectionnez dans la feuille de calcul la (ou les) plage(s) de cellules que vous voulez définir comme zone d'impression. N'oubliez pas que vous pouvez cliquer sur le bouton qui se trouve à l'extrémité droite de ce champ pour minimiser la boîte de dialogue Mise en page et sélectionner plus facilement les cellules voulues (cliquez à nouveau sur ce même bouton pour faire réapparaître la boîte de dialogue en entier). Pour annuler une zone d'impression, ou simplement retirer une ou plusieurs plages de cellules d'une zone impression, dans la boîte de dialogue Mise en page, sélectionnez les plages voulues dans le champ Zone d'impression et appuyez sur la touche Suppr.

sont tirés, ou non assemblées (toutes les pages 1, puis toutes les pages 2 et ainsi de suite). Le menu Orientation permet d'imprimer la page dans le sens normal, en hauteur (Portrait) ou en largeur (Paysage).

Imprimer la feuille de calcul

Tant que vous utilisez les paramètres d'impression par défaut d'Excel pour imprimer votre feuille de calcul, l'impression dans Excel 2013 sera pour vous un jeu d'enfant. Pour commencer, ajoutez le bouton Impression rapide dans la barre d'outils Accès rapide : cliquez sur le triangle pointant vers le bas à l'extrémité droite de celle-ci et sélectionnez Impression rapide dans le menu qui apparaît.

Une fois que le bouton Impression rapide apparaît dans la barre d'outils Accès rapide, vous pouvez cliquer dessus pour imprimer directement la feuille de calcul affichée, y compris les images et les graphiques (mais sans les commentaires que vous avez pu ajouter aux cellules), sans passer par la boîte de dialogue Imprimer. Pour en savoir plus sur les commentaires dans les cellules, reportez-vous au Chapitre 6. Pour en savoir plus sur les images et les graphiques, reportez-vous au Chapitre 8.

Quand vous cliquez sur le bouton Impression rapide, Excel envoie directement la tâche d'impression correspondante dans la file d'attente de l'imprimante par défaut, qui est en quelque sorte le messager qui envoie les tâches d'impression à l'imprimante. Excel affiche alors (très fugitivement, à moins que vous ayez vraiment un très gros fichier) une boîte de dialogue Impression pour vous informer de la progression de l'envoi de cette tâche d'impression à la file d'attente de l'imprimante (en affichant un message du genre *Impression de la page 2/3 « Nom du fichier » en cours sur Nom de l'imprimante*). Une fois que cette boîte de dialogue a disparu, c'est-à-dire dans la plupart des cas avant que vous ayez eu le temps de lire ce message, vous pouvez vous remettre au travail dans Excel.

Au cas où vous voudriez annuler l'impression, la boîte de dialogue Impression contient un bouton Annuler. Si vous êtes aussi rapide que Lucky Luke, cliquez sur ce bouton. Dans le cas contraire, vous devez faire comme tout le monde, c'est-à-dire ouvrir la boîte de dialogue de l'imprimante pour y annuler la tâche d'impression :

1. **Cliquez du bouton droit sur l'icône d'imprimante qui apparaît dans la Zone de notification de la barre des tâches de Windows (juste à gauche de l'affichage de l'heure) lorsqu'une tâche d'impression se trouve dans la file d'attente et sélectionnez le nom de l'imprimante utilisée pour l'impression de votre document dans le menu qui apparaît.**

   La boîte de dialogue des tâches d'impression en cours pour cette imprimante apparaît.

2. **Cliquez du bouton droit sur l'icône de l'imprimante et, dans le menu déroulant, choisissez Ouvrir toutes les imprimantes actives.**

   Cela ouvre la boîte de dialogue de l'imprimante, avec les tâches d'impression dans la file d'attente (sous l'en-tête Nom du document).

3. **Sélectionnez la tâche d'impression à annuler.**

4. **Choisissez Document/Annuler (ou équivalent) dans le menu qui apparaît, puis cliquez sur Oui pour confirmer.**

5. **Attendez que la tâche d'impression disparaisse de la liste, puis cliquez sur le bouton de fermeture de la boîte de dialogue et revenez à Excel.**

Mettre en page la feuille de calcul

La seule chose un peu compliquée dans l'impression d'une feuille de calcul est la détermination de la disposition des pages. Heureusement, les boutons de commande du groupe Mise en page de l'onglet Mise en page du Ruban vous offrent un contrôle presque total de la disposition de vos pages.

Les trois groupes de boutons de l'onglet Mise en page vous permettent de définir la disposition de vos pages exactement comme vous le voulez : le groupe Mise en page, le groupe Mise à l'échelle et le groupe Options de la feuille de calcul, que nous allons décrire dans les sections qui suivent.

Pour visualiser l'effet des modifications que vous apportez aux paramètres de mise en page, cliquez sur le bouton Mise en page de la barre d'état pour afficher la feuille de calcul en mode Mise en page. Vous pourrez ainsi vous rendre compte immédiatement de l'effet produit par votre utilisation des boutons de l'onglet Mise en page.

Utiliser les boutons du groupe Mise en page

Le groupe Mise en page de l'onglet Mise en page contient des boutons importants :

- **Marges :** ce bouton permet de sélectionner une des trois configurations de marges prédéfinies, ainsi que d'ouvrir la boîte de dialogue Mise en page avec l'onglet Marges au premier plan pour définir des marges personnalisées.
- **Orientation :** ce bouton permet de basculer entre le mode Portrait et le mode Paysage pour définir les pages de documents dans la feuille de calcul.
- **Taille :** ce bouton permet de sélectionner une des tailles de papier prédéfinies, ainsi que de faire apparaître la boîte de dialogue Mise en page avec l'onglet Pages au premier plan pour spécifier une taille de papier personnalisée et d'autres paramètres de page.
- **Zone d'impression :** ce bouton permet de définir et d'annuler une zone d'impression (voyez à ce sujet l'encadré « La zone d'impression », précédemment dans ce chapitre).
- **Sauts de page :** ce bouton permet d'insérer ou de supprimer des sauts de page.
- **Arrière-plan :** ce bouton ouvre la boîte de dialogue Feuille d'arrière-plan, dans laquelle vous pouvez sélectionner le fichier graphique d'une image ou d'une photo qui sera utilisée comme arrière-plan pour toutes les feuilles de calcul du classeur (notez que ce bouton de-

vient Supprimer l'arrière-plan lorsqu'une image d'arrière-plan a déjà été sélectionnée).

- **Imprimer les titres :** ce bouton ouvre la boîte de dialogue Mise en page avec l'onglet Feuille au premier plan, dans lequel vous pouvez définir des lignes de la feuille de calcul comme devant être imprimées en haut de chaque page, et des colonnes comme devant être imprimées à gauche de chaque page, en tant que titres pour le rapport.

Soigner les marges

Quand vous créez un nouveau classeur, Excel lui applique les paramètres de marge par défaut, c'est-à-dire les marges Normales dans le menu affiché par le bouton Marges de l'onglet Mise en page (Haut et Bas : 1,91 cm ; Gauche et Droite : 1,78 cm ; En-tête et Pied de page : à 0,76 cm du bord de la page).

En dehors des paramètres de marges Normales, Excel vous permet de sélectionner directement deux autres configurations de marges standards à partir du menu du bouton Marges de l'onglet Mise en page :

- **Larges** (Haut et Bas : 2,54 cm ; Gauche et Droite : 2,54 cm ; En-tête et Pied de page : à 1,27 cm du bord de la page).
- **Étroites** (Haut et Bas : 1,91 cm ; Gauche et Droite : 0,64 cm ; En-tête et Pied de page : à 0,76 cm du bord de la page).

Il vous arrivera souvent d'avoir un rapport qui occupe juste un peu plus que la surface d'une page à l'impression, de telle sorte qu'une ou deux colonnes ou un petit nombre de lignes se retrouvent sur une autre page. Avec un peu de chance, il vous suffira de sélectionner les marges standards Étroites pour que l'ensemble tienne sur une seule page.

Si ça ne suffit pas, vous pouvez essayer de définir des marges personnalisées, que ce soit dans l'onglet Marges de la boîte de dialogue Mise en page ou en faisant glisser avec la souris les repères des marges dans l'affichage Aperçu avant impression. Pour faire tenir plus de colonnes sur une page, réduisez les marges droite et gauche. Pour faire tenir plus de lignes, réduisez les marges du haut et du bas.

Pour ouvrir la boîte de dialogue Mise en page avec l'onglet Marges au premier plan (Figure 5.4), cliquez sur la commande Marges personnalisées, tout en bas du menu du bouton Marges de l'onglet Mise en page et entrez les paramètres voulus dans les champs correspondants (vous pouvez aussi utiliser les boutons qui se trouvent dans ces champs pour augmenter ou réduire la valeur).

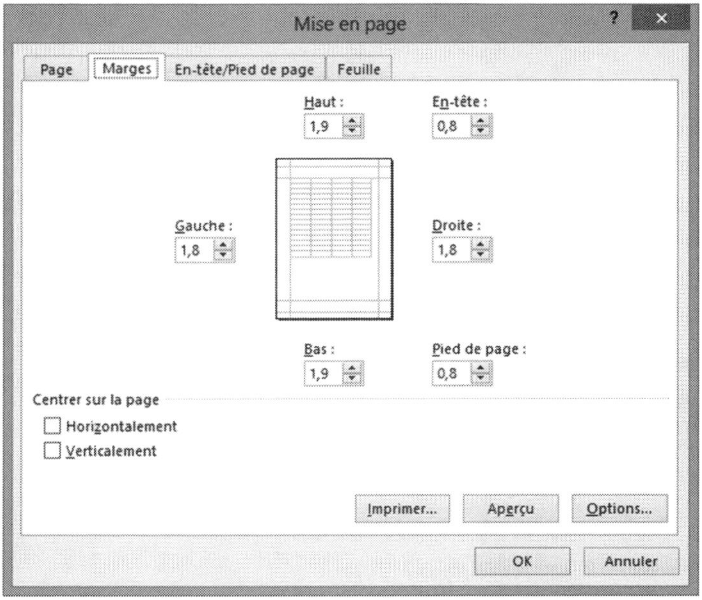

Figure 5.4 : Utilisez l'onglet Marges de la boîte de dialogue Mise en page pour définir des marges personnalisées.

Pour que les données de la page soient automatiquement centrées sur la page à l'impression, cochez la case Horizontalement, ou la case Verticalement, dans la section Centrer sur la page de cet onglet, ou les deux. Les données seront alors centrées à l'impression entre les marges spécifiées.

Lorsque vous cochez la case Afficher les marges dans l'onglet Aperçu avant impression de l'affichage Aperçu avant impression pour pouvoir ajuster manuellement les marges, les repères des colonnes apparaissent également, ce qui vous permet d'ajuster également la largeur des colonnes (ce que montre la Figure 5.5). Pour modifier une marge, placez le pointeur de la souris sur le repère correspondant (le pointeur prend la forme d'une flèche à double pointe) et faites-le glisser dans la direction voulue. Lorsque vous relâchez le bouton de la souris, Excel affiche la page avec la nouvelle marge que vous venez de définir. Selon que vous réduisez ou que vous augmentez une marge, la page peut gagner ou perdre des lignes ou des colonnes. Utilisez la même méthode pour ajuster la largeur des colonnes : faites glisser les repères correspondants.

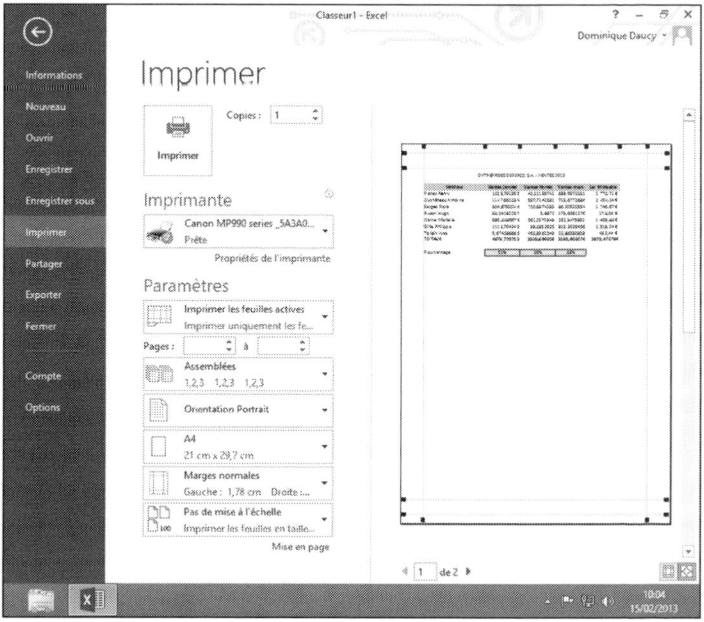

Figure 5.5 : Après avoir coché la case Afficher les marges, faites glisser les repères pour régler les marges.

Portrait ou paysage ?

Le menu du bouton Orientation du groupe Mise en page de l'onglet Mise en page contient les deux options suivantes :

- **Portrait :** c'est l'option par défaut, qui correspond à l'usage habituel d'une feuille de papier. La page est plus haute que large.

- **Paysage :** c'est l'inverse, quand on fait tourner la page de 90 degrés. La page est plus large que haute.

Comme il est courant qu'un tableau soit assez large et comme les tableaux sont l'usage principal des feuilles de calcul, l'orientation Paysage, qui permet de faire tenir un plus grand nombre de colonnes sur la feuille, vous sera souvent plus pratique que l'orientation Portrait pour imprimer vos feuilles de calcul.

Dans la Figure 5.6, vous pouvez voir une liste en mode Paysage affichée en mode Mise en page. Excel peut faire tenir davantage de colonnes sur la page en mode Paysage qu'en mode Portrait. Mais comme il y a corrélativement moins de lignes sur une page, celles-ci s'étendent sur un plus grand nombre de pages qu'en mode Portrait.

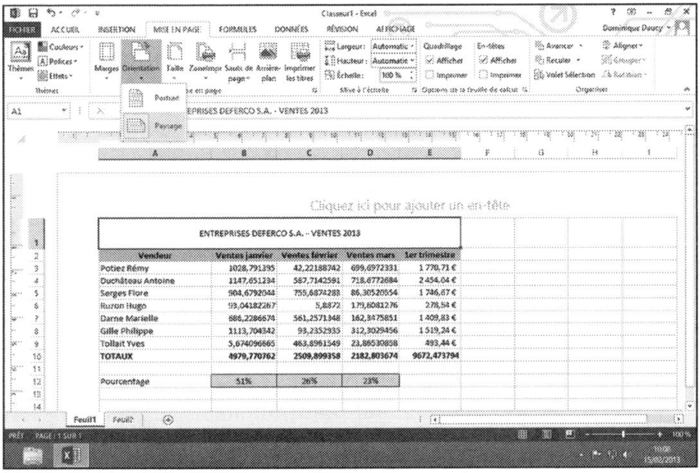

Figure 5.6 : Une liste en mode Paysage affichée en mode Mise en page.

Définir les titres à imprimer

La fonction Imprimer les titres d'Excel vous permet de répéter sur chaque page d'un rapport l'impression de certaines lignes et/ou de certaines colonnes, ce qui est particulièrement utile pour les lignes et colonnes d'en-tête d'un tableau qui s'étend sur plusieurs pages.

Ne confondez pas les titres à imprimer avec l'en-tête et le pied de page d'un rapport. Bien que les uns comme les autres soient imprimés sur toutes les pages, l'en-tête et le pied de page sont imprimés respectivement dans la marge supérieure et la marge inférieure de la page, alors que les titres à imprimer le sont dans le corps du rapport.

Pour définir des lignes et des colonnes comme titres à imprimer pour un rapport, suivez ces étapes :

1. **Dans l'onglet Mise en page du Ruban, cliquez sur le bouton Imprimer les titres.**

   La boîte de dialogue Mise en page apparaît, avec l'onglet Feuille au premier plan (Figure 5.7).

   Pour définir des lignes comme titres à imprimer, allez à l'Étape 2a. Pour définir des colonnes comme titres à imprimer, allez à l'Étape 2b.

2a. **Cliquez sur le bouton qui se trouve à l'extrémité droite du champ Lignes à répéter en haut pour minimiser la boîte de dialogue Mise en page ; sélectionnez avec la souris dans la feuille de calcul les lignes que vous voulez voir se répéter en haut de chaque page dans le rapport imprimé, puis cliquez à nouveau sur le bouton du champ Lignes à répéter en haut pour rétablir la boîte de dialogue Mise en page.**

   Dans l'exemple de la Figure 5.7, nous avons cliqué sur le bouton de minimisation à droite du champ Lignes à répéter en haut pour minimiser la boîte de dialogue Mise en page et avons sélectionné les lignes 1 et 2 dans la feuille de calcul. Excel a donc affiché l'indication $1: dans le champ Lignes à répéter en haut.

   Remarquez qu'Excel met en évidence les lignes des titres à répéter en haut en plaçant un trait en pointillé animé entre ces titres et les autres informations du rapport.

2b. **Cliquez sur le bouton qui se trouve à l'extrémité droite du champ Colonnes à répéter à gauche pour minimiser la boîte de dialogue Mise en page ; sélectionnez avec la souris dans la feuille de calcul les colonnes que vous voulez voir se répéter à gauche de chaque page dans le**

rapport imprimé (Figure 5.7), puis cliquez à nouveau sur le bouton du champ Colonnes à répéter à gauche pour rétablir la boîte de dialogue Mise en page.

Remarquez qu'Excel met en évidence les colonnes des titres à répéter à gauche en plaçant un trait en pointillé animé entre ces titres et les autres informations du rapport.

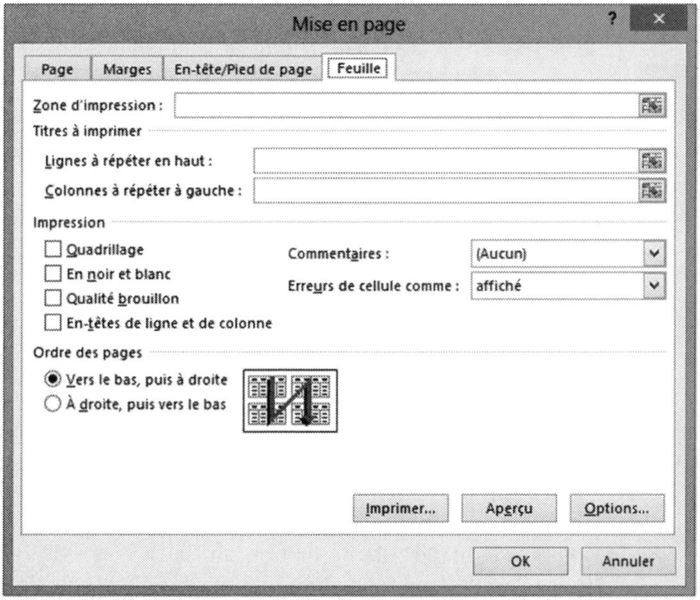

Figure 5.7 : La ligne d'en-tête est à présent répétée en haut de chaque page imprimée.

3. **Cliquez sur OK ou appuyez sur Entrée pour fermer la boîte de dialogue Mise en page.**

   Les traits en pointillé indiquant les limites des lignes et des colonnes à répéter disparaissent de la feuille de calcul.

N'OUBLIEZ PAS

Pour désactiver les titres à imprimer d'un rapport lorsque vous n'en avez plus besoin, ouvrez la boîte de dialogue Mise en page avec l'onglet Feuille au premier plan, supprimez le contenu des champs Lignes à répéter en haut et Colonnes à répéter à gauche, puis cliquez sur OK ou appuyez sur Entrée.

Utiliser les boutons du groupe Mise à l'échelle

Si votre imprimante offre des options de mise à l'échelle, vous allez en découvrir la commodité. Il est en effet possible de faire tenir une feuille de calcul sur une seule page en sélectionnant 1 page dans les listes déroulantes Largeur et Hauteur du groupe Mise à l'échelle de l'onglet Mise en page. Lorsque ces options sont sélectionnées, Excel ajuste automatiquement l'échelle de la zone à imprimer pour que l'ensemble tienne sur une page à l'impression.

Après avoir sélectionné ces options, si vous vous apercevez en affichant l'Aperçu avant impression que le résultat est trop petit pour être lisible, cliquez sur le bouton Mise en page dans l'onglet Aperçu avant impression pour faire apparaître la boîte de dialogue Mise en page avec l'onglet Page au premier plan, dans lequel l'option Ajuster vous permet de modifier le nombre de pages en largeur et en hauteur auquel Excel doit ajuster la taille de votre document à l'impression. Utilisez pour cela les deux champs de l'option Ajuster.

TRUC

Plutôt que d'essayer de tout faire tenir sur une page, voyez comment se présente votre feuille de calcul si vous la faites tenir sur deux pages en largeur. Essayez ceci : sélectionnez 2 pages dans la liste déroulante du bouton Largeur du groupe Mise à l'échelle de l'onglet Mise en page et conservez 1 page dans la liste déroulante du bouton Hauteur. Vous pouvez aussi faire l'inverse en voyant comment se présente votre feuille de calcul si vous la faites tenir sur deux pages en hauteur : sélectionnez 2 pages dans la liste déroulante du bouton Hauteur et conservez 1 page dans la liste déroulante du bouton Largeur.

TRUC

Après avoir essayé les options d'ajustement en largeur et en hauteur, vous conclurez peut-être que vous ne voulez pas de mise à l'échelle pour l'impression. Pour l'annuler, sélectionnez simplement Automatique dans les deux listes déroulantes Largeur et Hauteur du groupe Mise à l'échelle de l'onglet Mise en page. Vous voyez alors que le champ du bouton Mettre à l'échelle (juste en dessous des deux précédents) est à nouveau disponible et affiche 100 %.

Les cases Imprimer dans le groupe Options de la feuille de calcul

Le groupe Options de la feuille de calcul contient deux cases très utiles, toutes deux nommées Imprimer (aucune des deux n'étant cochée par défaut) : la première dans la colonne Quadrillage, la seconde dans la colonne Titres.

- Pour imprimer votre rapport avec le quadrillage des lignes et des colonnes, cochez la case Imprimer dans la colonne Quadrillage.
- Pour imprimer votre rapport avec les numéros de lignes et les lettres de colonnes sur toutes ses pages, cochez la case Imprimer dans la colonne Titres.

TRUC

Si vous voulez que votre rapport imprimé soit aussi proche que possible de la manière dont il se présente à l'écran, cochez ces deux cases. Ces options sont particulièrement utiles lorsque vous avez besoin d'identifier les références des cellules sur la version imprimée (par exemple, pour les mettre à jour plus facilement dans la feuille).

Troisième partie

S'organiser et rester organisé

Dans cette partie...

- Apprendre à naviguer dans vos feuilles de calcul.
- Ajouter des commentaires.
- Rechercher et remplacer.
- Ajouter (et supprimer) des feuilles dans un classeur.
- Ouvrir plusieurs affichages d'une même feuille pour comparer des zones distinctes.
- Déplacer des données à l'intérieur d'un même classeur, voire d'un classeur à un autre.

Chapitre 6

Maintenir l'ordre dans la feuille de calcul

Dans ce chapitre :

- Zoomer en avant et en arrière.
- Fractionner la fenêtre d'un classeur en deux ou quatre volets.
- Figer les lignes ou les colonnes des titres.
- Attacher un commentaire à une cellule.
- Nommer des cellules.
- Rechercher et remplacer des données.

Chaque feuille de calcul d'Excel offre énormément de place pour vos informations ; par défaut, chaque classeur vous ouvre une feuille unique. Mais, comme un écran ne peut en montrer qu'une petite partie, la maintenance de ces informations n'est pas une mince affaire.

Dans ce chapitre, vous découvrirez quelques techniques efficaces pour garantir cette maintenance. Vous apprendrez comment attirer l'attention sur une partie d'une feuille de calcul en zoomant dedans, ou comment diviser la fenêtre d'un document en plusieurs volets montrant simultanément diverses parties d'une même feuille et aussi comment afficher en permanence certaines lignes et colonnes.

Coup de zoom sur les cellules

Bon… Qu'allez-vous faire si votre directeur traîne les pieds pour vous offrir l'écran 22 pouces qui vous éviterait d'user vos yeux sur de minuscules caractères à peine lisibles et de faire défiler la feuille à tout bout de champ parce que trop peu de cellules sont visibles ? Vous utiliserez le curseur de zoom, toujours disponible dans la barre d'état. Il suffit de le tirer vers la gauche pour réduire et voir plus de cellules, et de le tirer vers la droite pour agrandir ce que vous voyez.

La Figure 6.1 montre l'agrandissement d'une feuille de calcul à 200 %, soit le double de l'affichage normal. Pour appliquer ce rapport d'agrandissement à une feuille, faites glisser vers la droite le curseur de zoom jusqu'à ce que l'indicateur numérique affiche 200 % (juste à gauche du curseur). Vous pouvez aussi cliquer sur le bouton Zoom dans l'onglet Affichage et sélectionner 200 % dans la boîte de dialogue Zoom qui apparaît. Une chose est sûre, c'est que vous n'aurez pas à mettre de lunettes pour lire le contenu des cellules ! Le seul problème avec un tel agrandissement est que vous ne voyez plus beaucoup de cellules à l'écran.

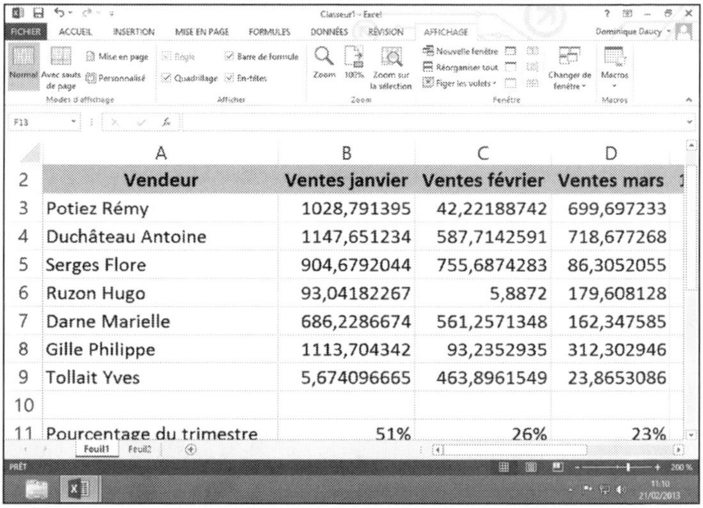

Figure 6.1 : Zoom à 200 % dans une feuille de calcul.

La Figure 6.2 montre la même feuille de calcul mais avec une réduction à 50 %, soit la moitié de la taille normale. Pour obtenir cette valeur de zoom, faites glisser vers la gauche le curseur de zoom jusqu'à ce que l'indicateur numérique affiche 50 %.

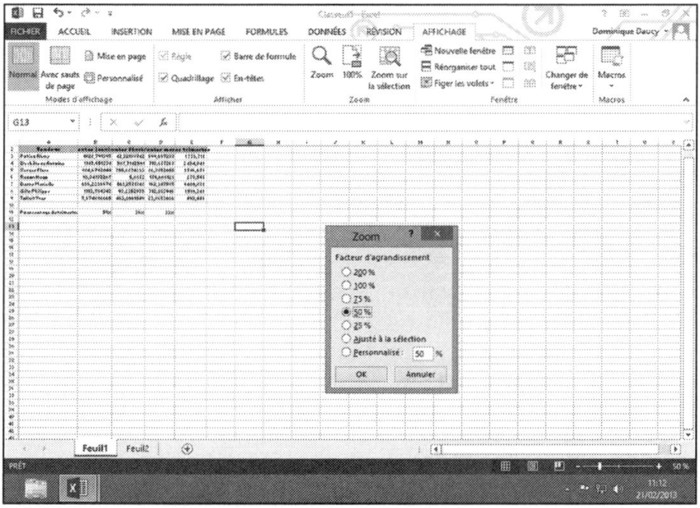

Figure 6.2 : La même feuille de calcul avec le zoom à 50 % et la boîte de dialogue Zoom.

Avec une réduction à 50 %, la seule chose qui est sûre, c'est que plus rien n'est lisible ! Remarquez que cet affichage permet néanmoins de bénéficier d'une vue très élargie sur la feuille de calcul.

La boîte de dialogue Zoom (Affichage/Zoom) offre le choix de cinq facteurs d'agrandissement (200, 100 soit l'affichage normal, 75, 50 et 25 %). Si ces valeurs ne vous conviennent pas, vous avez deux autres possibilités :

- Pour utiliser des facteurs d'agrandissement plus élevés ou plus réduits que ceux proposés (par exemple 400 % ou 10 %) ou intermédiaires (par exemple 150 % ou 85 %), sélectionnez le bouton Personnalisé dans la boîte de dialogue Zoom, entrez le pourcentage voulu et cliquez sur OK ou appuyez sur Entrée.
- Si vous ne savez pas quel pourcentage il faut appliquer pour cadrer une plage de cellules donnée, sélectionnez cette plage et cliquez sur le bouton Zoom sur la sélection

dans l'onglet Affichage. Excel adapte automatiquement le facteur d'agrandissement pour afficher les cellules sélectionnées dans tout l'espace disponible de la fenêtre.

Pour revenir rapidement au taux d'agrandissement normal (100 %), cliquez exactement sur le petit trait vertical qui indique le centre de l'espace de déplacement du curseur de zoom dans la barre d'état.

Fractionner une fenêtre

Bien que le zoom facilite l'accès aux données dispersées dans une feuille de calcul, il ne permet en rien d'afficher deux endroits éloignés de la feuille afin d'en comparer le contenu (du moins pas avec un rapport d'affichage normal). Pour contourner ce problème, vous pouvez diviser la fenêtre d'un document en deux volets distincts et faire défiler librement la feuille dans chacun d'eux.

Pour fractionner une feuille de calcul en deux volets (supérieur et inférieur), positionnez votre pointeur à l'endroit où vous voulez fractionner, puis cliquez sur le bouton Fractionner de l'onglet Affichage du Ruban (Figure 6.3).

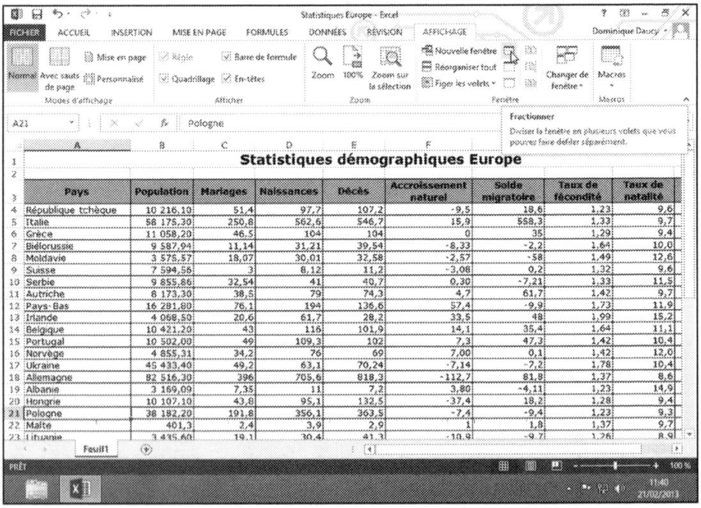

Figure 6.3 : Sélectionnez l'emplacement du futur fractionnement, puis cliquez sur le bouton Fractionner.

Chaque volet possède sa propre barre de défilement vertical, ce qui permet de manipuler les volets indépendamment l'un de l'autre.

C'est la cellule désignée avant le fractionnement qui en détermine directement les aspects :

- Pour fractionner en deux volets horizontaux, positionnez le pointeur dans la colonne A de la ligne où vous voulez que le fractionnement intervienne.
- Pour fractionner en deux volets verticaux, positionnez le pointeur dans la ligne 1 de la colonne où vous voulez que le fractionnement intervienne.
- Pour fractionner en quatre volets – deux horizontaux et deux verticaux -, sélectionnez la cellule supérieure gauche.

Lorsque le fractionnement est effectif, il est symbolisé par un fin trait gris clair. Placez votre pointeur sur ce trait et il prend la forme d'un outil de fractionnement (deux barres noires parallèles desquelles partent, de part et d'autre, une pointe fléchée).

Utilisez ce pointeur particulier pour modifier, si nécessaire, l'amplitude du fractionnement en faisant glisser vers le haut, vers le bas, vers la gauche ou vers la droite. Autre technique intéressante : un double-clic sur la barre de fractionnement supprime ce fractionnement. Autre moyen de vous en défaire : la commande Fractionner du menu Affichage.

Figer les volets

Les volets sont parfaits pour visualiser simultanément plusieurs parties éloignées d'une feuille de calcul. Mais ils peuvent aussi servir à figer des titres, en haut de la feuille ou à gauche, de sorte que les données peuvent défiler tandis que les titres restent en place. Les volets figés sont particulièrement utiles pour les tableaux dont les données s'étendent loin au-delà des lignes et des colonnes affichées à l'écran.

La Figure 6.4 montre des volets figés au-dessus et à gauche de la cellule B4 : en haut, le titre général de la feuille, puis une

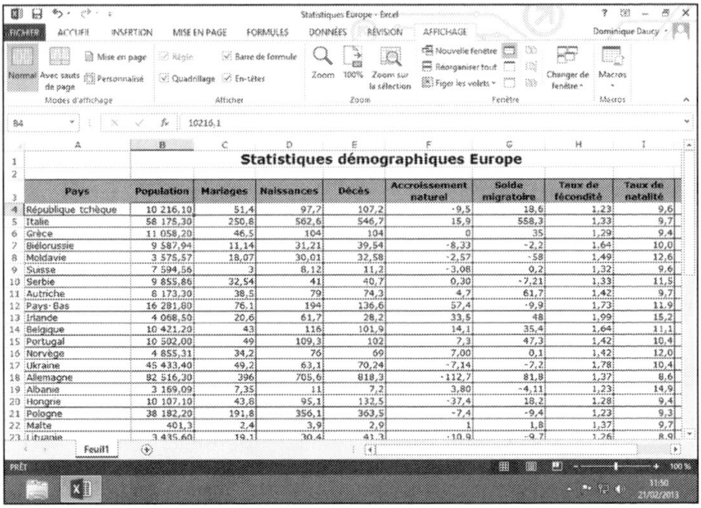

Statistiques démographiques Europe

Pays	Population	Mariages	Naissances	Décès	Accroissement naturel	Solde migratoire	Taux de fécondité	Taux de natalité
République tchèque	10 216,10	51,4	97,7	107,2	-9,5	18,6	1,23	9,6
Italie	58 175,30	250,6	562,6	546,7	15,9	558,3	1,33	9,7
Grèce	11 058,20	46,5	104	104	0	35	1,29	9,4
Biélorussie	9 587,94	11,14	31,21	39,54	-8,33	-2,2	1,64	10,0
Moldavie	3 575,57	18,07	30,01	32,58	-2,57	-58	1,49	12,6
Suisse	7 594,56	3	8,12	11,2	-3,08	0,2	1,32	9,6
Serbie	9 855,86	32,54	41	40,7	0,30	-7,21	1,33	11,5
Autriche	8 173,30	38,5	79	74,3	4,7	61,7	1,42	9,7
Pays-Bas	16 281,80	76,1	194	136,6	57,4	-9,9	1,73	11,9
Irlande	4 068,50	20,6	61,7	28,2	33,5	48	1,99	15,2
Belgique	10 421,20	43	116	101,9	14,1	35,4	1,64	11,1
Portugal	10 502,00	49	109,3	102	7,3	47,3	1,42	10,4
Norvège	4 855,31	34,2	76	69	7,00	0,1	1,42	12,0
Ukraine	45 433,40	49,2	63,1	70,24	-7,14	-7,2	1,78	10,4
Allemagne	82 516,30	396	705,6	818,3	-112,7	81,8	1,37	8,6
Albanie	3 169,09	7,35	11	7,2	3,80	-4,11	1,23	14,9
Hongrie	10 107,10	43,8	95,1	132,5	-37,4	18,2	1,28	9,4
Pologne	38 182,20	191,8	356,1	363,5	-7,4	-9,4	1,23	9,3
Malte	401,3	2,4	3,9	2,9	1	1,8	1,37	9,7
Lituanie	3 435,60	19,1	30,4	41,3	-10,9	-9,7	1,26	8,9

Figure 6.4 : Les volets figés immobilisent les trois premières lignes et la première colonne.

ligne vierge, puis les intitulés des colonnes et à gauche les pays.

En divisant la fenêtre du document en deux volets horizontaux entre les lignes 3 et 4 et en les figeant ensuite, les trois premières lignes restent toujours visibles, permettant ainsi d'identifier facilement le contenu des différentes colonnes lors d'un défilement de la liste vers le bas. En divisant la fenêtre du document en deux volets verticaux entre les colonnes A et B, les pays, qui constituent les en-têtes de ligne restent visibles à l'écran, même si vous faites défiler le tableau vers la droite.

Procédez comme suit pour figer des volets :

1. **Commencez par fractionner : sélectionnez la cellule qui se trouve juste en dessous et à droite du point d'intersection des barres de fractionnement que vous voulez créer et cliquez sur le bouton Fractionner dans l'onglet Affichage.**

2. **Ensuite, figez : dans le groupe Fenêtre de l'onglet Affichage, cliquez sur le bouton Figer les volets et sélectionnez Figer les volets dans le menu qui apparaît.**

Quand Excel fige les volets, les barres de fractionnement se transforment en traits fins.

Voyez dans la Figure 6.5 ce qui se produit lors d'un défilement vers le bas de la feuille de calcul alors que les volets sont figés.

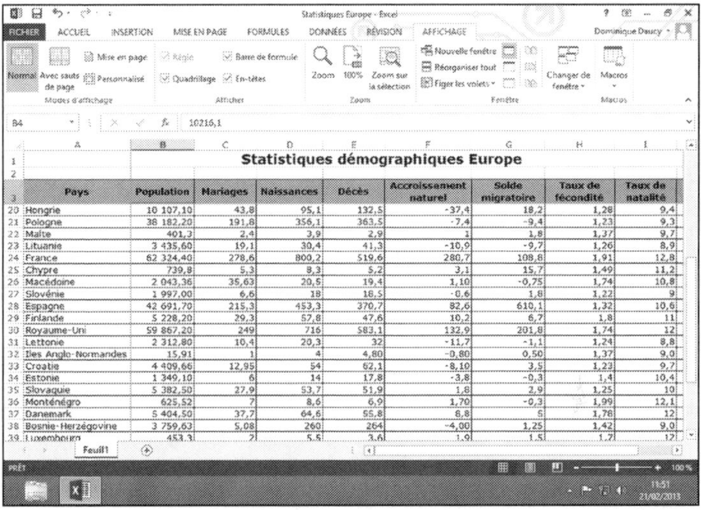

Statistiques démographiques Europe

Pays	Population	Mariages	Naissances	Décès	Accroissement naturel	Solde migratoire	Taux de fécondité	Taux de natalité
Hongrie	10 107,10	43,8	95,1	132,5	-37,4	18,2	1,28	9,4
Pologne	38 182,20	191,8	356,1	363,5	-7,4	-9,4	1,23	9,3
Malte	401,3	2,4	3,9	2,9	1	1,8	1,37	9,7
Lituanie	3 435,60	19,1	30,4	41,3	-10,9	-9,7	1,26	8,9
France	62 324,40	278,6	800,2	519,6	280,7	108,8	1,91	12,8
Chypre	739,8	5,3	8,3	5,2	3,1	15,7	1,49	11,2
Macédoine	2 043,36	35,63	20,5	19,4	1,10	-0,75	1,74	10,8
Slovénie	1 997,00	6,6	18	18,5	-0,6	1,8	1,22	9
Espagne	42 691,70	215,3	453,3	370,7	82,6	610,1	1,32	10,6
Finlande	5 228,20	29,3	57,8	47,6	10,2	6,7	1,8	11
Royaume-Uni	59 867,20	249	716	583,1	132,9	201,8	1,74	12
Lettonie	2 312,80	10,4	20,3	32	-11,7	-1,1	1,24	8,8
Iles Anglo-Normandes	15,91	1	4	4,80	-0,80	0,50	1,37	9,0
Croatie	4 409,66	12,95	54	62,1	-8,10	3,5	1,23	9,7
Estonie	1 349,10	6	14	17,8	-3,8	-0,3	1,4	10,4
Slovaquie	5 382,50	27,9	53,7	51,9	1,8	2,9	1,25	10
Monténégro	625,52	7	8,6	6,9	1,70	-0,3	1,99	12,1
Danemark	5 404,50	37,7	64,6	55,8	8,8	5	1,76	12
Bosnie-Herzégovine	3 759,63	5,08	260	264	-4,00	1,25	1,42	9,0
Luxembourg	453,3	2	5,5	3,6	1,9	1,5	1,7	12

Figure 6.5 : Quand les volets sont figés et qu'on fait défiler vers le bas, les en-têtes de colonne restent visibles.

Voyez dans la Figure 6.6 ce qui se passe lorsque le défilement de la feuille de calcul s'effectue vers la droite. Comme les volets sont figés, la première colonne ne bouge pas, ce qui permet d'avoir toujours les en-têtes de ligne sous les yeux.

TRUC

Pour figer uniquement la première ligne ou la première colonne de la feuille de calcul quel que soit l'emplacement du curseur de cellule dans la feuille de calcul, cliquez sur Figer les volets dans l'onglet Affichage et sélectionnez Figer la ligne supérieure ou Figer la première colonne dans le menu qui apparaît.

Pour que les volets d'une feuille de calcul ne soient plus figés, cliquez sur Figer les volets dans l'onglet Affichage, et sélectionnez Libérer les volets dans le menu qui apparaît. Les traits fins sont remplacés par d'épaisses barres, indiquant que les volets ne sont plus figés.

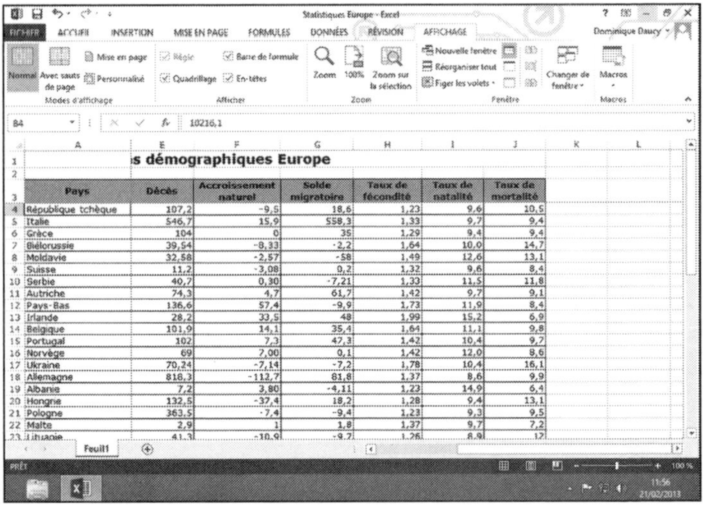

Figure 6.6 : Quand les volets sont figés et qu'on fait défiler vers la droite, les en-têtes de ligne restent visibles.

Les notes électroniques

Dans Excel, des commentaires peuvent être ajoutés à des cellules. Les *commentaires* sont des sortes de petites notes qui ressemblent aux Post-it autocollants. Elles permettent d'insérer des pense-bêtes pour rappeler, par exemple, que telle ou telle valeur n'est qu'une estimation, ou qu'il faut vérifier une valeur avant d'imprimer la feuille, voire une date d'anniversaire dont l'oubli ne serait pas du tout apprécié.

En plus de rappeler une tâche à effectuer, un commentaire peut être utilisé comme repère visuel pour signaler un emplacement dans une vaste feuille de calcul et le retrouver facilement la prochaine fois que vous l'ouvrirez.

Ajouter un commentaire à une cellule

Procédez comme suit pour ajouter un commentaire à une cellule :

1. **Sélectionnez la cellule qui doit recevoir le commentaire.**

2. **Dans le groupe Commentaires de l'onglet Révision, cliquez sur le bouton Nouveau commentaire.**

   Une nouvelle zone de texte apparaît (Figure 6.7). Elle contient le nom de l'utilisateur de l'onglet Général de la boîte de dialogue Options Excel. La barre d'insertion clignote au début de la ligne qui suit le nom.

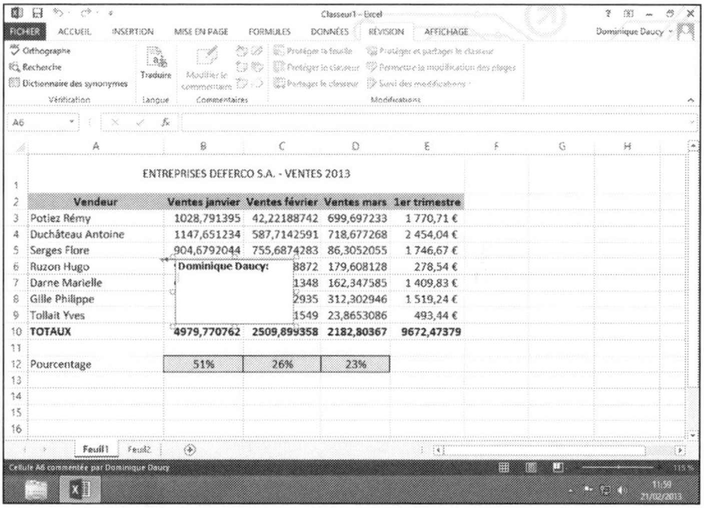

Figure 6.7 : Ajout d'un commentaire à une cellule.

3. **Tapez le texte du commentaire.**

4. **Cliquez hors de la zone de texte.**

   Excel signale que la cellule comporte un commentaire en plaçant un petit triangle rouge dans le coin supérieur droit.

5. **Pour afficher un commentaire, il suffit de placer le pointeur en forme d'épaisse croix blanche au-dessus de la cellule correspondante.**

Réviser les commentaires

Lorsqu'un classeur contient un grand nombre de commentaires, vous ne voudrez sans doute pas promener le pointeur de la souris au-dessus de chacun d'eux pour les lire tour à tour. Il est beaucoup plus commode de cliquer sur le bouton Afficher tous les commentaires dans le groupe Commentaires de l'onglet Révision (Figure 6.8). Excel affiche alors tous les commentaires des cellules visibles dans la fenêtre (et continue à afficher les autres commentaires si vous faites défiler le contenu de la fenêtre, ou même si vous sélectionnez une autre feuille du classeur).

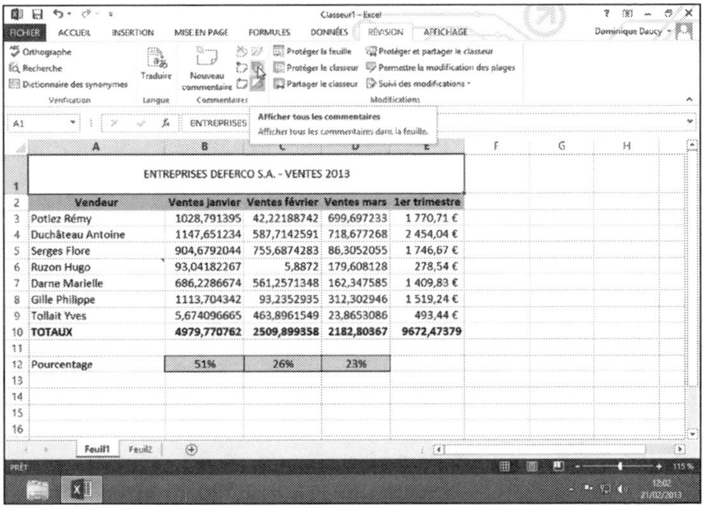

Figure 6.8 : Le bouton Afficher tous les commentaires montre tous les commentaires des cellules visibles dans la fenêtre.

Lorsque c'est l'onglet Révision du Ruban qui est au premier plan, il est possible de passer d'un commentaire à un autre en cliquant sur les boutons Suivant et Précédent dans le groupe Commentaires de cet onglet. Dès que vous atteignez le dernier commentaire d'un classeur, une boîte d'alerte demande s'il faut poursuivre la révision des commentaires depuis le début (ce que vous pouvez accepter en cliquant sur OK). Lorsque vous avez affiché tous les commentaires, il vous suffit pour les masquer après les avoir tous révisés de cliquer à nouveau sur le bouton Afficher tous les commentaires.

Modifier les commentaires

Pour modifier un commentaire, vous devez commencer par l'afficher et y placer le curseur d'insertion. Pour l'afficher, vous disposez des différents moyens que nous venons de voir (le plus simple étant de cliquer sur la cellule correspondante, puis sur le bouton Afficher/masquer le commentaire dans l'onglet Révision), après quoi il vous suffit de cliquer dedans pour y placer le curseur d'insertion. Mais il existe un moyen plus simple : cliquez du bouton droit sur la cellule du commentaire et sélectionnez Modifier le commentaire dans le menu qui apparaît.

Pour modifier l'emplacement d'un commentaire par rapport à sa cellule, commencez par afficher le commentaire par un des moyens que nous avons vus plus haut, puis amenez le pointeur de la souris sur une des bordures hachurées. Lorsqu'il se transforme en flèche à quatre pointes, vous pouvez faire glisser le commentaire ailleurs dans la feuille de calcul. Au moment où vous relâchez le bouton de la souris, Excel redessine la flèche qui relie le coin supérieur gauche du commentaire à la cellule.

Pour modifier les dimensions de la zone de texte du commentaire, placez le pointeur de la souris sur une des poignées de redimensionnement (ce sont les petits ronds blancs que vous voyez tout autour de la zone de commentaire) de manière qu'il prenne la forme d'une flèche à double pointe et tirez-la dans la direction appropriée, vers l'extérieur du commentaire pour augmenter sa surface, vers l'intérieur pour la réduire. Dès que vous relâchez le bouton de la souris, Excel redessine la zone de texte du commentaire à la taille ainsi définie. Les retours à la ligne du texte qui s'y trouve sont pris en charge par Excel.

Pour changer la police du texte d'un commentaire, commencez par afficher celui-ci par un des moyens décrits plus haut et sélectionnez le texte dont vous voulez changer la police. Cliquez ensuite du bouton droit sur le commentaire et sélectionnez Format de commentaire dans le menu qui apparaît (vous pouvez aussi appuyer sur Ctrl + Maj + 1 ; le 1 du clavier principal, comme pour ouvrir la boîte de dialogue Format de cellule). La boîte de dialogue Format de commentaire (qui n'est qu'une variante de la boîte de dialogue Format de cellule) apparaît, comportant l'unique onglet Police. Vous pouvez y sélectionner non seulement la police et sa taille pour le texte sélectionné dans le commentaire, mais aussi tous les attributs de mise en forme que vous pouvez appliquer au contenu d'une cellule.

Pour supprimer un commentaire, sélectionnez la cellule qui le contient et cliquez sur le bouton Effacer le commentaire dans le groupe Commentaires de l'onglet Révision. Excel supprime le commentaire ainsi que l'indicateur rouge dans le coin de la cellule.

Vous pouvez aussi supprimer tous les commentaires : cliquez sur le bouton Effacer (la gomme) du groupe Édition de l'onglet Accueil et sélectionnez Effacer les commentaires dans le menu qui apparaît.

Les cellules nommées

En attribuant des noms évocateurs aux cellules et aux plages, vous faciliterez considérablement l'accès aux informations importantes de la feuille de calcul. Plutôt que d'essayer d'associer des informations à des coordonnées abstraites, vous leur donnerez un nom. En nommant une plage, vous nommerez du même coup une sélection de cellules que vous pourrez imprimer ou importer dans d'autres logiciels Office, comme Word ou Access. En outre, ce qui est très commode, vous pourrez utiliser les noms de cellules avec la commande Atteindre.

Nous avons toujours aimé exploiter cette possibilité de nommer les cellules et les plages avec les précédentes versions d'Excel, sur ordinateur de bureau ou sur ordinateur portable. Aujourd'hui, avec cette nouvelle version d'Excel prévue pour dispositifs tactiles, comme les tablettes et les smartphones, nous l'apprécions encore davantage. Même si expérience d'autrui n'instruit pas, faites-nous confiance : cette fonction vous fera gagner un temps précieux dans l'exploitation de vos feuilles de calcul.

Ah ! Si j'avais un nom...

Lorsque vous attribuez un nom à des cellules ou à des plages, vous devez respecter les règles suivantes :

- Les noms de plages de cellules doivent commencer par une lettre, jamais par un chiffre.

  Par exemple, au lieu de 01Profits, utilisez Profits01.

- Ces noms ne peuvent pas contenir d'espaces.

  Au lieu de l'espace, utilisez le caractère de soulignement (celui de la touche 8 du clavier alphanumérique, en minuscule) pour séparer des mots. Exemple : au lieu de Profit 01, utilisez Profit_01. Les caractères accentués et la cédille sont utilisables.

- Des coordonnées de cellule ne peuvent jamais être utilisées comme noms.

  Une cellule ne peut pas être nommée T1, car cette formulation est celle d'une référence de cellule valide. Utilisez plutôt T1_ventes, par exemple.

Pour nommer une cellule ou une plage de cellules, suivez ces étapes :

1. **Sélectionnez la cellule ou la plage à nommer.**
2. **Cliquez sur l'adresse de la cellule courante qui apparaît dans la Zone Nom, à l'extrémité gauche de la barre de formule.**

   Excel sélectionne l'adresse de la cellule dans la Zone Nom.

3. **Tapez le nom que vous voulez donner à la cellule ou à la plage sélectionnée.**

   Veillez à bien respecter les règles de nom que nous venons de stipuler.

4. **Appuyez sur Entrée.**

Pour sélectionner une cellule ou une plage nommée, cliquez sur son nom dans la liste déroulante de la Zone Nom (pour faire apparaître cette liste, cliquez sur le triangle pointant vers le bas à l'extrémité droite de la Zone Nom).

Notez que vous pouvez aussi, dans l'onglet Accueil, cliquer sur le bouton Rechercher et sélectionner Atteindre dans le menu qui apparaît, puis sélectionner l'élément nommé que vous voulez atteindre dans la boîte de dialogue Atteindre (Figure 6.9) avant de confirmer par OK. Pour faire apparaître la boîte de dialogue Atteindre, vous pouvez aussi appuyer sur la touche F5.

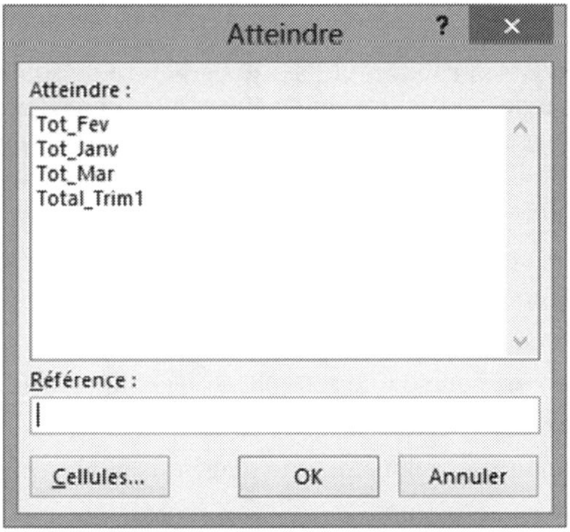

Figure 6.9 : La boîte de dialogue Atteindre.

Nommez cette formule !

Les noms de cellules sont non seulement commodes pour identifier et localiser des cellules et des plages dans une feuille de calcul, mais ils sont aussi très utiles pour manipuler des formules. Supposons que la cellule K3 contienne une formule simple qui calcule ce qui vous est dû en multipliant vos heures de travail pour un client (dans la cellule I3) par votre rémunération horaire (dans la cellule J3). Vous taperez normalement cette formule dans la cellule K3 sous la forme :

```
=I3*J3
```

Mais si vous attribuez le nom *Heures* à la cellule I3 et le nom *Tarif_horaire* à la cellule J3, la formule se présentera dans la cellule K3 sous la forme :

```
=Heures*Tarif_horaire
```

Il va de soi que pour tout le monde cette formulation est bien plus compréhensible que =I3*J3.

Pour entrer une formule contenant des noms de cellules plutôt que des références de cellules, vous procéderez comme suit :

1. **Nommez les cellules comme nous venons de l'indiquer.**

Pour cet exemple, vous nommerez la cellule I3 **Heures** et la cellule J3 **Tarif_horaire**.

2. **Placez le curseur de cellule sur la cellule qui recevra la formule.**

   Il s'agit en l'occurrence de la cellule K3.

3. **Tapez le signe = (égal) pour indiquer à Excel que ce qui suit est une formule.**

4. **Sélectionnez la première cellule à laquelle la formule se réfère en cliquant dessus (ou en déplaçant le curseur de cellule jusqu'à son emplacement).**

   Dans cet exemple, vous sélectionnez Heures en sélectionnant la cellule I3.

5. **Tapez l'opérateur arithmétique à utiliser dans la formule.**

   Il s'agit ici de l'opérateur de multiplication * (astérisque). Reportez-vous au Chapitre 2 pour connaître les autres opérateurs arithmétiques d'Excel.

6. **Sélectionnez la deuxième cellule à laquelle la formule se réfère. Procédez comme à l'Étape 4.**

   Il s'agit de la cellule Tarif_horaire, soit la cellule J3.

7. **Cliquez sur le bouton Entrer dans la barre de formule ou appuyez sur la touche Entrée pour terminer la formule.**

   Excel affiche la formule de la cellule K3, soit =Heures*Tarif_horaire.

Les constantes nommées

Certaines formules utilisent des valeurs constantes (par exemple une taxe au taux de 5,5 % ou un rabais de 10 %). Si vous ne voulez pas les entrer dans des cellules afin de les utiliser ensuite dans des formules, vous pouvez créer des plages de noms contenant ces valeurs, que vous utiliserez dans vos formules.

Par exemple, pour créer une constante nommée *Taux_TVA* de 5,5 %, vous procéderez ainsi :

1. **Dans le groupe Noms définis de l'onglet Formules du Ruban, cliquez sur le bouton Définir un nom.**
2. **Dans la boîte de dialogue Nouveau nom qui apparaît, tapez le nom (Taux_TVA, dans notre exemple) dans le champ Noms.**
3. **Si vous voulez que cette constante nommée soit définie uniquement pour une feuille du classeur et non pour le classeur entier, sélectionnez le nom de la feuille dans la liste déroulante Zone.**

   Par défaut, c'est l'option Classeur qui est sélectionnée dans cette liste, ce qui signifie que cette constante nommée pourra être utilisée dans toutes les feuilles du classeur. Ce n'est que dans le cas particulier où vous voulez au contraire qu'elle ne soit utilisable que dans une feuille et pas dans les autres que vous devez vous préoccuper de la sélectionner ici.
4. **Cliquez dans le champ Fait référence à. Remplacez l'adresse qui s'y trouve par la valeur 5,5 % (avec ou sans espace, Excel comprend).**
5. **Cliquez sur OK pour fermer la boîte de dialogue Nouveau nom.**

Après avoir assigné une constante à un nom en utilisant cette méthode, vous pouvez l'utiliser dans les formules que vous créez dans la feuille de calcul en adoptant une de ces deux procédures :

- Tapez dans la formule le nom auquel vous avez assigné la constante à la place de la valeur requise.
- Insérez le nom dans la formule en cliquant, dans l'onglet Formules, sur le bouton Utiliser dans la formule et en sélectionnant le nom de la constante voulue dans la liste qui apparaît.

TRUC

Quand vous copiez une formule qui utilise un nom contenant une constante, la valeur reste inchangée dans toutes les recopies de la formule obtenues avec la poignée de recopie automatique. Autrement dit, dans une formule, le nom se comporte comme une adresse de cellule absolue (reportez-vous au Chapitre 4 pour en savoir plus sur les recopies de formules).

Qui cherche trouve

Si vous n'arrivez vraiment pas à localiser une information spécifique, vous pouvez demander à la fonction Rechercher d'Excel de la trouver pour vous. Dans l'onglet Accueil, cliquez sur le bouton Rechercher et sélectionner et sélectionnez Rechercher dans le menu qui apparaît.

Dans le champ Rechercher (de l'onglet Rechercher) de la boîte de dialogue Rechercher et remplacer qui apparaît, entrez le texte ou la valeur que vous recherchez et cliquez sur le bouton Suivant ou appuyez sur Entrée pour lancer la recherche. Si vous voulez spécifier des critères de recherche supplémentaires, cliquez sur le bouton Options dans cette boîte de dialogue pour faire apparaître les options correspondantes (comme le montre la Figure 6.10).

Figure 6.10 : Utiliser les commandes de la boîte de dialogue Rechercher et remplacer pour localiser une entrée.

Lorsque vous recherchez une entrée de texte avec la fonction Rechercher et remplacer, demandez-vous toujours si ce texte ou ce chiffre est seul dans sa cellule ou s'il est une partie d'un terme ou d'une valeur. Par exemple, si vous lancez une recherche sur les caractères **CA** et que vous n'avez pas coché la case Totalité du contenu de la cellule (voir la Figure 6.10), Excel trouvera les occurrences de CA dans « Canada », « sarbacane », « canettes », « décalé » et ainsi de suite.

Si vous cochez la case Totalité du contenu de la cellule, Excel ne retournera que les occurrences où le mot CA est seul dans la cellule.

Lorsque vous effectuez une recherche sur du texte, vous pouvez spécifier si Excel doit différencier ou non les majuscules et les minuscules. Par défaut, Excel ne tient pas compte de la casse des caractères. Pour qu'il fasse la différence, vous devez cocher la case Respecter la casse (visible après avoir cliqué sur le bouton Options de la boîte de dialogue Rechercher et remplacer).

Si les textes ou les valeurs recherchés ont reçu une mise en forme particulière, vous pouvez demander à Excel d'en tenir compte.

Procédez comme suit pour qu'Excel recherche une mise en forme particulière dans la feuille de calcul :

1. **Cliquez sur le bouton déroulant à droite du bouton Format, dans la boîte de dialogue Rechercher et remplacer et choisissez l'option Choisir le format à partir de la cellule.**

   La boîte de dialogue Rechercher et remplacer disparaît temporairement. Excel ajoute une pipette au pointeur de souris normal.

2. **Cliquez avec le pointeur dans la cellule contenant la mise en forme à respecter.**

   La boîte de dialogue Rechercher et remplacer réapparaît après avoir prélevé la mise en forme.

Procédez comme suit pour sélectionner la mise en forme à respecter en utilisant la boîte de dialogue Rechercher le format (qui est identique à la boîte de dialogue Format de la cellule) :

1. **Cliquez sur le bouton Format ou cliquez sur le bouton de son menu déroulant et choisissez l'option Format.**

2. **Dans la boîte de dialogue Rechercher le format qui apparaît, sélectionnez dans les différents onglets les options de mise en forme à respecter (elles sont décrites dans le Chapitre 3), puis cliquez sur OK.**

Quand vous utilisez une de ces deux méthodes de recherche d'une mise en forme, le bouton Sans mise en forme, situé entre la zone de texte Rechercher et le bouton Format, se transforme en aperçu (ce mot y figure au centre) qui montre toutes les options de mise en forme prélevées dans une cellule ou définies dans la boîte de dialogue Rechercher le format.

Si vous recherchez des valeurs dans la feuille de calcul, faites bien attention aux différences entre les formules et les valeurs. Par exemple, si une cellule contient la valeur 3 582 € et si vous tapez **3582** dans le champ Rechercher suivi de l'appui sur Entrée, Excel affiche une boîte d'alerte contenant le message suivant :

```
Microsoft Office Excel ne trouve pas les données que vous recherchez.
```

Un examen attentif révélera sans aucun doute que la valeur qui apparaît dans la cellule est en réalité calculée par une formule telle que :

```
=I24*J24
```

En fait, le nombre 3582 ne figure nulle part en tant que tel. Pour qu'Excel puisse localiser n'importe quel type de valeur 3582 dans la feuille de calcul, vous devez remplacer l'option Formules, dans la liste déroulante du champ Regarder dans, par l'option Valeurs.

Pour restreindre la recherche uniquement à du texte ou à des valeurs contenues dans des commentaires, choisissez l'option Commentaires dans la liste déroulante Regarder dans.

Si vous ne connaissez pas l'orthographe exacte d'un mot ou la valeur précise que vous recherchez, vous pouvez recourir aux *caractères de substitution* ; ils remplacent un ou plusieurs caractères. Utilisez le point d'interrogation (?) à la place d'un seul caractère inconnu et l'astérisque (*) à la place d'un ou plusieurs caractères inconnus. Supposons que vous ayez entré ce qui suit dans le champ Rechercher, avec l'option Regarder dans Valeurs :

```
7*4
```

Dans cette formulation, qui n'est pas une multiplication (le signe = est absent), l'astérisque compte pour n'importe quel chiffre, qu'il y en ait un seul ou plusieurs. De ce fait, Excel s'arrête à toutes les cellules contenant des valeurs comme *74 704* (l'astérisque se substitue au zéro), *7 5234* (l'astérisque se substitue à la chaîne de caractères 523) et trouve même une occurrence comme *67856 Strasbourg cedex 04.*

Si vous effectuez une recherche dans laquelle l'astérisque est l'opérateur de multiplication et non un caractère de substitution, faites précéder la recherche par un tilde (~), comme ci-dessous :

```
~*4
```

Cet arrangement permet de trouver dans la feuille de calcul toutes les formules comportant une multiplication par quatre.

L'entrée qui suit recherche toutes les occurrences de *Jan, Janvier.* (Le point d'interrogation est un caractère de substitution qui remplace un seul caractère à cet emplacement précis, et non plusieurs caractères comme le fait l'astérisque.)

```
J?n*
```

N'OUBLIEZ PAS

Normalement, Excel n'effectue la recherche que dans la feuille de calcul courante. Pour qu'elle s'effectue dans toutes les feuilles du classeur, vous devez sélectionner l'option Classeur (dans la liste déroulante Dans).

Quand Excel a trouvé une occurrence du texte ou de la valeur dans une cellule, il sélectionne cette cellule tout en laissant la boîte de dialogue Rechercher et remplacer visible à l'écran (vous pouvez la déplacer si elle occulte les cellules qui vous intéressent). Pour rechercher la prochaine occurrence du texte ou de la valeur, cliquez sur le bouton Suivant ou appuyez sur Entrée.

Par défaut, Excel effectue la recherche dans la feuille de calcul ligne par ligne. Pour que la recherche se fasse par colonne, sélectionnez Par colonne dans la liste déroulante Sens. Pour inverser la direction de la recherche et revenir à une occurrence précédente des caractères recherchés, maintenez enfoncée la touche Maj tout en cliquant sur le bouton Suivant.

Nul n'est irremplaçable

Si vous effectuez une recherche pour remplacer une entrée par une autre, vous pouvez automatiser cette opération grâce à l'onglet Remplacer de la boîte de dialogue Rechercher et remplacer. Si, dans l'onglet Accueil, vous sélectionnez Remplacer au lieu de Rechercher dans le menu du bouton Rechercher et sélectionner, ou si vous appuyez sur Ctrl + H, Excel ouvre la boîte de dialogue Rechercher et remplacer directement sous l'onglet Remplacer. Tapez le texte ou la valeur à remplacer dans le champ Rechercher, puis entrez le texte ou la valeur à lui substituer dans le champ Remplacer par.

Quand vous entrez un texte de remplacement, tapez-le exactement tel qu'il doit apparaître dans la cellule. Autrement dit, si vous voulez remplacer toutes les occurrences de *Jan* par *Janvier*, tapez dans la zone de texte Remplacer par :

```
Janvier
```

Veillez à bien mettre le J en majuscule dans le champ Remplacer par. En revanche, comme la recherche de texte ne tient pas compte des majuscules et des minuscules (à condition de ne pas avoir coché la case Respecter la casse, qui n'apparaît qu'après avoir cliqué sur le bouton Options pour déployer les commandes supplémentaires de la boîte de dialogue), vous pouvez très bien entrer ceci dans le champ Rechercher :

```
Jan
```

Après avoir spécifié ce qu'il faut remplacer et par quoi, comme dans la Figure 6.11, vous pouvez demander à Excel d'effectuer les remplacements au cas par cas ou globalement. Pour procéder à tous les remplacements en une seule opération, cliquez sur le bouton Remplacer tout.

Soyez très prudent quand vous effectuez un rechercher/remplacer global, car lancée inconsidérément, cette commande peut engendrer une énorme pagaille en remplaçant des parties de titres, de formules ou d'autres éléments que vous n'aviez pas du tout l'intention de modifier. Cela dit, respectez toujours cette règle d'or :

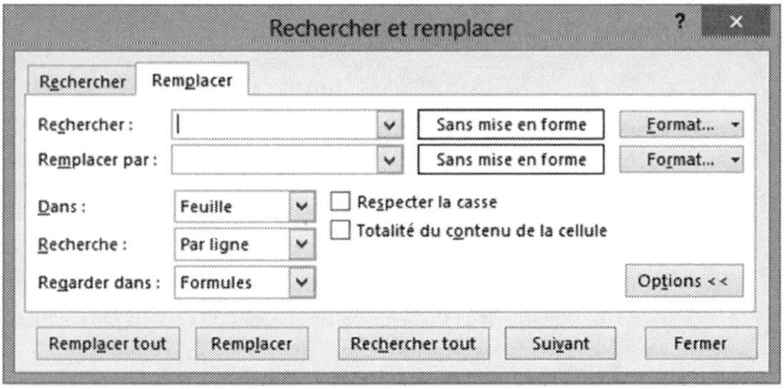

Figure 6.11 : Les options de l'onglet Remplacer servent à substituer des textes ou des valeurs.

N'entreprenez jamais un rechercher/remplacer sur une feuille sans l'avoir préalablement enregistrée.

Avant de commencer, assurez-vous aussi que la case Totalité du contenu de la cellule est cochée (elle n'est visible qu'après avoir cliqué sur le bouton Options). Si elle n'était pas cochée alors que vous comptez remplacer le contenu entier des cellules et non une partie, vous risqueriez de vous retrouver avec bon nombre de remplacements indésirables.

Si vous avez néanmoins fait une fausse manœuvre et semé la pagaille, cliquez sur le bouton Annuler dans la barre d'outils Accès rapide ou appuyez sur Ctrl + Z.

Pour voir chaque occurrence avant de la remplacer, cliquez sur le bouton Suivant ou appuyez sur Entrée. Excel sélectionne la prochaine cellule dont le contenu correspond à ce qui a été entré dans la zone de texte Rechercher ; pour procéder au remplacement, cliquez sur le bouton Remplacer. Pour sauter l'occurrence, cliquez sur le bouton Suivant afin de poursuivre la recherche. Lorsque les opérations sont terminées, cliquez sur le bouton Fermer pour quitter la boîte de dialogue Rechercher et remplacer.

Vos recherches n'ont plus de limites

Excel 2013 permet d'afficher le volet Office Rechercher qui vous servira à chercher des informations en ligne dans des ouvrages de référence, des dictionnaires de synonymes ou des sites de recherche. Il vous faut bien entendu disposer d'un accès Internet.

Pour ouvrir le volet Rechercher (Figure 6.12), cliquez sur le bouton Recherche dans le groupe Vérification de l'onglet Révision. La première fois que vous ouvrez ce volet Rechercher, il ne contient que le strict minimum dans la liste déroulante des références de recherche (juste en dessous du champ Rechercher). Pour commencer, cliquez sur le lien Options de recherche tout en bas du volet Rechercher pour faire apparaître la boîte de dialogue Options de recherche dans laquelle vous pourrez sélectionner les ouvrages de référence et les sites de recherche que vous voulez pouvoir utiliser.

Figure 6.12 : Rechercher des informations en ligne.

Ensuite, saisissez le mot ou la phrase recherchée dans la zone de texte Rechercher, située en haut, puis choisissez dans la liste déroulante juste en dessous les sources de références que vous souhaitez voir consultées. Voici les choix dont vous disposez la première fois que vous ouvrez le volet Office Rechercher :

- **Tous les ouvrages de référence**, pour rechercher le mot ou la phrase dans tous les ouvrages de référence en ligne : dictionnaire des synonymes ; par défaut, plusieurs langues sont proposées (Français, Allemand, Anglais, Arabe, Espagnol, Néerlandais) ; dictionnaire Encarta et outil de traduction.
- **Tous les sites de recherche :** Factiva iWorks, HighBeam Research, Live Search France.

Pour lancer la recherche en ligne, cliquez sur le bouton Démarrer la recherche, à droite de la zone de texte Rechercher. Excel vous connecte aux ressources sélectionnées et affiche les résultats en dessous.

TRUC

La liste des services de recherche peut être modifiée en cliquant sur le lien Options de recherche situé tout en bas du volet Office Rechercher. Excel ouvre alors la boîte de dialogue Options de recherche dans laquelle vous pouvez ajouter ou retirer des ouvrages de référence ou des sites.

Chapitre 7

Gérer des feuilles de calcul multiples

Dans ce chapitre :

- Aller d'une feuille à une autre dans un classeur.
- Ajouter ou supprimer des feuilles dans un classeur.
- Sélectionner des feuilles pour des modifications groupées.
- Nommer judicieusement les onglets des feuilles.
- Réorganiser les feuilles d'un classeur.
- Afficher des parties de différentes feuilles.
- Comparer deux feuilles en côte à côte.
- Copier ou déplacer des feuilles d'un classeur à un autre.

Quand vous débutez dans l'utilisation d'un tableur, vous avez bien assez à faire avec une seule feuille de calcul (et un classeur d'Excel en contient trois dès sa création), si bien que la seule idée de travailler simultanément avec plusieurs feuilles vous rebute. Mais avec un peu de pratique, vous découvrirez que travailler sur plusieurs feuilles n'est pas beaucoup plus compliqué qu'avec une seule.

Jongler avec plusieurs feuilles de calcul

Vous devez certes apprendre comment travailler avec plusieurs feuilles de calcul à la fois, mais il est tout aussi important, sinon plus, de savoir pourquoi se lancer dans de telles opérations. Le cas de figure le plus courant est celui où vous

vous retrouvez face à un certain nombre de feuilles de calcul, le contenu de chacune pouvant se référer aux autres et appartenant donc logiquement au même classeur. Prenons, par exemple, le cas d'une entreprise qui commercialise ses produits par l'intermédiaire de plusieurs distributeurs. Pour garder une trace des ventes annuelles de tous ces distributeurs, vous pourriez créer un classeur contenant une feuille de calcul pour chacun d'eux.

En plaçant les résultats commerciaux de chaque distributeur sur différentes feuilles d'un même classeur, vous bénéficierez des avantages suivants :

- Pouvoir entrer les données communes à toutes les feuilles de ventes (si vous sélectionnez leur onglet) en ne les tapant qu'une seule fois dans la première feuille de calcul (voir la section « Les modifications simultanées », plus loin dans ce chapitre).
- Pour faciliter la création de la première feuille de calcul pour les ventes du premier distributeur, vous pouvez programmer des macro-commandes pour le classeur courant, qui vous seront fort utiles pour créer les feuilles de calcul des autres. Une *macro-commande* est une suite de tâches répétitives qui ont été enregistrées afin de les réutiliser facilement et rapidement.
- Toutes les informations de ventes de chaque distributeur peuvent être imprimées en une fois (reportez-vous au Chapitre 5 pour savoir comment imprimer des feuilles de calcul en particulier ou la totalité d'un classeur).
- Il est facile de créer des graphiques qui comparent les données de ventes provenant de différentes feuilles de calcul (détails au Chapitre 10).

Passer d'une feuille à une autre

Chaque classeur que vous créez contient une seule feuille de calcul nommée *Feuil1*. Ce nom s'affiche dans un onglet, en bas à gauche de la fenêtre du classeur. Pour ajouter une autre feuille au classeur, cliquez sur le signe + placé à droite de cet onglet. Une nouvelle feuille est ainsi créée, qui se voit attribuer le nom générique *Feuiln* où n représente le nombre de feuilles déjà présentes dans le classeur + 1.

Pour passer d'une feuille à une autre, il suffit de cliquer sur l'onglet de la feuille de calcul que vous désirez voir. Excel la place sur le dessus de l'empilement ; son contenu est alors visible dans la fenêtre du classeur. Il est facile de savoir quelle feuille est affichée car, sur son onglet, son nom apparaît en gras et l'onglet semble placé au-dessus des autres et faire partie de la feuille.

Un problème se pose quand il y a tellement de feuilles dans le classeur que tous les onglets ne sont plus visibles. Comment, en effet, cliquer sur un onglet que vous ne voyez pas ?

Pour résoudre ce problème, Excel propose deux boutons de défilement qu'il place dans la barre d'état, à gauche du premier onglet. Utilisez-les pour visualiser les onglets qui vous intéressent :

- Cliquez sur le bouton Onglet suivant (celui avec le triangle pointant vers la droite) pour décaler les onglets d'un cran vers la gauche. Maintenez la touche Maj enfoncée pendant le clic pour faire défiler plusieurs onglets à la fois. Maintenez la touche Ctrl enfoncée pendant le clic pour afficher le dernier groupe d'onglets, notamment le dernier de la série.
- Cliquez sur le bouton Onglet précédent (celui avec le triangle pointant vers la gauche) pour décaler les onglets d'un cran vers la droite. Maintenez la touche Maj enfoncée pendant le clic pour faire défiler plusieurs onglets à la fois. Maintenez la touche Ctrl enfoncée pendant le clic pour afficher le premier groupe d'onglets, notamment le premier de la série.
- Opérez un clic droit sur le bouton Onglet suivant ou Onglet précédent pour afficher la boîte de dialogue Activer (Figure 7.1), qui affiche la liste des feuilles du classeur et vous permet de sélectionner celle qui vous intéresse.

N'oubliez pas que faire défiler des onglets ne les sélectionne pas. Vous devrez cliquer sur l'onglet de la feuille que vous désirez afficher.

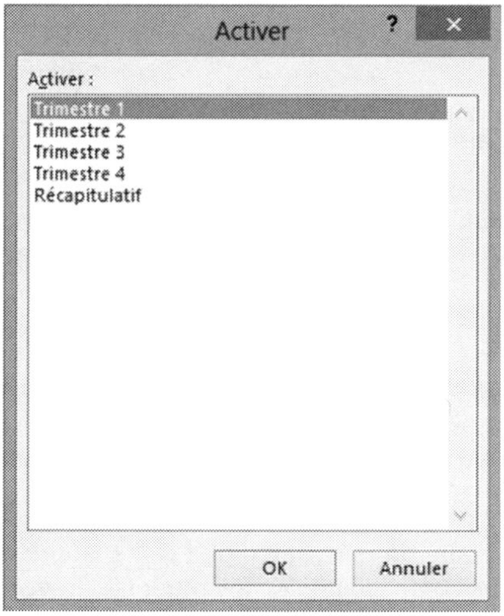

Figure 7.1 : Un clic droit sur un des deux boutons de défilement provoque l'affichage de cette fenêtre qui recense les feuilles du classeur et vous y assure l'accès.

Vous n'avez pas envie de passer votre temps à faire défiler la liste des onglets ? Faites donc glisser vers la droite la poignée de la barre de défilement horizontale (la série verticale de trois points placée juste après le bouton Nouvelle feuille) afin d'augmenter la zone réservée à l'affichage des onglets (au détriment de la longueur de la barre de défilement horizontale). Si cette barre ne vous intéresse pas, vous pourrez afficher un maximum d'onglets en vous en débarrassant. Pour ce faire, déplacez sa poignée vers la droite jusqu'à ce qu'elle rejoigne la barre de fractionnement vertical.

TRUC

Accéder à une feuille avec le clavier

Vous pouvez vous dispenser de cliquer sur les petits boutons de la barre d'onglets et aller de feuille en feuille avec les touches du clavier. Pour passer à la suivante, appuyez sur Ctrl + PgSuiv. Pour passer à la précédente, appuyez sur Ctrl + PgPréc. Ces raccourcis sont d'autant plus utiles qu'ils fonctionnent même si les onglets ne sont pas visibles dans la barre de défilement.

Pour rétablir la barre de défilement à sa taille normale, tirez la barre de fractionnement d'onglet vers la gauche ou, ce qui est plus rapide et efficace, double-cliquez dessus.

Les modifications simultanées

Chaque fois que vous cliquez sur un onglet de feuille de calcul, vous sélectionnez la feuille et la rendez active, ce qui permet d'en modifier les cellules. Il vous arrivera toutefois de vouloir sélectionner plusieurs feuilles à la fois pour les modifier simultanément. Quand plusieurs feuilles sont sélectionnées, toute modification apportée à la feuille courante, comme la saisie d'une information dans une cellule ou une suppression de données, s'effectue *ipso facto* sur les mêmes cellules de toutes les feuilles sélectionnées.

En d'autres termes, supposons que vous deviez créer trois feuilles dans un nouveau classeur qui contiennent chacune les noms des douze mois de l'année, en commençant par la ligne 3 de la colonne B. Avant de taper **Janvier** en B2, puis d'utiliser la poignée de recopie automatique comme nous l'avons décrit dans le Chapitre 2 pour générer automatiquement les onze autres mois, vous sélectionnerez les trois feuilles de calcul *Feuil1*, *Feuil2* et *Feuil3*. En procédant ainsi, Excel insère les noms des mois de l'année dans les trois feuilles à la fois lors de la saisie. Rapide et efficace, n'est-ce pas ?

De même, supposons que vous vouliez vous débarrasser, dans un autre classeur, des feuilles Feuil2 et Feuil3. Au lieu de cliquer sur l'onglet Feuil2 et de sélectionner Supprimer une feuille dans le menu du bouton Supprimer de l'onglet Accueil, puis de cliquer sur l'onglet Feuil3 et de répéter cette manipulation, sélectionnez les deux feuilles à éliminer, puis sélectionnez Supprimer une feuille dans le menu du bouton Supprimer de l'onglet Accueil.

Pour sélectionner plusieurs feuilles de calcul à la fois, vous disposez de plusieurs choix :

- Pour sélectionner un groupe de feuilles de calcul dont les onglets se suivent, cliquez sur le premier onglet puis faites-les défiler jusqu'à ce que le dernier onglet à sélectionner apparaisse. Maintenez enfoncée la touche Maj et cliquez sur le dernier onglet. Tous les onglets à partir du premier clic sont sélectionnés. C'est la bonne vieille méthode du Maj-clic.

- Pour sélectionner des feuilles éparses, cliquez sur l'onglet de la première d'entre elles puis, touche Ctrl enfoncée, cliquez sur les autres onglets des feuilles à sélectionner.
- Pour sélectionner toutes les feuilles d'un classeur, cliquez avec le bouton droit de la souris sur l'onglet de la feuille à activer puis, dans le menu qui apparaît, choisissez Sélectionner toutes les feuilles.

Excel indique les feuilles sélectionnées en mettant les onglets en blanc (mais le nom de la feuille active est en gras) et en affichant, dans la barre de titre d'Excel, la mention [Groupe de travail] après le nom du fichier.

Ajouter des feuilles de calcul à un classeur

Pour certains d'entre vous, la feuille de calcul unique proposée par défaut suffit largement, mais pas pour d'autres. C'est le cas lorsqu'une entreprise possède une dizaine de filiales ou si vous calculez fréquemment des budgets pour une vingtaine de services, ou encore si vous devez gérer les notes de frais d'une quarantaine de représentants.

Il est très facile d'ajouter des feuilles de calcul à un classeur ou d'en supprimer. Excel en accepte jusqu'à 255. Cliquez simplement sur le bouton Nouvelle feuille, qui apparaît juste à droite du dernier onglet.

Pour insérer plusieurs feuilles de calcul d'un seul coup dans un classeur, sélectionnez d'abord un groupe comportant autant d'onglets que de feuilles que vous désirez ajouter en commençant à l'emplacement où elles devront être ajoutées. Puis, dans le groupe Cellules de l'onglet Accueil, cliquez sur le triangle pointant vers le bas du bouton Insérer et sélectionnez Insérer une feuille dans le menu qui apparaît.

Pour supprimer une feuille de calcul d'un classeur, suivez ces étapes :

1. **Cliquez sur l'onglet de la feuille de calcul à supprimer.**
2. **Dans le groupe Cellules de l'onglet Accueil, cliquez sur le triangle pointant vers le bas du bouton Supprimer et sélectionnez Supprimer une feuille dans le menu qui apparaît.**

   Si la feuille que vous supprimez contient des données, Excel affiche un message d'alerte qui prévient que vous êtes sur le point de supprimer définitivement la feuille de calcul sélectionnée.

3. **Si vous voulez vraiment supprimer la feuille, cliquez sur OK ou appuyez sur Entrée.**

Rappelez-vous toujours que la suppression d'une feuille de calcul est un des cas où vous ne pourrez pas recourir à la fonction Annuler pour revenir en arrière.

Pour supprimer plusieurs feuilles de calcul d'un classeur, sélectionnez-les puis, dans le groupe Cellules de l'onglet Accueil, cliquez sur le triangle pointant vers le bas du bouton Supprimer et sélectionnez Supprimer une feuille dans le menu qui apparaît. Après avoir vérifié qu'aucune feuille à supprimer n'a été oubliée, cliquez sur OK ou appuyez sur Entrée, après l'apparition de la boîte d'alerte.

Si vous êtes régulièrement amené à ajouter de nouvelles feuilles à vos classeurs, pensez à modifier le nombre de feuilles par défaut, à savoir une. Pour cela, cliquez sur Bouton Office/ Options Excel, dans l'onglet Standard de la boîte de dialogue Options Excel, entrez le nombre voulu dans le champ Inclure ces feuilles de la section Lors de la création de classeurs, puis cliquez sur OK.

D'autres noms pour les feuilles

Les noms qu'Excel attribue par défaut aux feuilles de calcul, *Feuil1*, *Feuil2*, *Feuil3*…, ne brillent pas par leur originalité et n'évoquent en rien ce que contiennent ces feuilles. Il est fort heureusement facile de renommer l'onglet d'une feuille de calcul d'une manière un peu plus évocatrice. Ce nom peut comporter jusqu'à 31 caractères.

Procédez comme suit pour renommer un onglet de feuille de calcul :

1. **Double-cliquez sur l'onglet de la feuille ou cliquez dessus avec le bouton droit de la souris et, dans le menu contextuel, choisissez l'option Renommer.**

   Le nom actuel de la feuille de calcul est sélectionné.

2. **Remplacez le nom actuel de la feuille de calcul en tapant le nouveau nom.**

3. **Appuyez sur la touche Entrée.**

   L'onglet de feuille affiche maintenant son nouveau nom.

Des noms brefs et concis

Bien qu'Excel accepte jusqu'à 31 caractères pour les noms des onglets (espaces comprises), il est recommandé de choisir des noms aussi courts que possible pour les deux raisons suivantes :

- La première est que, plus le nom est long, plus l'onglet l'est aussi. Et plus les onglets sont longs, moins vous pouvez en faire apparaître. Et moins vous voyez d'onglets, plus vous avez à les faire défiler pour accéder à celui que vous voulez.
- La seconde est que si vous devez créer des formules qui vont chercher des données dans d'autres feuilles de calcul (nous verrons comment dans la section « En SOMME()... », plus loin dans ce chapitre), vous devrez taper le nom des feuilles dans la formule, car Excel s'en sert pour référencer les cellules. C'est le seul moyen qu'il possède pour différencier la cellule C1 de la feuille de calcul Feuil1 de cette même cellule C2 dans Feuil2. Or, si les noms de feuilles sont longs, la formule la plus simple remplira la barre de formule, même si elle se réfère seulement à une ou deux autres feuilles de calcul.

Bref, respectez la règle générale qui stipule que plus un nom de feuille est court, mieux c'est et n'oubliez pas que deux feuilles de calcul du même classeur ne peuvent pas porter le même nom.

Des onglets en couleurs

Excel permet d'affecter différentes couleurs aux onglets des feuilles de calcul, par exemple du rouge pour signaler des feuilles de calcul nécessitant une vérification immédiate ou du bleu pour les feuilles déjà vérifiées.

Pour colorier un onglet de feuille, cliquez dessus avec le bouton droit de la souris, sélectionnez l'option Couleur d'onglet dans le menu qui apparaît, puis sélectionnez la couleur voulue dans la palette qui s'affiche. Le nom de la feuille de calcul active apparaît d'abord souligné dans la couleur choisie. Mais dès que vous sélectionnez un autre onglet, celui qui a été coloré apparaît dans la couleur choisie ; si celle-ci est sombre, le texte de l'onglet est affiché en blanc afin d'améliorer sa lisibilité.

Pour ôter la couleur d'un onglet, procédez comme pour la mise en couleurs mais en sélectionnant Aucune couleur dans la palette.

Modifier l'ordre des feuilles de calcul

Il vous arrivera de vouloir modifier l'ordre dans lequel les feuilles de calcul se présentent dans le classeur. Il suffit, pour cela, de faire glisser l'onglet de la feuille que vous désirez déplacer. Pendant ce déplacement, le pointeur se transforme en une icône en forme de feuille qui accompagne la flèche ; un repère indique l'emplacement où sera déposé l'onglet lorsque vous relâcherez le bouton de la souris (Figures 7.2 et 7.3).

Si vous maintenez la touche Ctrl enfoncée tout en déplaçant un onglet, Excel insère une copie de la feuille de calcul à l'emplacement où vous relâchez le bouton de la souris. Pendant cette manipulation, le pointeur est accompagné d'un signe + (plus). La copie possède le même nom que la feuille originale suivi de la mention (2).

Par exemple, si vous copiez la Feuil5, la nouvelle feuille de calcul sera nommée *Feuil5 (2)*. L'onglet peut bien sûr être renommé pour afficher un nom un peu moins ésotérique (cette manipulation est décrite dans la section « D'autres noms pour les feuilles », un peu plus haut dans ce chapitre).

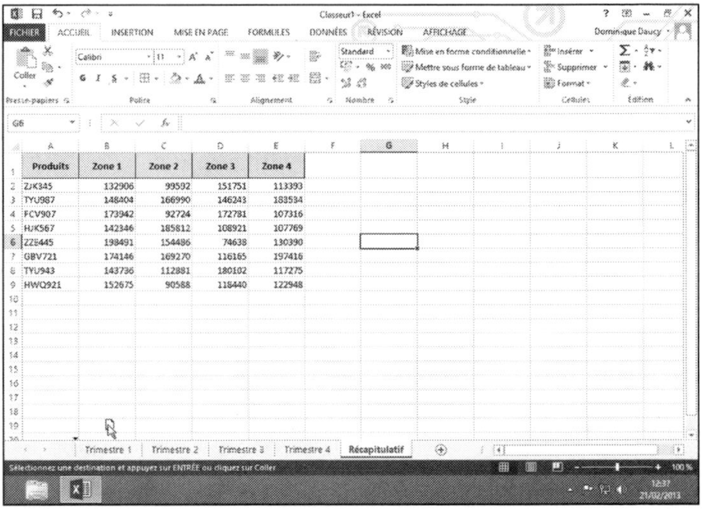

Figure 7.2 : L'onglet Récapitulatif en cours de déplacement.

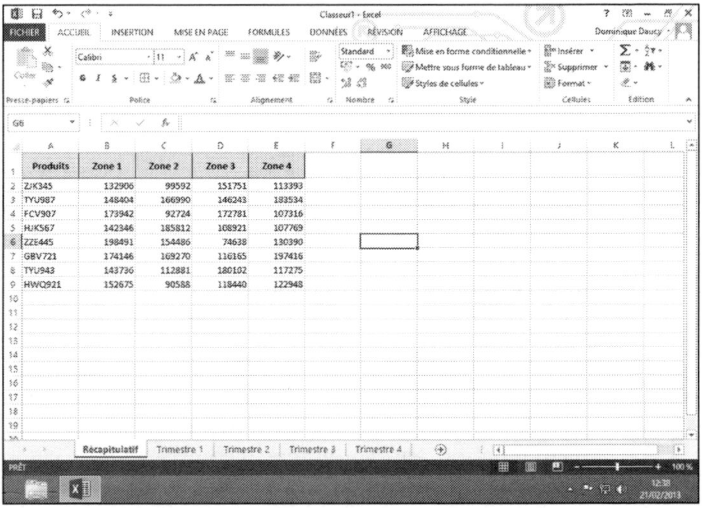

Figure 7.3 : L'onglet Récapitulatif après déplacement.

N'OUBLIEZ PAS

Vous pouvez aussi déplacer ou copier des feuilles de calcul dans le classeur en sélectionnant la feuille à déplacer ou à copier et en choisissant, dans le menu contextuel, l'option Déplacer ou copier. Dans la boîte de dialogue Déplacer ou copier, cliquez sur le nom de la feuille avant laquelle la feuille active doit être déplacée ou copiée.

Pour déplacer la feuille active juste avant la feuille que vous venez de sélectionner dans la boîte de dialogue Déplacer ou copier, cliquez simplement sur le bouton OK. Pour effectuer une copie, cochez d'abord la case Créer une copie, en bas de la boîte de dialogue, puis cliquez sur OK. Si une copie a été faite, et non un déplacement, Excel ajoute un numéro d'ordre à l'onglet. Par exemple, si vous avez copié la feuille de calcul Pertes et Profits, l'onglet de la copie aura pour nom *Pertes et Profits (2)*.

Ouvrir des fenêtres sur vos feuilles de calcul

De même qu'il est possible de fractionner une feuille de calcul en deux volets permettant de voir et de comparer deux parties éloignées d'une même feuille, comme nous l'avons expliqué dans le Chapitre 6, un classeur peut être divisé en fenêtres de feuilles de calcul qui peuvent ensuite être disposées à votre gré pour voir différentes parties de chacune des feuilles.

Pour ouvrir des feuilles de calcul dans différentes fenêtres, vous devez créer de nouvelles fenêtres de classeur qui s'ajouteront à celle qu'Excel ouvre automatiquement dès que vous accédez à un classeur. Vous sélectionnerez ensuite la feuille de calcul à afficher dans la nouvelle fenêtre. Ces opérations s'accomplissent de la manière suivante :

1. **Dans le groupe Fenêtre de l'onglet Affichage, cliquez sur le bouton Nouvelle fenêtre pour créer une deuxième fenêtre du même classeur, puis cliquez sur l'onglet que vous voulez afficher dans cette deuxième fenêtre (reconnaissable à la mention :2 ajoutée par Excel au nom du classeur dans la barre de titre de la fenêtre).**

2. **Cliquez à nouveau sur le bouton Nouvelle fenêtre pour créer une troisième fenêtre, puis cliquez sur l'onglet que vous voulez afficher dans cette troisième fenêtre**

(reconnaissable à la mention :3 ajoutée par Excel au nom du classeur dans la barre de titre de la fenêtre).

3. **Continuez ainsi comme à l'étape précédente pour créer une nouvelle fenêtre, en sélectionnant à chaque fois dans la nouvelle fenêtre l'onglet de la feuille de calcul qui devra y être affichée pour être comparée avec les autres.**

4. **Dans le groupe Fenêtre de l'onglet Affichage, cliquez sur le bouton Réorganiser tout, puis sélectionnez l'option de réorganisation que vous voulez dans la boîte de dialogue Réorganiser (décrite ci-après) qui apparaît.**

La boîte de dialogue Réorganiser contient les options suivantes :

- **Mosaïque :** Excel dispose les fenêtres côte à côte à l'écran, dans l'ordre où vous les avez ouvertes. La Figure 7.4 montre un arrangement à quatre fenêtres.

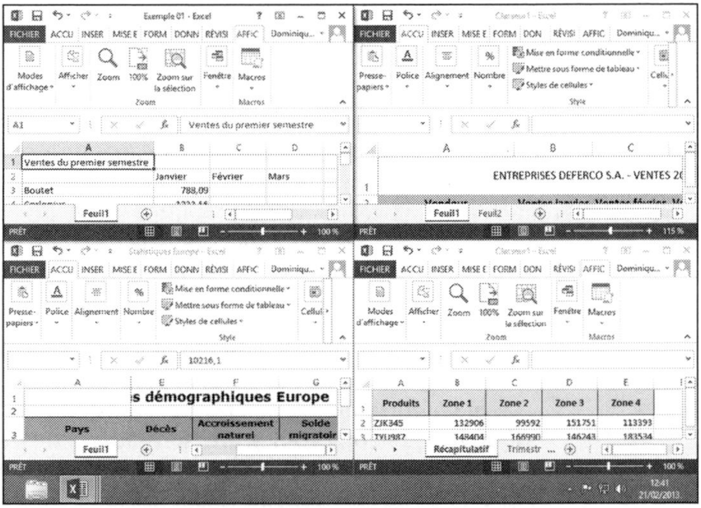

Figure 7.4 : Disposition de quatre fenêtres de feuilles de calcul avec l'option Mosaïque.

- **Horizontal :** Excel redimensionne les fenêtres à une même taille et les superpose, comme le montre la Figure 7.5.

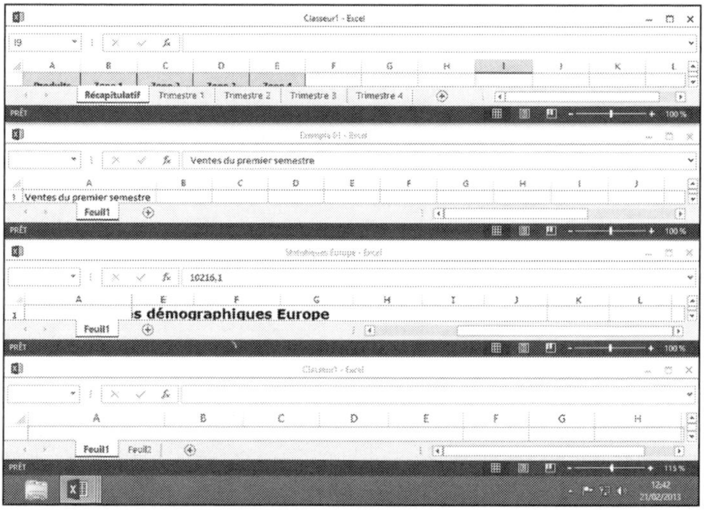

Figure 7.5 : Superposition de quatre fenêtres de feuilles de calcul avec l'option Horizontal.

- **Vertical :** Excel redimensionne les fenêtres à une même taille et les juxtapose, comme l'illustre la Figure 7.6.

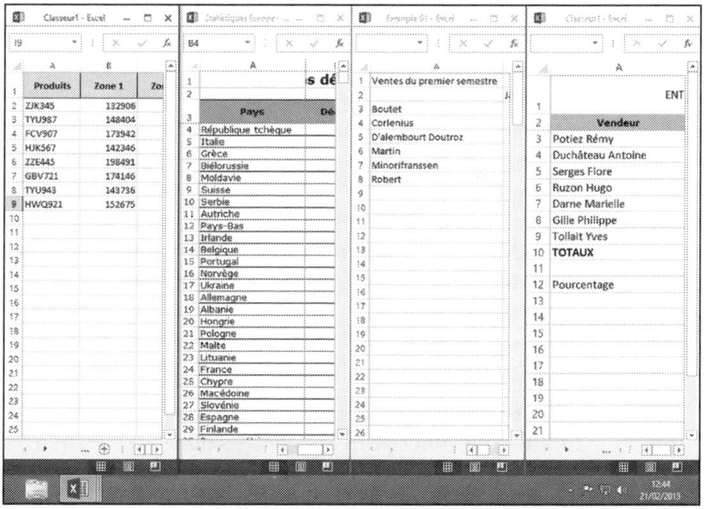

Figure 7.6 : Juxtaposition de quatre fenêtres de feuilles de calcul avec l'option Vertical.

- **Cascade :** Excel redimensionne les fenêtres et les empile en léger décalage les unes par rapport aux autres (Figure 7.7).

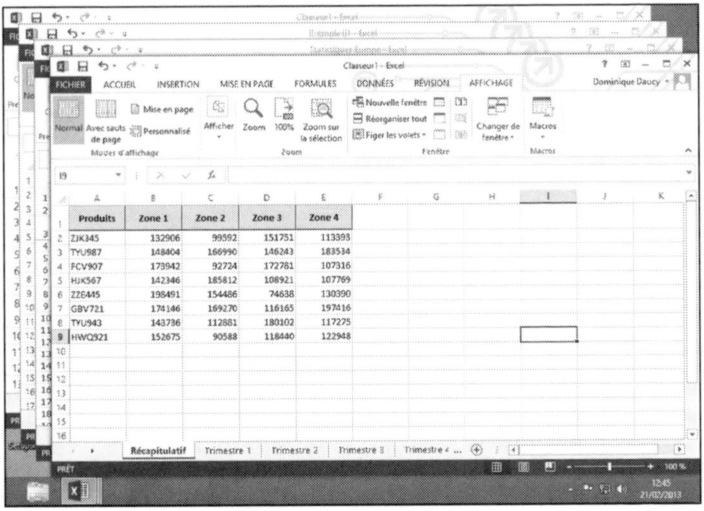

Figure 7.7 : Empilement de feuilles de calcul obtenu avec l'option Cascade.

- **Fenêtres du classeur actif :** lorsque cette case est cochée, Excel ne montre que les fenêtres qui ont été ouvertes dans le classeur courant. Sinon, il affiche toutes les fenêtres de tous les classeurs ouverts. Eh oui, tout comme il est possible d'ouvrir plusieurs fenêtres d'un même classeur, il est aussi possible d'ouvrir plusieurs classeurs à la fois, à condition toutefois que l'ordinateur dispose de suffisamment de mémoire vive et que vous ne soyez pas saturé par autant d'informations à gérer.

N'OUBLIEZ PAS

Après avoir choisi une disposition, activez la fenêtre de la feuille de calcul que vous désirez utiliser (si elle ne l'est pas déjà) en cliquant dedans. Vous pouvez aussi placer votre pointeur sur l'icône d'Excel depuis la barre des tâches de Windows 7 ou 8 pour afficher des vignettes de toutes les fenêtres que vous avez ouvertes. Pour afficher le contenu d'une fenêtre particulière, positionnez votre pointeur sur sa vignette dans cette barre. Pour activer la fenêtre correspondante, cliquez sur cette vignette.

Quand vous cliquez sur une fenêtre de feuille de calcul qui a été disposée en mosaïque, verticalement ou horizontalement, Excel indique que cette feuille est sélectionnée en signalant la cellule active et en mettant en surbrillance ses titres de colonnes et de lignes. Quand vous cliquez sur la barre de titre d'une feuille de calcul disposée en cascade, elle se place spontanément en haut de la pile et sa cellule active est signalée.

Il est possible de zoomer temporairement dans une fenêtre et de l'afficher dans la totalité de l'espace de travail en cliquant sur le bouton Agrandir de sa barre de titre. Quand vous avez fini de travailler en mode agrandi, rétablissez-la à sa taille précédente en cliquant sur le bouton Restaurer la fenêtre.

Pour sélectionner avec le clavier la prochaine fenêtre réorganisée en mosaïque, horizontalement ou verticalement, ou placer sur le dessus de la pile la prochaine fenêtre d'une disposition en cascade, appuyez sur Ctrl + F6. Pour sélectionner la fenêtre précédente, appuyez sur Ctrl + Maj + F6. Notez que ces raccourcis clavier fonctionnent même lorsque ces fenêtres ont été agrandies dans l'espace de travail d'Excel.

Quand vous fermez une des fenêtres réorganisées en cliquant sur le bouton Fermer dans la barre de titre (celui avec un X) ou en appuyant sur Ctrl + W, Excel ne redimensionne pas les autres fenêtres pour combler le vide. De même, si vous créez maintenant une nouvelle fenêtre en cliquant sur le bouton Nouvelle fenêtre de l'onglet Affichage, Excel ne réorganise pas la disposition pour l'intégrer. Il se contente de la placer pardessus les autres.

Pour combler le vide laissé par la fermeture d'une fenêtre, ou pour en intégrer une nouvelle, cliquez sur le bouton Réorganiser tout dans l'onglet Affichage pour ouvrir la boîte de dialogue Réorganiser, puis cliquez sur OK ou appuyez sur Entrée (le dernier bouton radio utilisé est toujours sélectionné ; si vous voulez changer de disposition, vous devrez choisir une autre option de réorganisation).

N'essayez pas de fermer une fenêtre en cliquant sur Bouton Office/Fermer, car cette commande ferme tout le classeur, et par là même toutes les fenêtres qu'il contient.

Lorsque vous enregistrez le classeur, Excel enregistre l'arrangement courant des fenêtres avec le fichier, en même temps que toutes les autres modifications. Pour ne pas enregistrer la réorganisation, fermez toutes les fenêtres sauf une (en cliquant tout simplement sur leur bouton de fermeture dans leur coin supérieur droit, mais vous pouvez aussi les sélectionner et appuyer ensuite sur Ctrl + W), puis cliquez sur le bouton Agrandir de la dernière fenêtre. Sélectionnez ensuite l'onglet sur lequel le classeur devra s'ouvrir la prochaine fois que vous le chargerez, puis enregistrez le fichier.

Comparer deux feuilles de calcul en côte à côte

Vous pouvez utiliser la commande Côte à côte de l'onglet Affichage pour comparer en côte à côte deux fenêtres préalablement ouvertes. Lorsque vous cliquez sur ce bouton, Excel superpose automatiquement les deux fenêtres (comme si vous aviez sélectionné l'option Horizontal dans la boîte de dialogue Réorganiser) ainsi que le montre la Figure 7.8.

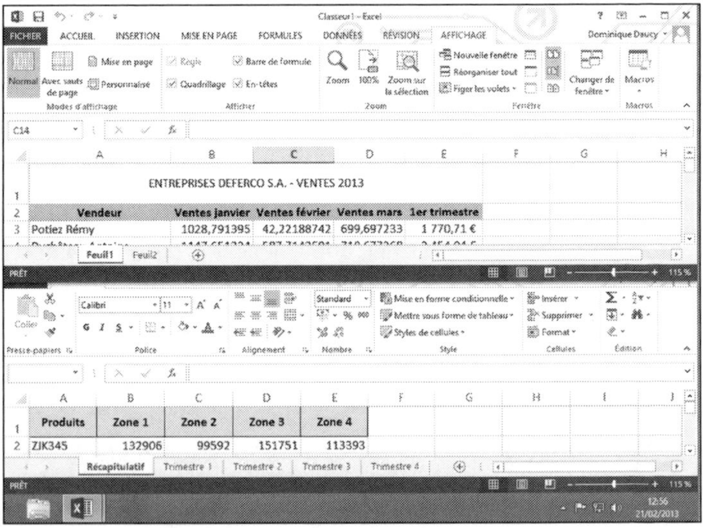

Figure 7.8 : Comparez deux feuilles de calcul en côte à côte.

Si plus de deux fenêtres sont ouvertes lorsque vous cliquez sur le bouton Côte à côte, Excel ouvre la boîte de dialogue Comparer en côte à côte dans laquelle vous pouvez sélectionner la fenêtre qui sera comparée à la fenêtre active. Dès que vous cliquez sur OK, Excel affiche la fenêtre active à côté de celle que vous venez de sélectionner.

Juste en dessous du bouton Côte à côte, dans le groupe Fenêtres de l'onglet Affichage, vous disposez de deux commandes utiles pour comparer deux fenêtres en côte à côte :

- **Défilement synchrone :** lorsque ce bouton est actif (c'est-à-dire lorsqu'il apparaît sur fond orange, ce qui est le cas par défaut), dès que vous actionnez dans une fenêtre la barre de défilement horizontale ou verticale de la fenêtre active, le mouvement est répercuté dans l'autre fenêtre. Pour être en mesure de faire défiler uniquement la fenêtre active, cliquez sur le bouton Défilement synchrone (s'il est actif) pour le désactiver.
- **Rétablir la position de la fenêtre :** après un redimensionnement manuel de la fenêtre active, cliquez sur ce bouton afin de restaurer la disposition des deux fenêtres, propice à une comparaison en côte à côte.

Transférer des feuilles de calcul d'un classeur vers un autre

Dans certains cas, vous devrez déplacer ou copier une feuille de calcul dans un autre classeur. Voici la procédure à suivre :

1. **Ouvrez le classeur contenant la ou les feuille(s) de calcul à transférer ainsi que le classeur de destination.**

   Cliquez sur Bouton Office/Ouvrir ou appuyez sur Ctrl + O pour ouvrir les deux classeurs.

2. **Sélectionnez le classeur contenant la ou les feuille(s) de calcul à déplacer ou à copier.**

   Pour sélectionner le classeur, cliquez sur son bouton dans la barre des tâches de Windows.

3. **Sélectionnez la ou les feuille(s) à déplacer ou à copier.**

   Pour sélectionner une seule feuille de calcul, cliquez sur son onglet. Pour sélectionner un groupe de feuilles adjacentes, cliquez sur le premier onglet puis, touche Maj enfoncée, cliquez sur le dernier onglet. Pour sélectionner des feuilles non adjacentes, cliquez sur un premier onglet puis, touche Ctrl enfoncée, cliquez sur les onglets des autres feuilles.

4. **Cliquez du bouton droit sur l'onglet ou sur un des onglets sélectionnés et sélectionnez Déplacer ou copier dans le menu qui apparaît.**

   Excel ouvre la boîte de dialogue Déplacer ou copier (Figure 7.9), dans laquelle vous préciserez s'il faut déplacer ou copier la ou les feuille(s) sélectionnée(s) et à quel endroit.

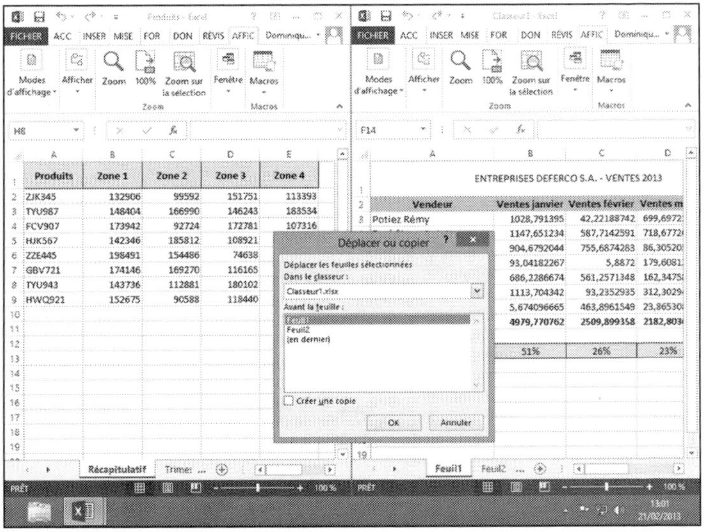

Figure 7.9 : Cette boîte de dialogue permet de copier ou de déplacer des feuilles de calcul d'un classeur ouvert vers un autre, ouvert lui aussi.

5. **Dans la liste déroulante Dans le classeur, sélectionnez le nom du classeur dans lequel vous désirez déplacer ou copier la ou les feuille(s) de calcul.**

   Si vous voulez déplacer ou copier les feuilles sélectionnées dans un nouveau classeur au lieu d'un classeur existant, choisissez l'option Nouveau classeur, tout en haut de la liste déroulante.

6. **Dans la liste Avant la feuille, sélectionnez le nom de la feuille de calcul du classeur de destination avant laquelle les feuilles déplacées ou copiées doivent être placées. Si vous voulez les placer à la fin, choisissez l'option En dernier.**

7. **Si vous voulez copier et non déplacer les feuilles sélectionnées, cochez la case Créer une copie.**

8. **Cliquez sur OK ou appuyez sur Entrée pour terminer l'opération de déplacement ou de copie.**

Si vous préférez une méthode plus directe, vous pouvez déplacer ou copier des feuilles entre des classeurs ouverts en faisant glisser les onglets sélectionnés de l'un à l'autre. Notez que cette technique fonctionne aussi bien avec une seule feuille qu'avec plusieurs à la fois.

TRUC

Pour faire glisser une feuille de calcul d'un classeur vers un autre, les deux classeurs doivent être ouverts. Cliquez sur le bouton Réorganiser tout dans l'onglet Affichage, puis choisissez une disposition (en mosaïque, horizontale ou verticale). Avant de fermer la boîte de dialogue Réorganiser, assurez-vous que la case Fenêtres du classeur n'est pas cochée.

Après avoir réorganisé les fenêtres du classeur, faites glisser l'onglet de feuille d'un classeur vers un autre. Pour copier une feuille plutôt que de la déplacer, maintenez la touche Ctrl enfoncée pendant la manipulation. Pour placer la feuille où bon vous semble dans le classeur de destination, cliquez sur le petit triangle noir de l'onglet et faites-le glisser jusqu'à l'emplacement où vous voulez déposer la feuille. Relâchez alors le bouton de la souris ou éloignez votre doigt ou votre stylet de l'écran tactile.

ATTENTION !

Cette opération par glisser-déposer est justement une de celles qui sont irréversibles, car impossibles à annuler. Cela signifie que si vous avez déplacé par erreur une feuille de calcul dans le mauvais classeur, vous devrez effectuer la procédure inverse pour la ramener là où elle était.

Les Figures 7.10 et 7.11 illustrent combien il est facile de déplacer ou de copier une feuille de calcul d'un classeur à un autre par un simple glisser-déposer.

La Figure 7.10 montre deux fenêtres de classeur côte à côte. Pour déplacer la feuille de calcul d'un classeur vers un autre, il suffit de sélectionner son onglet, puis de le faire glisser jusqu'à son nouvel emplacement. Pour effectuer une copie – l'original reste alors en place –, procédez de même, mais maintenez la touche Ctrl enfoncée.

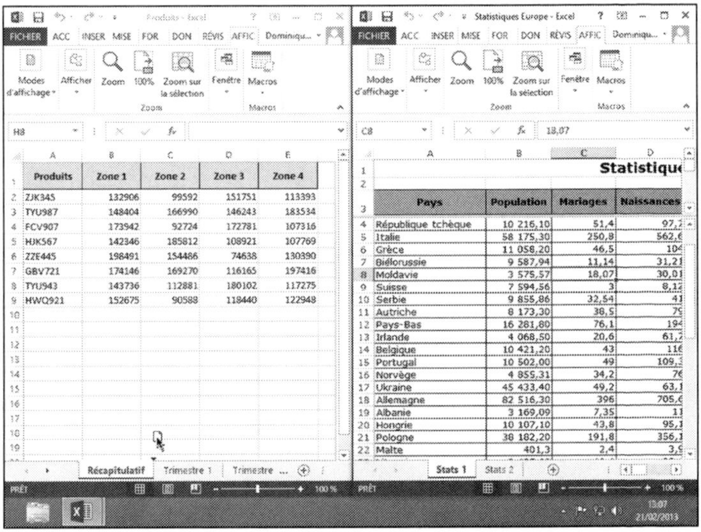

Figure 7.10 : Déplacement d'une feuille de calcul d'un classeur à un autre.

Regardez à présent la Figure 7.11 pour voir les classeurs juste après avoir relâché le bouton de la souris. Comme vous le constatez, la feuille de calcul Stats 1 a été transférée vers le classeur de gauche. Notez qu'elle a disparu du le classeur de droite ; si la touche Ctrl avait été maintenue enfoncée au cours de l'opération, elle aurait été dupliquée au lieu d'être déplacée.

En SOMME( )...

Nous nous en voudrions de ne pas vous présenter la fascinante fonctionnalité qui permet de créer une *feuille récapitulative*

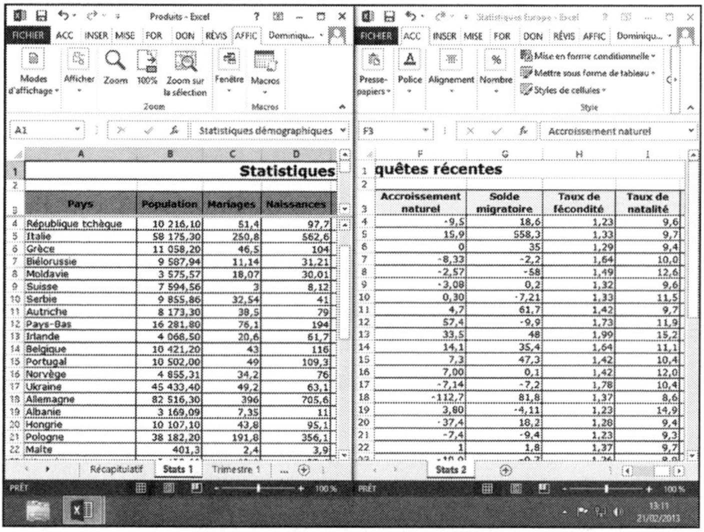

Figure 7.11 : La feuille de calcul Stats 1 a été copiée du classeur de droite dans le classeur de gauche.

récapitulant tous les totaux des valeurs calculées dans d'autres feuilles du classeur.

Le meilleur moyen de vous montrer comment créer une feuille récapitulative est de vous décrire, étape par étape, comment récapituler les résultats de différentes sociétés en calculant des totaux.

Voici comment vous y prendre :

1. **Dans notre classeur exemple baptisé « Projection de revenus » qui fournit les projections de revenus pour trois sociétés, baptisées respectivement Société A, Société B et Société C (Figure 7.12), nous commençons par ajouter une nouvelle feuille de calcul que nous plaçons après les autres et que nous nommons Total général.**

   Pour savoir comment insérer une nouvelle feuille, reportez-vous à la section « Ajouter des feuilles de calcul à un classeur », dans ce chapitre. Pour savoir comment renommer une feuille, reportez-vous à la section « D'autres noms pour les feuilles », toujours dans ce chapitre.

2. **Nous introduisons la mention « Récapitulatif » dans la cellule A1 de cette nouvelle feuille.**

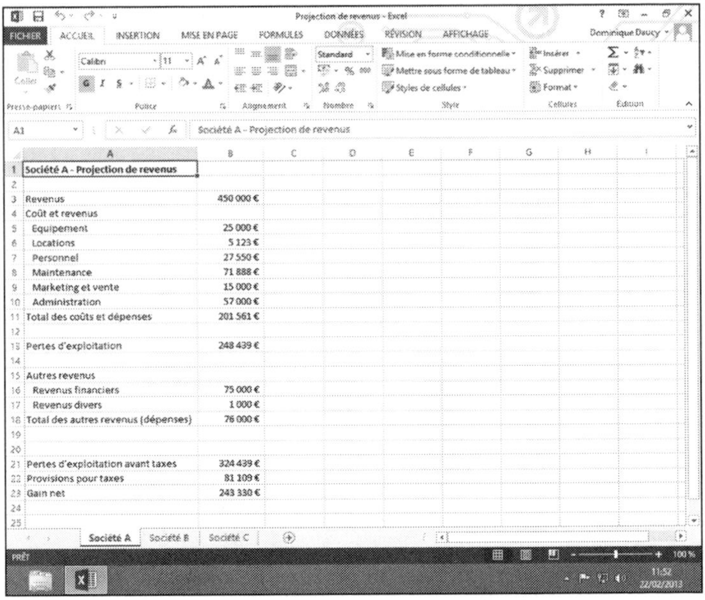

Figure 7.12 : Notre classeur et ses trois onglets.

Il suffit de sélectionner cette cellule et de taper le texte.

3. **Depuis la feuille d'une des sociétés, nous copions la plage des intitulés, soit A3 :A23 et la collons au même emplacement dans la feuille Total général.**

   Pour cela, il suffit de sélectionner la plage de cellules et d'appuyer sur Ctrl + C, puis de cliquer sur l'onglet Total général, de sélectionner dans celui-ci la cellule A3 et d'appuyer sur Ctrl + V.

Vous êtes maintenant prêt à créer la formule maître SOMME qui totalise les résultats des trois sociétés en commençant par la cellule où s'affichent les revenus, soit la cellule B3 de la feuille Total général :

1. **Cliquez sur la cellule B3, puis sur le bouton Somme ancré dans le groupe Édition de l'onglet Accueil.**

   Excel affiche `=SOMME()` dans la cellule ; le point d'insertion clignote entre les deux parenthèses.

2. **Cliquez sur l'onglet Société A, puis sur sa cellule B3 pour sélectionner les revenus de cette première société.**

   Après avoir sélectionné cette cellule, la formule devient `=SOMME('Société A'!B3)`. Attention ! Pour le constater, ne cliquez pas de nouveau sur l'onglet Total général. À partir du moment où vous avez cliqué sur le bouton Somme, cliquer sur l'onglet d'une feuille ou sur une cellule, c'est référencer celle-ci dans la formule. Regardez simplement ce qui se passe dans la barre de formule ; c'est elle qui affiche l'évolution de la formule au fur et à mesure que vous sélectionnez des onglets et des cellules dans ceux-ci.

3. **Juste avant la parenthèse fermante, introduisez un signe plus (+) pour pouvoir introduire un nouvel argument. Ajoutez ensuite cet argument en cliquant sur l'onglet de la Société B, puis en cliquant, dans cette feuille, sur la cellule B3.**

   La barre de formule affiche maintenant `=SOMME('Société A'!B3+'Société B'!B3)`.

4. **Répétez l'opération pour la Société C.**

   À la fin de cette procédure, la formule SOMME est devenue `=SOMME('Société A'!B3+'Société B'!B3+'Société C'!B3)`.

5. **Enfin, validez en enfonçant la touche Entrée.**

   La somme de toutes les valeurs des cellules B3 des onglets des trois sociétés apparaît dans la cellule B3 de l'onglet Total général, comme l'illustre la Figure 7.13.

Il ne reste plus qu'à utiliser la recopie automatique pour copier la formule maître de la cellule B3 dans toutes les autres cellules jusque tout en bas, c'est-à-dire jusqu'à la cellule B23, en procédant comme suit :

1. **La cellule B3 étant sélectionnée, approchez le pointeur de la souris de son angle inférieur droit pour faire apparaître la poignée de recopie automatique, puis faites glisser celle-ci jusqu'à B23.**

   La formule de la cellule B3 est recopiée dans les autres cellules. Le bouton des options de recopie automatique

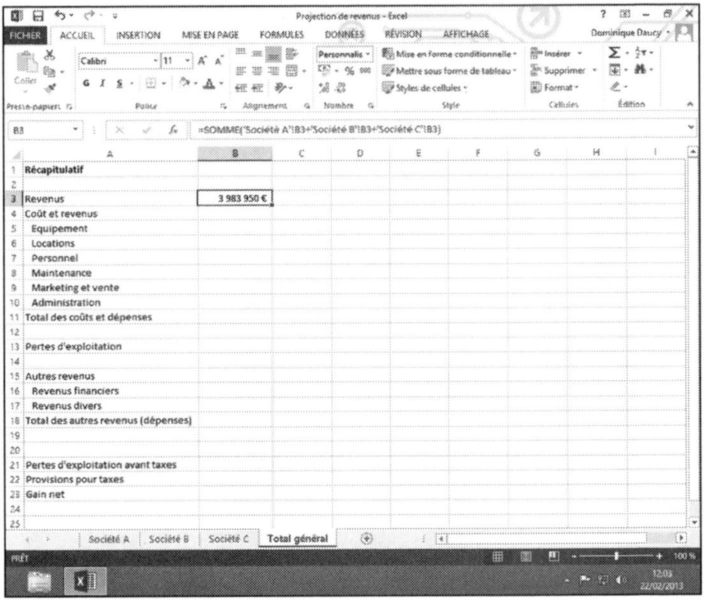

Figure 7.13 : La feuille de calcul telle qu'elle apparaît après la récupération par la fonction SOMME des résultats des dix distributeurs.

apparaît ; vous n'en n'avez pas besoin ici (si vous voulez faire disparaître ce bouton, il vous suffit de modifier une cellule quelconque). Les cellules totalisatrices sont mises à jour automatiquement (à moins que vous ne soyez en mode de recalcul manuel).

2. **Relâchez le bouton de la souris.**

   La formule de la cellule B3 est recopiée dans toutes les cellules du tableau contenant des résultats, les références aux cellules des autres feuilles étant automatiquement mises à jour par Excel.

3. **Touche Ctrl enfoncée, cliquez dans les cellules qui n'ont pas lieu de contenir de formules récapitulatives (B4, B12, B14, B15, B19 et B20 dans notre exemple) et appuyez sur la touche Suppr afin d'effacer leur contenu.**

La Figure 7.14 montre la feuille de calcul Total général telle qu'elle résulte de toutes ces opérations. Ceci fait, n'oubliez pas d'enregistrer le classeur (Ctrl + S ou Fichier/Enregistrer).

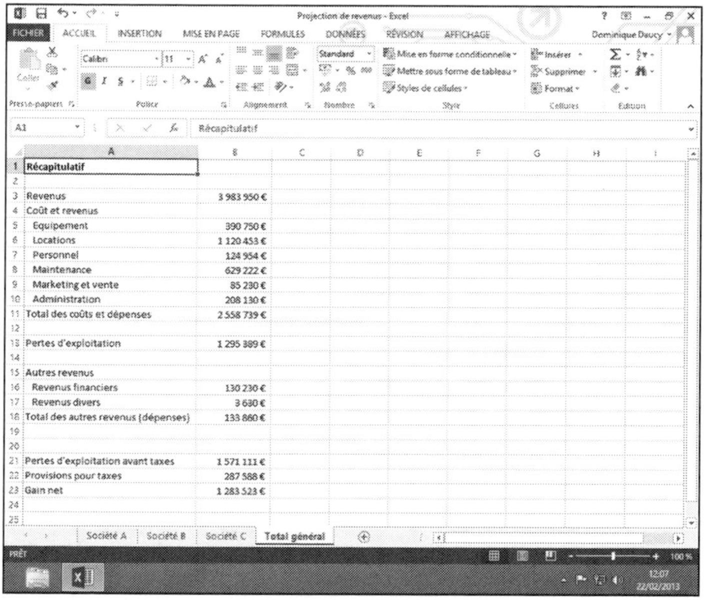

Figure 7.14 : La feuille de récapitulation totalise les valeurs de toutes les autres feuilles du classeur.

Quatrième partie

Plongeon dans l'analyse de données

« J'ai commencé à lancer des scénarios 'Que se passerait-il si…', du genre : 'Que se passerait-il si j'en avais marre de ce travail minable et si je détournais un peu d'argent de l'entreprise vers un compte offshore ?' »

Dans cette partie...

- Analyser les informations pour dégager les tendances qui vous permettront de profiter des opportunités et d'éviter les écueils.
- Envisager plusieurs scénarios grâce à l'outil Valeur cible.
- Découvrir les tableaux croisés dynamiques.
- Créer des graphiques.

Chapitre 8

Mais que se passerait-il si... ?

Dans ce chapitre :

- Analyser des scénarios qui dépendent d'une ou deux variables.
- Rechercher une valeur cible.
- Étudier différentes hypothèses avec le Gestionnaire de scénarios.

Ce serait une grave erreur que de prendre Excel pour une simple calculatrice de luxe tout juste destinée à briller dans des opérations plus ou moins statiques. Car ce programme excelle (ben oui...) aussi dans des analyses plus dynamiques : demandez-lui ce qui se passerait si tel ou tel paramètre variait. Tel le Bon Génie sortant de la lampe d'Aladin, il exaucera immédiatement votre vœu. De telles analyses permettent d'explorer les possibilités offertes par une feuille de calcul en entrant diverses valeurs certaines, probables voire hypothétiques dans une même équation afin d'observer les résultats des différentes variantes.

Jouer avec les tables de données et les hypothèses

Une table de données permet d'entrer une série de valeurs possibles qu'Excel connectera ensuite à une même formule. Il existe deux types de tables de données : les tables à une seule variable, qui évaluent une formule en affectant une série de valeurs à un paramètre donné et les tables à deux variables, qui opèrent sur le même principe mais, cette fois, en testant deux paramètres simultanément.

Les deux techniques font appel à la même boîte de dialogue. Vous la trouverez dans l'onglet Données du Ruban. Dans le groupe Outils de données, choisissez l'icône Analyse de scénarios, puis Table de données. Le formulaire Table de données propose deux champs : Cellule d'entrée en ligne et Cellule d'entrée en colonne.

Lorsque vous créez une table basée sur une seule variable, vous désignez, dans la feuille de calcul, une cellule qui va, selon le cas, servir d'entrée en ligne (si la série des valeurs possibles est saisie horizontalement, dans une succession de colonnes sur la même ligne) ou d'entrée en colonne (si la série des valeurs possibles est disposée verticalement dans une succession de lignes appartenant à une même colonne).

Quand vous créez une table à deux variables, vous devez désigner deux cellules. L'une définira l'entrée en ligne – les valeurs possibles sont disposées horizontalement dans des cases adjacentes –, l'autre les entrées en colonne : les valeurs possibles sont disposées verticalement.

Créer une table de données à une variable

La Figure 8.1 présente une feuille évaluant les ventes en 2014 à partir des résultats de l'année précédente. L'estimation apparaît dans la cellule B5. Elle est calculée en prenant le résultat des ventes pour 2013 et en lui appliquant le taux de croissance espéré pour 2014, obtenu en multipliant le total de l'année précédente ancré B2 par le pourcentage de croissance introduit en B3. La cellule B5 contient donc la classique formule :

```
=B2+(B2*B3)
```

Pour utiliser des noms plutôt que des références, nous avons commencé par sélectionner la plage A2:B5. Nous avons ensuite ouvert l'onglet Formules du Ruban, puis cliqué sur la commande Depuis sélection. Nous avons alors accepté la proposition par défaut : Colonne de gauche. Nous avons finalement

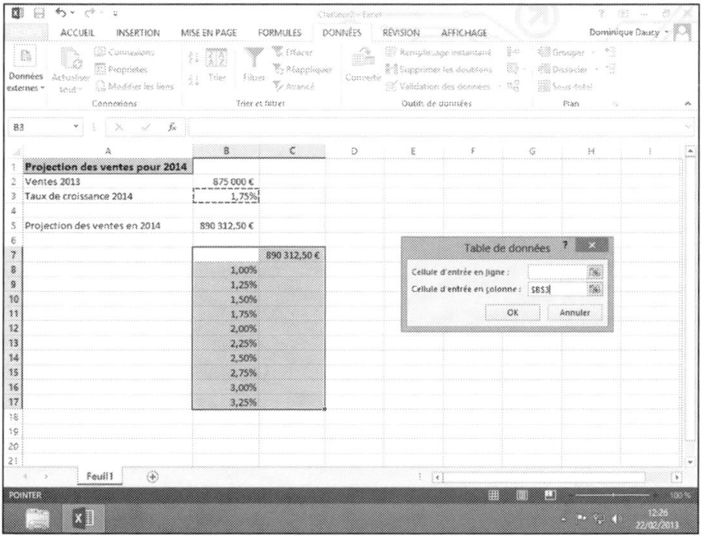

Figure 8.1 : Projection des ventes avec une colonne de taux de croissance possibles pour une table de données à une seule variable.

réintroduit la formule en B5 pour qu'elle utilise désormais les intitulés des valeurs, ce qui donne :

```
=Ventes_2013+(Ventes_2013*Taux_de_croissance_2014)
```

Comme vous pouvez le constater dans la Figure 8.2, nous avons saisi une colonne de taux de croissance possibles – et réalistes – allant de 1 % à 3,25 %. Ces valeurs se trouvent dans la plage B8:B17. Nous avons procédé comme suit pour créer la table de données à une variable de la Figure 8.2 :

1. **Commencez par copier en C7 la formule originale entrée en B5. Pour cela, cliquez sur C7, tapez sur la touche =, puis cliquez sur B5 afin d'obtenir =Projection_des_ventes_en_2014.**

   Cette copie de la formule de base est maintenant l'en-tête de colonne de la table de données. Elle va servir à insérer, dans le calcul, la série de taux définie dans la plage B8:B17.

2. **Sélectionnez la plage B7:C17.**

   La sélection comprend à la fois la formule qui vient d'être copiée et l'ensemble des taux de croissance.

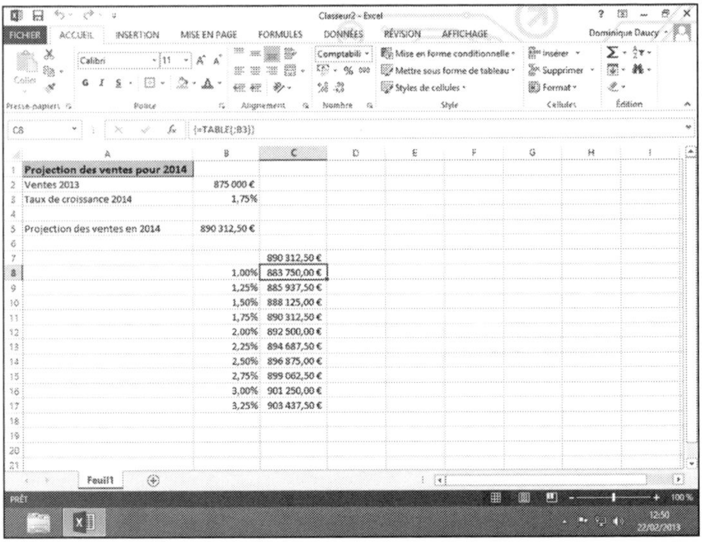

Figure 8.2 : Projection des ventes une fois la table de données à une variable créée dans la plage C8:C17.

3. **À partir du Ruban, cliquez successivement sur Données, Analyse de scénarios et Table de données.**

   Excel ouvre la boîte de dialogue Table de données.

4. **Cliquez dans le champ Cellule d'entrée en colonne. Cliquez ensuite sur la cellule B3, autrement dit celle qui contient le taux de croissance annuel défini à l'origine.**

   Excel insère, dans la boîte de dialogue, l'adresse absolue de cette cellule, soit $B.

5. **Cliquez sur OK pour licencier la boîte de dialogue.**

   Excel crée aussitôt la table de données de la plage C8:C17 en insérant, dans chacune de ses cellules, une formule qui utilise la fonction `TABLE`. Chaque copie de cette formule se sert du taux de croissance qui se trouve dans sa colonne de gauche pour évaluer un montant de ventes possible.

6. **Sélectionnez la cellule B5, puis ouvrez l'onglet Accueil. Dans le groupe Presse-papiers, cliquez sur l'outil Reproduire la mise en forme. Sélectionnez ensuite la plage**

C7:C17. La mise en forme de la cellule B5 est appliquée à la totalité de cette plage.

De cette manière, toute notre table de données affichera les estimations sous forme de valeur monétaire en euros.

Deux points importants que vous devez retenir à propos de cet exemple :

- Si vous modifiez un des taux de croissance de la plage B8:B17, Excel actualise immédiatement la valeur correspondante dans la table de données. Dans le cas de tables importantes, il est plutôt souhaitable que cette mise à jour soit effectuée uniquement lorsque vous appuyez sur la touche F9 (Calculer maintenant) ou sur la combinaison de touches Maj + F9 (Calculer la feuille). Pour cela, activez l'onglet Formules. Dans le groupe Calcul, choisissez la commande Options de calcul ; cochez alors le mode Automatique sauf dans les tables de données.
- Si vous tentez de supprimer une des formules `TABLE` de la plage C8:C17, Excel vous envoie un avertissement vous informant qu'il est impossible de modifier une partie d'une table de données. Si vous voulez vraiment supprimer ou effacer quelque chose, vous devrez d'abord sélectionner la totalité de la table, soit la plage C8:C17 dans notre exemple.

Créer une table de données à deux variables

Comment créer maintenant une table de données à deux variables ? Tout simplement en remplissant cette fois les deux champs de saisie de la boîte de dialogue. Il vous faut une cellule d'entrée en ligne (les valeurs possibles sont placées dans des colonnes successives sur la première rangée de la table) et une cellule d'entrée en colonne (les valeurs possibles pour la seconde variable sont superposées dans la première colonne de la table). Il ne vous manque plus que la formule à évaluer. Elle doit se trouver à l'intersection de la ligne d'en-tête et de la première colonne de la table.

La Figure 8.3 illustre ce type de situation. Dans cette nouvelle version de notre évaluation des ventes, nous utiliserons deux variables pour calculer le résultat escompté en 2014. Il y a d'abord un taux de croissance qui est un pourcentage d'augmentation appliqué aux ventes de l'année précédente ; cette valeur se trouve en B3 (la cellule nommée Taux_de_croissance_2014). Jusque-là, rien de neuf. La seconde variable est un pourcentage de frais calculé à partir des ventes de l'année 2013. Il est enregistré dans la cellule B4 (appelée ici Dépenses_en_2014).

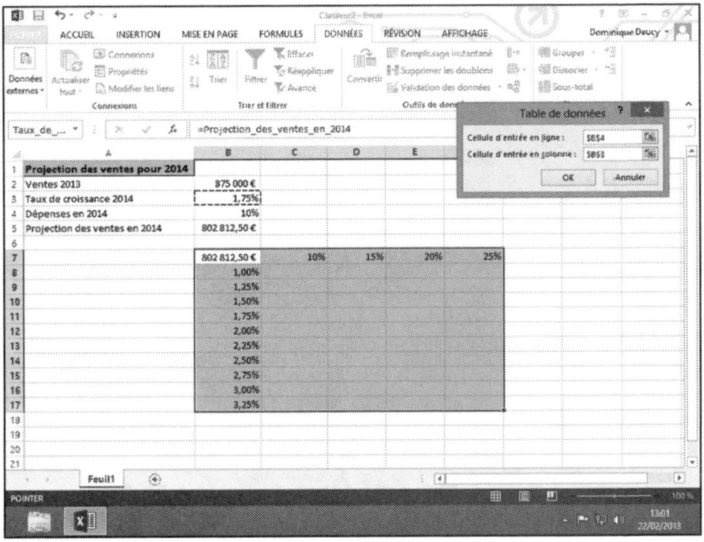

Figure 8.3 : Projection des ventes avec une série de croissances et de pourcentages de dépenses possibles servant à créer une table de données avec deux variables.

La formule originale de la cellule B5 devient un peu plus complexe :

```
=Ventes_2013+(Ventes_2013*Taux_de_croissance_2014)
-(Ventes_2013*Dépenses_en_2014)
```

Pour définir la table de données à deux variables, nous avons ajouté une ligne représentant un pourcentage de dépenses possibles dans la rangée C7:F7. Elle est associée à une série de taux de croissance en B8:B17. Nous avons ensuite recopié la cellule Projection_des_ventes_en_2014 de B5 en B7. La formule en B7 est donc :

```
=Projection_des_ventes_en_2014
```

Quelques étapes vont suffire à créer la table de données à deux variables représentée à la Figure 8.4 :

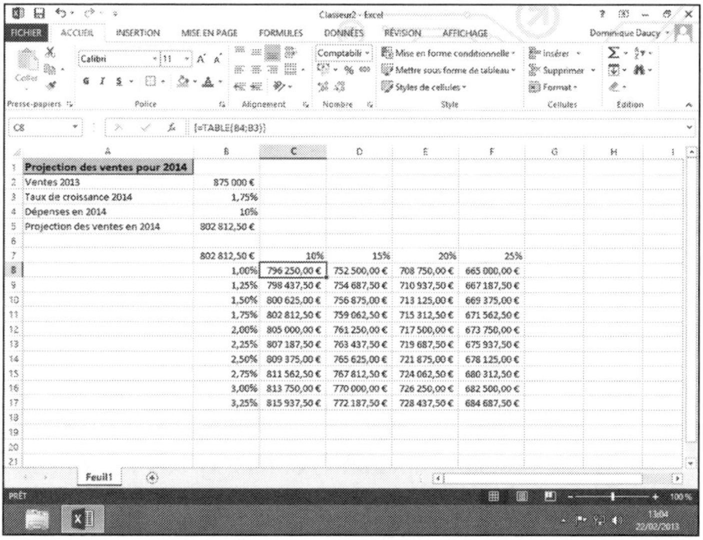

Figure 8.4 : Projection des résultats une fois la table de données à deux variables créée dans la plage C8:F17.

1. **Sélectionnez la plage B7:F17.**

   Cette plage comprend la copie de la formule originale ainsi que toutes les cellules correspondant aux pourcentages de dépenses et aux taux de croissance.

2. **Cliquez dans le Ruban sur l'onglet Données, puis sur le bouton Analyse de scénarios et, enfin, sur Table de données.**

   Excel ouvre la boîte de dialogue Table de données ; le point d'insertion clignote dans le champ Cellule d'entrée en ligne.

3. **Cliquez sur la cellule B4 pour entrer l'adresse absolue de la source. L'expression $B apparaît dans le champ.**

4. **Activez ensuite le champ Cellule d'entrée en colonne. Cliquez cette fois sur la cellule B3 pour afficher son adresse absolue ($B) dans la boîte de dialogue.**

5. **Cliquez sur OK pour licencier la boîte de dialogue Table de données.**

   Excel remplit les cellules vides de la table de données avec une formule TABLE qui utilise B4 comme entrée de ligne B4 et B3 comme entrée de colonne.

6. **Cliquez sur la cellule B7, puis sur l'icône Reproduire la mise en forme du groupe Presse-papiers de l'onglet Accueil. Faites glisser le curseur sur la plage de cellules C8:F17 afin de copier le format monétaire vers l'ensemble de la table.**

   Il peut arriver que le contenu de certaines cellules soit trop long pour s'afficher dans l'espace disponible. Dans ce cas, Excel signale le problème par une suite de caractères dièse (#). Si plage C8:C17 est toujours sélectionnée, l'étape qui suit corrige la situation.

7. **Dans le groupe Cellules de l'onglet Accueil, cliquez sur la commande Format. Choisissez, dans le menu déroulant qui apparaît, l'option Ajuster la largeur de colonne.**

Chercher la cible

Lorsque vous vous posez une question du style « Que se passerait-il si… ?», il se peut très bien que vous ayez en tête un certain objectif. Par exemple : « Quel taux d'augmentation de mon chiffre d'affaires dois-je atteindre ? » Ou encore : « Si je veux gagner telle somme, quel doit être le volume des ventes ? » C'est précisément pour répondre à ce genre d'interrogation qu'Excel met à votre disposition une fonctionnalité baptisée *Valeur cible*.

La commande Valeur cible se trouve dans le menu Analyse de scénarios (sous l'onglet Données du Ruban). Pour l'utiliser, vous devez sélectionner la cellule qui contient la formule devant retourner le résultat escompté (dans la boîte de dialogue Valeur cible, c'est la *cellule à définir*), puis indiquer la valeur à atteindre et, enfin, spécifier l'emplacement du paramètre qu'Excel doit faire varier pour répondre à vos souhaits (dans le champ Cellule à modifier de la boîte de dialogue).

Les Figures 8.5 et 8.6 illustrent l'utilisation de la fonction Valeur cible dans une feuille contenant des projections de ventes pour l'année 2014. Votre but : déterminer le montant des ventes nécessaires pour que le solde après achats des produits et autres dépenses atteigne, pour le premier trimestre de l'année, une valeur de 300 000 €.

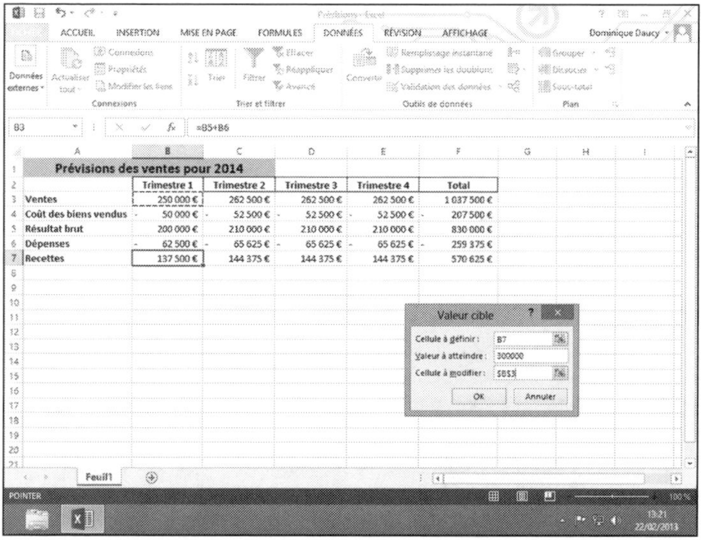

Figure 8.5 : Utilisez la valeur cible pour déterminer le volume de ventes permettant d'atteindre un certain solde net.

Pour déterminer l'augmentation des ventes dont vous avez besoin pour que le solde net soit de 300 000 €, commencez par sélectionner la cellule B7. C'est elle qui contient la formule magique qui calcule la prévision pour le premier trimestre 2014. Activez alors l'onglet Données, cliquez dans le Ruban sur le bouton Analyse de scénarios, puis sur Valeur cible.

Cette action ouvre la boîte de dialogue Valeur cible (reportez-vous à la Figure 8.5). Du fait que B7 est la cellule active, vous trouvez déjà sa référence dans le champ Cellule à définir. Activez ensuite le champ Valeur à atteindre ; saisissez votre objectif, soit **300000**. Activez à présent le champ Cellule à modifier et cliquez sur la cellule B3 (celle qui contient les ventes du premier trimestre). Son adresse absolue ($B) apparaît dans la boîte de dialogue.

La Figure 8.6 montre ce qui se passe après avoir cliqué sur OK. Excel a recalculé la valeur du paramètre B3 jusqu'à ce que le solde C7 atteigne le montant désiré. Vous pouvez constater qu'il vous faudra passer de 250 000 à 412 500 € pour que la cellule C7 affiche les 300 000 € attendus.

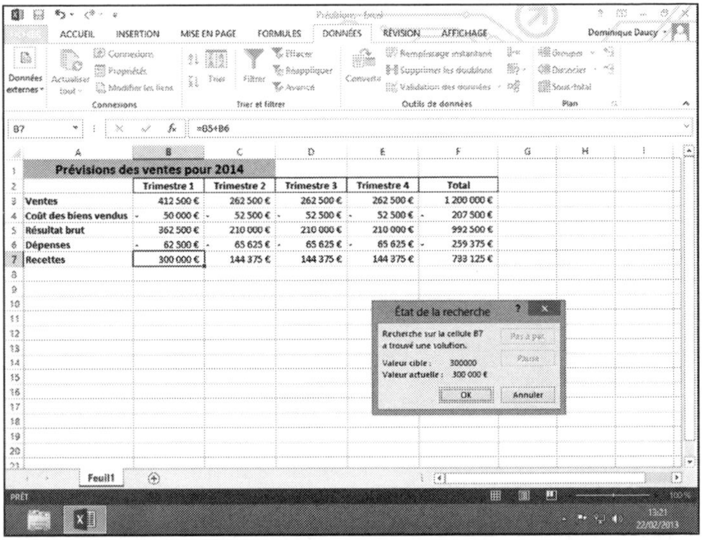

Figure 8.6 : La valeur cible est atteinte.

Si vous voulez conserver les nouvelles données fournies par la fonction Valeur cible, il vous suffit de cliquer sur le bouton OK de la boîte de dialogue État de la recherche. Pour revenir aux anciennes valeurs, cliquez simplement sur Annuler.

Si vous avez choisi de valider le calcul, appuyez sur Ctrl + Z (ou cliquez sur le bouton Annuler de la barre d'outils Accès rapide) pour revenir au point de départ. Et si vous changez à nouveau d'avis, vous n'avez qu'à appuyer sur Ctrl + Y (ou à cliquer sur le bouton Rétablir de la même barre). Le résultat de la valeur cible réapparaîtra instantanément. Une vraie bascule…

Examiner des hypothèses avec le Gestionnaire de scénarios

Le Gestionnaire de scénarios d'Excel permet de créer et de sauvegarder des jeux de valeurs produisant différents résultats dans la feuille de calcul. Vous donnerez un nom à ces scénarios (par exemple, Hypothèse haute, Hypothèse catastrophique ou Hypothèse la plus favorable). Comme les scénarios sont enregistrés avec le classeur, vous pouvez utiliser leurs valeurs pour jouer au jeu du « quoi-si ». Il suffira d'ouvrir le gestionnaire et de demander à Excel d'afficher le scénario voulu.

Les scénarios en place, il est possible d'obtenir un état récapitulatif montrant les paramètres associés à chaque hypothèse, de même que les résultats qu'ils produisent.

Définir des scénarios

Pour créer un scénario, vous devez identifier les diverses cellules dont la valeur peut (ou doit) varier dans chaque hypothèse. Vous sélectionnez alors ces cellules avant de cliquer successivement sur l'onglet Données du Ruban, puis sur le bouton Analyse de scénarios et, enfin, sur Gestionnaire de scénarios.

La Figure 8.7 montre la feuille de prévisions des ventes pour 2014 après que nous avons nommé les cellules d'hypothèses (G3, baptisée Croissance_Ventes, G4, baptisée CBV pour « Coût des Biens Vendus » et G6, baptisée Dépenses) et ouvert la boîte de dialogue Gestionnaire de scénarios.

Dans notre exemple, trois scénarios ont déjà été définis en cliquant à chaque fois sur le bouton Ajouter, en définissant un nom, puis en spécifiant les valeurs que doivent prendre nos cellules :

- **Hypothèse la plus favorable :** des ventes qui augmentent de 5 % (Croissance_Ventes), un coût des achats (CBV) de 20 % et des frais (Dépenses) qui s'accroissent de 25 %.
- **Hypothèse haute :** les ventes augmentent de 8 % (Croissance_Ventes), le coût des achats (CBV) de 18 % et les frais (Dépenses) de 20 %.

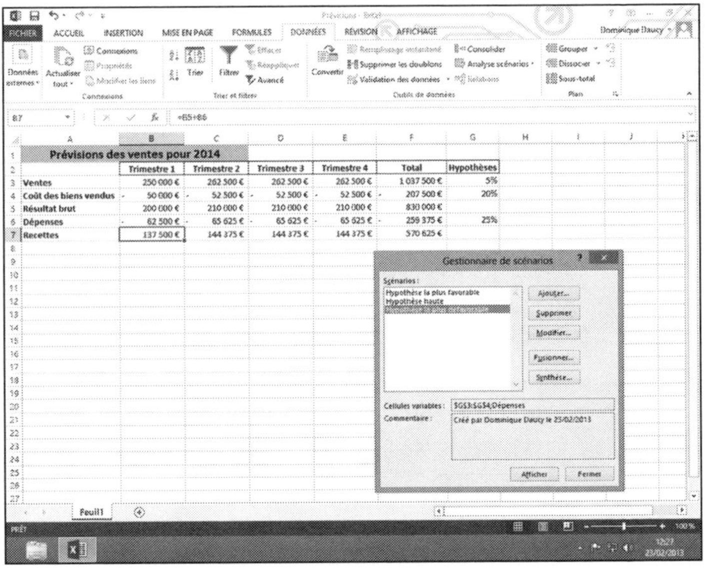

Figure 8.7 : Ajout de scénarios à la feuille Prévisions.

- **Hypothèse la plus défavorable :** cette fois, les ventes augmentent de 2 % (Croissance_Ventes), le coût des achats (CBV) de 25 % et les frais (Dépenses) de 35 %.

Pour créer le premier scénario, nous avons cliqué sur le bouton Ajouter de la boîte de dialogue Gestionnaire de scénarios. Dans la fenêtre Ajouter un scénario, nous avons saisi comme nom **Hypothèse la plus favorable**, puis sélectionné les cellules variables, soit G3, G4 et G6.

À ce stade, Excel affiche la boîte de dialogue Valeurs de scénarios dans laquelle vous êtes censé fournir les paramètres souhaités dans les trois champs Croissance_Ventes, CBV et Dépenses, à savoir :

- **0,05** dans le champ Croissance_Ventes ;
- **0,20** dans le champ CBV ;
- **0,25** dans le champ Dépenses.

Après quoi, il ne reste plus qu'à cliquer sur OK.

Avant de commencer à créer vos scénarios, donnez toujours un nom aux cellules variables (si vous avez oublié comment procéder, reportez-vous au Chapitre 6). De cette manière, Excel affichera le nom de ces cellules à la place de leur adresse dans la boîte de dialogue Valeurs de scénarios, ce qui, vous en conviendrez, est tout de même plus explicite.

Lorsque vous avez validé vos variables, résistez à la tentation de cliquer sur OK (Excel revient à la boîte de dialogue Gestionnaire de scénarios). Nous avons de nouveau cliqué sur Ajouter pour regagner immédiatement la fenêtre Gestionnaire de scénarios où nous comptons en définir deux supplémentaires. En voici les paramètres :

Deuxième scénario :

- **Hypothèse haute** dans le champ Nom du scénario ;
- **0,08** dans le champ Croissance_Ventes ;
- **0,18** dans le champ CBV ;
- **0,20** dans le champ Dépenses.

Troisième scénario :

- **Hypothèse la plus défavorable** dans le champ Nom du scénario;
- **0,02** dans le champ Croissance_Ventes ;
- **0,25** dans le champ CBV ;
- **0,35** dans le champ Dépenses.

Nos trois hypothèses apparaissent désormais dans la liste Scénarios.

Pour demander à Excel de recalculer nos projections de ventes 2014 en fonction des différentes évaluations, il suffit de sélectionner le nom du scénario voulu, puis de cliquer sur le bouton Afficher.

Une fois vos scénarios définis, n'oubliez pas de sauvegarder le classeur dès que vous avez refermé la boîte de dialogue Gestionnaire de scénarios. De cette manière, les scénarios seront enregistrés en même temps que votre fichier. Vous les aurez ainsi à portée de main chaque fois que vous ouvrirez le classeur. Il vous suffira pour cela de rappeler le gestionnaire, de choisir un scénario et de cliquer sur Afficher.

Produire une synthèse

Une fois tous vos scénarios définis, vous pouvez demander à Excel de produire un rapport de synthèse, comme celui représenté à la Figure 8.8. Cet état affiche les valeurs variables et les valeurs résultantes non seulement pour chaque scénario associé à la feuille, mais également pour le contenu des cellules tel qu'il se présente au moment où vous générez la synthèse.

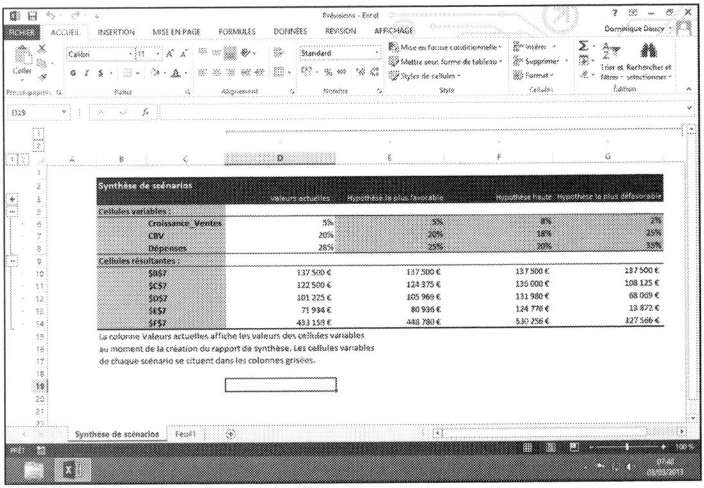

Figure 8.8 : La synthèse des scénarios montre l'impact des hypothèses sur les projections de ventes pour 2014.

Pour produire une synthèse, ouvrez la boîte de dialogue Gestionnaire de scénarios (onglet Données du Ruban, puis Analyse de scénarios, puis enfin Gestionnaire de scénarios). Cliquez alors sur le bouton Synthèse.

La boîte de dialogue Synthèse de scénarios vous offre le choix entre deux modes : Synthèse de scénarios (c'est la version statique) et Scénario du rapport de tableau croisé dynamique. Comme nous reviendrons sur les tableaux croisés dans le prochain chapitre, c'est ici le premier choix qui retient notre attention.

La plage de données à afficher dans la synthèse est définie dans le champ Cellules résultantes. Si la proposition par défaut d'Excel ne vous convient pas, sélectionnez la série de cellules qui devront apparaître dans la synthèse. Dans notre exemple, il s'agit de la dernière ligne de la table, soit la plage B7:F7 (les soldes des quatre trimestres, plus le total annuel).

Après avoir cliqué sur OK, Excel crée le rapport de synthèse en prenant les valeurs changeantes de chaque scénario plus celles qui se trouvent actuellement dans les cellules « souches ». Il affiche le tout dans une nouvelle feuille de calcul qu'il baptise Synthèse de scénarios. Les paramètres apparaissent sous la légende Cellules variables. Les valeurs calculées sont disposées sous l'intitulé Cellules résultantes.

Bien entendu, vous pouvez renommer la feuille de synthèse, la déplacer dans le classeur, puis enregistrer celui-ci.

Chapitre 9

Jouer avec les tableaux croisés

Dans ce chapitre :

- Comprendre les tableaux croisés.
- Créer un tableau croisé avec l'outil Analyse rapide et la commande Suggestions de tableaux croisés dynamiques.
- Créer un tableau croisé manuellement.
- Formater.
- Trier et filtrer les données.
- Modifier la structure et la disposition.
- Créer un graphique croisé.

Les *tableaux croisés dynamiques* constituent une espèce particulière de tableaux de synthèse, spécifiques à Microsoft Excel. Ils sont particulièrement utiles pour synthétiser des valeurs prises dans une liste de données (ou provenant d'une base de données), car ils font leurs tours de magie sans que vous ayez à créer des formules pour effectuer ces opérations. Ils vous permettent aussi d'examiner et d'analyser facilement et rapidement les relations inhérentes à leurs sources de données (qu'il s'agisse de séries de valeurs traitées directement sous Excel ou de tables lues dans des bases de données externes gérées à l'aide d'un programme autonome tel que

Microsoft Access ou de données de sources comme Windows Azure MarketPlace.

Grâce aux tableaux croisés, il est possible de disposer différemment les données traitées, y compris après les avoir générées. C'est d'ailleurs cette capacité à adapter à la volée l'agencement des données, en opérant une rotation sur les en-têtes de lignes et de colonnes qui a donné à l'origine leur nom aux tables *pivot,* devenues entre temps des *tableaux croisés dynamiques.* Si vous visualisez mieux les relations entre données quand elles sont présentées graphiquement, Excel permet tout aussi bien de créer des graphiques croisés dynamiques à partir d'un des nombreux modèles pris en charge par Excel.

Analyser des données grâce aux tableaux croisés dynamiques

Les tableaux croisés dynamiques sont extrêmement intéressants, car ils vous permettent de synthétiser des données en utilisant une belle variété de fonctions (même si la totalisation avec SOMME est celle qui reste la plus courante). Lorsque vous définissez un tableau croisé dynamique (ce que nous allons faire dans la prochaine section), vous avez plusieurs décisions à prendre : quelle sera la fonction de regroupement, quelles seront les colonnes (ou les champs) auxquelles cette fonction s'appliquera et quelles seront les colonnes (ou champs) avec lesquelles ces calculs seront (justement) croisés.

N'OUBLIEZ PAS

Les tableaux croisés sont parfaits pour croiser (on s'y attendait !) une série de données avec une autre. Par exemple, vous pouvez créer un tableau croisé à partir d'une table provenant d'une base de données Employés, de manière à totaliser les salaires des différentes catégories professionnelles par service ou site.

Créer un tableau croisé avec l'outil Analyse rapide

L'outil Analyse rapide fait de la création de tableaux croisés dynamiques un jeu d'enfant. Pour prévisualiser différents types de structures de ce genre qu'Excel compose sur base des données consignées dans une table ou dans une liste, contentez-vous de suivre la procédure décrite ci-dessous :

1. **Sélectionnez, dans la table ou dans la liste, les données à traiter (en incluant les en-têtes de colonne).**
2. **Cliquez sur l'outil Analyse rapide qui se manifeste en bas à droite de la zone sélectionnée.**

   Ce faisant, vous accédez à la palette correspondante dont l'onglet Mise en forme est sélectionné par défaut.
3. **Activez l'onglet Tableaux.**
4. **Pour prévisualiser tous les types de tableaux croisés qu'Excel 2013 est capable de créer sur base des données sélectionnées, positionnez votre pointeur sur les différents boutons Tableau croisé et appréciez le résultat dans la fenêtre correspondante.**
5. **Quand vous avez trouvé votre bonheur, cliquez sur le bouton Tableau croisé correspondant pour créer le tableau.**

   Excel 2013 compose alors le tableau et l'introduit sur une nouvelle feuille qu'il insère en première position dans le classeur courant. Cette feuille est activée afin de vous permettre de passer directement à l'édition de cette structure, si telle est votre intention.

Les Figures 9.1 et 9.2 vous montrent comment ça marche. Dans l'exemple de la Figure 9.1, nous avons positionné notre pointeur sur le quatrième modèle de tableau croisé dynamique qui calcule la somme globale des ventes par filiale pour le mois de janvier.

La Figure 9.2, pour sa part, montre le résultat après validation. Remarquez que le tableau a échoué dans une feuille rien qu'à lui qu'Excel a placée devant toutes les autres feuilles du classeur courant (une seule dans notre exemple). La structure étant sélectionnée, le volet Champs de tableau croisé dynamique s'affiche à droite. Exploitez les commandes qu'il vous propose pour personnaliser votre tableau, comme vous invite à le faire la section « Mettre en forme un tableau croisé dynamique », plus loin dans ce chapitre.

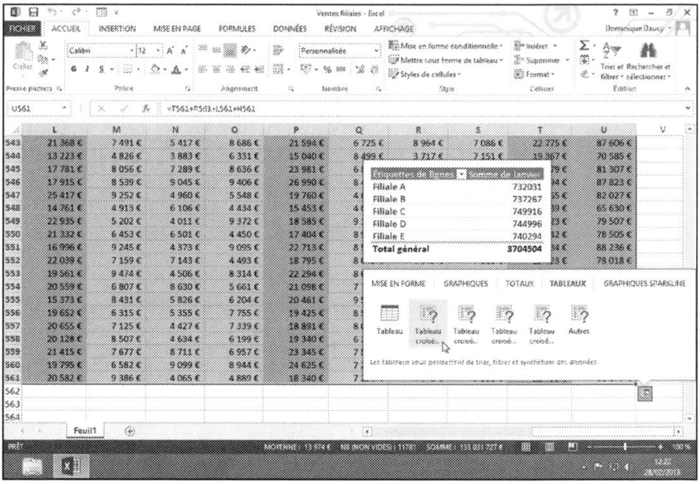

Figure 9.1 : Prévisualisation d'un tableau croisé dynamique depuis la palette de l'outil Analyse rapide.

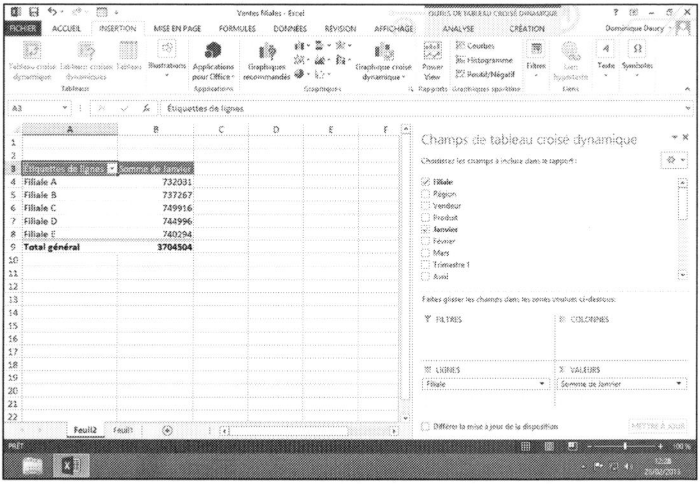

Figure 9.2 : La feuille ajoutée et son tableau croisé dynamique.

Il arrive qu'Excel soit incapable de proposer des tableaux pour les données que vous avez sélectionnées. Dans ce cas, un bouton Tableau croisé stérile (c'est-à-dire ne provoquant l'affichage d'aucune suggestion) s'affiche juste à droite du bouton Tableau de l'onglet Tableaux de la palette Analyse rapide. Rien ne s'oppose, alors, à ce que vous agissiez manuellement, comme vous l'explique la suite de ce chapitre.

Créer un tableau croisé avec la commande Suggestions

Autre façon d'agir rapidement et efficacement : la commande Suggestions de tableaux croisés dynamiques. Voici comment l'exploiter :

1. **Sélectionnez une cellule de la plage de données à représenter.**

   Vous pouvez désigner n'importe quelle cellule si vos données sont disposées en lignes et en colonnes contiguës.

2. **Activez le bouton Tableaux croisés dynamiques de l'onglet Insertion du Ruban.**

   Excel affiche la boîte de dialogue Suggestions de tableaux croisés dynamiques (Figure 9.3). À gauche, plusieurs tableaux vous sont proposés avec, à droite, l'aperçu de l'option validée en regard.

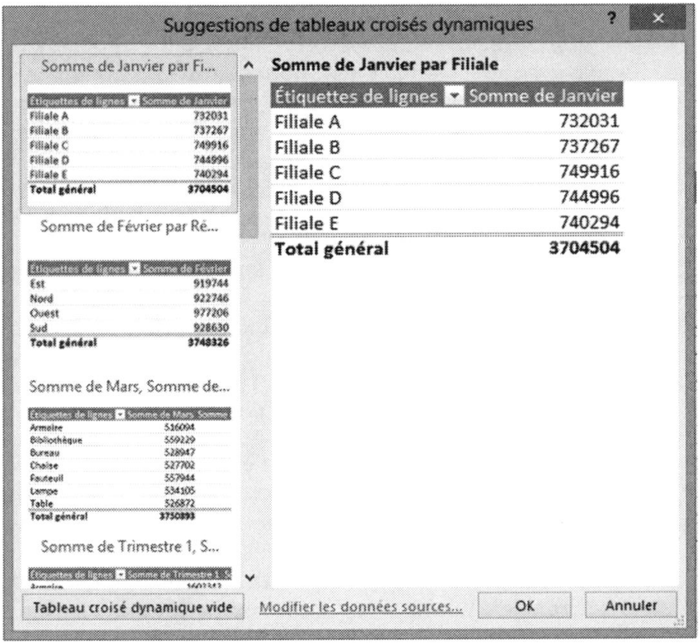

Figure 9.3 : La commande Suggestions de tableaux croisés dynamiques propose une autre façon de créer ce type de structure.

3. Cliquez sur la suggestion qui vous intéresse, puis cliquez sur OK.

Dès que vous validez, Excel crée le tableau correspondant dans une feuille à part, qu'il place devant toutes les autres. Étant donné que ce tableau est sélectionné, le volet Champs de tableau croisé dynamique surgit à droite. Comme annoncé plus haut, il regroupe les outils de mise en forme que nous détaillerons plus tard.

Créer manuellement

Si les propositions d'Excel ne vous agréent pas, créez le tableau manuellement. Ne dit-on pas qu'on n'est jamais si bien servi que par soi-même ? Deux moyens d'agir : commencer par créer le tableau dont la disposition se rapproche le plus de ce que vous recherchez ou partir carrément de zéro, ce qui, parfois, est préférable.

Lancez-vous : ouvrez la feuille de calcul contenant la liste des données à synthétiser, sélectionnez une cellule quelconque, puis cliquez sur le bouton de commande Tableau croisé dynamique sous l'onglet Insertion du Ruban.

Suite à cette action, Excel dévoile la boîte de dialogue Créer un tableau croisé dynamique et sélectionne l'intégralité des données (un trait clignotant en témoigne). Si nécessaire, vous pouvez ajuster cette sélection en vous exprimant dans le champ Tableau/Plage de la rubrique Sélectionner un tableau ou une plage (Figure 9.4). Par défaut, Excel introduit le nouveau tableau croisé dynamique dans une feuille distincte qu'il ajoute au classeur. Si vous préférez l'insérer sur la feuille courante, validez l'option Feuille de calcul existante. Dans ce cas, spécifiez, dans le champ Emplacement, l'adresse de la première cellule du tableau. (Évitez que le tableau n'écrase des données !)

Si vos données proviennent d'une source externe créée avec un gestionnaire de base de données comme Access, cochez l'option Utiliser une source de données externe, puis cliquez sur Choisir la connexion et sélectionnez une connexion dans la fenêtre Connexions existantes. Sachez qu'Excel 2013 est capable d'analyser des infos issues de tables multiples mises en relation.

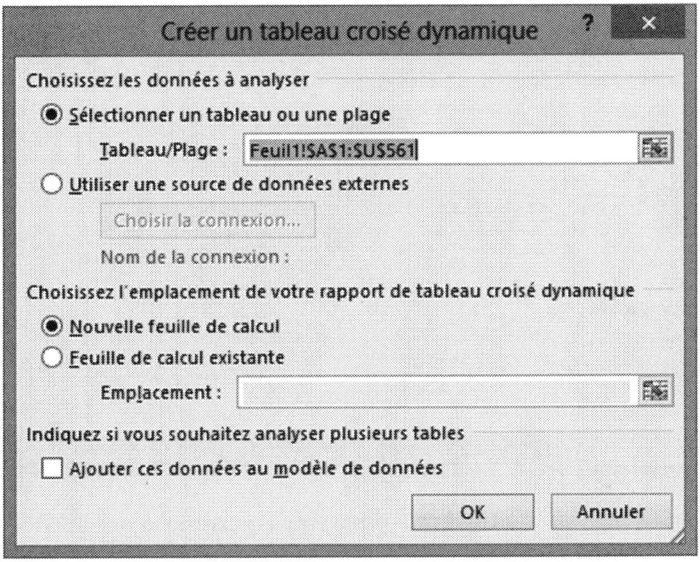

Figure 9.4 : Indiquez, dans la boîte de dialogue Créer un tableau croisé dynamique, les données source et l'endroit où vous souhaitez que le tableau échoue.

Une fois que vous avez indiqué, dans la boîte de dialogue Créer un tableau croisé dynamique, les données source ainsi que l'emplacement du futur tableau, il ne vous reste plus qu'à cliquer sur OK. Excel constitue alors la structure vierge du tableau et affiche, dans la partie droite de l'interface, le volet Champs de tableau croisé dynamique (Figure 9.5).

Ce volet est divisé en deux parties. En haut figure la liste de tous les champs des données source. Chaque entrée est précédée d'une case à cocher vide ; c'est la raison pour laquelle, à ce stade, le tableau est toujours vierge. En bas, quatre zones permettent de faire glisser des noms de champs sur les éléments proposés : filtres, lignes, colonnes et valeurs.

À ce stade, il ne vous reste qu'à désigner les champs que vous voulez voir figurer dans le tableau. Pour ce faire, il suffit de faire glisser leurs noms vers une des quatre zones du bas :

- **Filtres :** cette zone contient des champs qui vous permettent de regrouper les données du tableau croisé en leur appliquant un filtre. Supposons par exemple que vous vouliez étudier l'évolution des ventes sur plusieurs années. En faisant glisser un champ Année sur la fenêtre

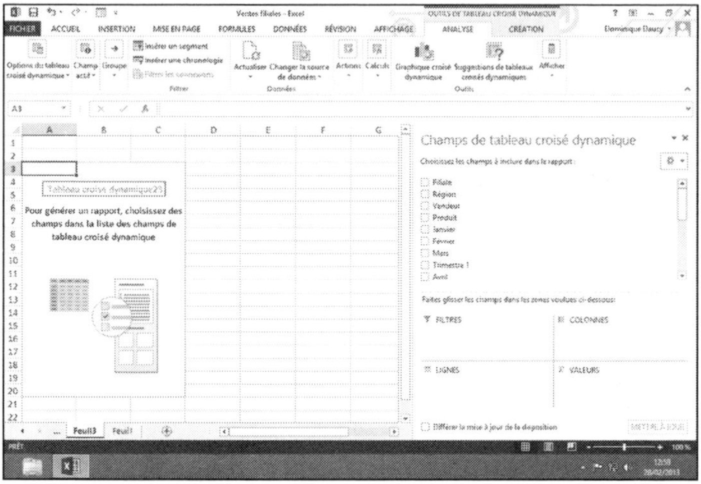

Figure 9.5 : Le futur tableau et le volet de droite.

Filtre du rapport, vous pourrez afficher les valeurs année par année ou pour toute la période représentée par votre liste de données.

- **Colonnes :** cette zone contient les champs qui déterminent la disposition des données dans les colonnes du tableau croisé.
- **Lignes :** cette zone contient les champs qui déterminent la disposition des données dans les lignes du tableau croisé.
- **Valeurs :** cette zone contient les champs qui déterminent les données représentées dans les cellules du tableau, autrement dit celles qui sont sommées (par défaut) dans sa dernière colonne.

Dans notre exemple, nous pourrions décider de mettre les filiales en filtres, les vendeurs et les produits en lignes, les régions en colonnes et les trois premiers mois de l'année en valeurs. Nous obtiendrions ainsi un tableau permettant de connaître les chiffres de vente par vendeur, ventilés verticalement par article et horizontalement par région (Figure 9.6).

Dès le début de la procédure, un onglet Outils de tableau croisé dynamique fait son apparition dans le Ruban ; il propose deux sous-onglets, baptisés respectivement Analyse et Création, le

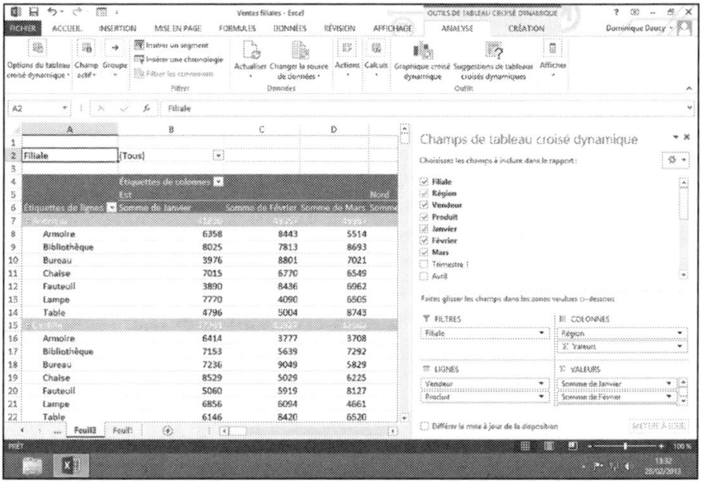

Figure 9.6 : Le tableau tel qu'issu de nos choix.

sous-onglet Analyse étant sélectionné. Vous y trouverez une foule de commandes intéressantes, notamment dans le menu local du bouton Afficher :

- **Liste des champs :** affiche ou masque le volet Liste de champs du tableau croisé dynamique, à droite de la fenêtre.
- **Boutons +/- :** affiche ou masque les boutons servant à étendre (+) ou réduire (-) en regard des champs particuliers (en colonne comme en ligne) et qui servent à montrer ou cacher les totaux de ceux-ci dans le tableau.
- **En-têtes de champ :** affiche ou masque les noms des champs affectés aux étiquettes de colonnes ou de lignes dans le tableau croisé.

Mettre en forme un tableau croisé dynamique

Formater un tableau croisé dynamique n'est pas plus compliqué que formater des données classiques. Il suffit de cliquer dans une des cellules du tableau afin d'afficher l'onglet Outils de tableau croisé dynamique dans le Ruban, puis d'activer son onglet Création.

Cet onglet regroupe trois groupes de commandes :

- **Disposition :** pour ajouter des sous-totaux ou des totaux généraux et pour modifier l'agencement global du tableau.
- **Options de style de tableau croisé dynamique :** pour affiner l'aspect grâce à la galerie de styles affichée à droite.
- **Styles de tableau croisé dynamique :** pour appliquer des styles au tableau en cliquant sur la vignette correspondante.

Personnaliser le style du tableau croisé dynamique

Profitez de l'aperçu dynamique pour juger immédiatement de l'effet des différentes variantes : positionnez le pointeur de votre souris sur une vignette de la galerie pour apprécier le résultat.

Une fois que vous avez ainsi appliqué un style prédéfini, vous pouvez le personnaliser grâce aux cases à cocher du groupe Options de style de tableau croisé dynamique. Vous pouvez, par exemple, pour ajouter du contraste, introduire des lignes à bandes pour séparer par un trait les lignes d'un tableau qui n'emploie pas les couleurs alternées (le but étant bien entendu d'en améliorer la lisibilité). C'est simple : il vous suffit de cliquer sur l'option correspondante. L'option du dessous vous permet d'appliquer le même traitement aux colonnes. Si le résultat n'est pas satisfaisant, contentez-vous de décocher la case.

Formater les valeurs d'un tableau croisé dynamique

Pour appliquer aux totaux de votre tableau croisé dynamique un format numérique particulier, procédez comme suit :

1. **Cliquez, dans le tableau, sur la cellule qui contient les mots « Somme de », suivis du nom du champ dont les valeurs sont totalisées (dans notre exemple, « Somme de Janvier »). Cliquez ensuite sur le bouton Champ actif de l'onglet Analyse sous Outils de tableau croisé dynamique et choisissez Paramètres de champs.**

   Excel ouvre la boîte de dialogue Paramètres des champs de valeurs.

2. **Cliquez, en bas à gauche, sur Format de nombre.**

   L'onglet Nombre de la boîte de dialogue Format de cellule s'affiche.

3. **Dans liste Catégorie, choisissez le format numérique que vous voulez appliquer à vos totaux.**

4. **(Facultatif) Si vous le souhaitez, modifiez les options du format sélectionné (nombre de décimales, symbole monétaire, mode d'affichage des valeurs négatives, etc.) dans la partie droite de la fenêtre.**

5. **Cliquez une première fois sur OK pour regagner la boîte de dialogue précédente ; cliquez une seconde fois pour regagner le tableau.**

Trier et filtrer les données du tableau croisé dynamique

Lorsque vous créez un nouveau tableau croisé dynamique, Excel ajoute automatiquement des flèches dans les cellules correspondant aux champs du filtre et des étiquettes (colonnes et lignes). Ces boutons de filtrage permettent de restreindre l'étendue des entrées en retirant certaines données, ou encore de trier les éléments en ligne et/ou en colonne.

Si vous avez ajouté au tableau plusieurs champs dans les cases Étiquettes, Excel ajoute également des boutons de réduction (-) qui servent à masquer temporairement le sous-total correspondant à un champ secondaire particulier. Lorsque vous avez ainsi réduit des informations, le bouton devient un + (expansion) sur lequel il suffit de cliquer pour afficher de nouveau les sous-totaux.

Filtrer le rapport

Les boutons les plus importants dans un tableau croisé dynamique sont probablement ceux qui sont ajoutés au(x) champ(s) Filtres du rapport. En choisissant une des options attachées à l'un de ces boutons de filtrage, seul le jeu de données vérifiant ce critère apparaîtra dans le tableau.

Notre exemple utilise comme filtre du rapport le champ Filiale. Nous pouvons donc facilement distinguer les chiffres d'affaires par filiale. Voyons comment. Cliquez sur le bouton de filtrage dans la cellule qui suit l'intitulé Filiale. Dans la liste qui apparaît, sélectionnez la filiale qui vous intéresse, puis cliquez sur OK pour n'afficher les résultats que de cette cellule particulière.

N'OUBLIEZ PAS

Lorsque vous appliquez ce filtre, Excel affiche la valeur choisie dans le champ Filiale. Il remplace également la flèche par un symbole d'entonnoir afin de vous rappeler que seules certaines des données source sont actuellement affichées dans le tableau.

Pour revenir à l'ensemble des données, sélectionnez à nouveau l'option (Tous) du champ Filtre et validez par OK.

Filtrer des lignes et des colonnes

Les boutons de filtrage associés aux étiquettes des colonnes et des lignes vous permettent d'appliquer des filtres à des groupes particuliers, voire, parfois, à des entrées individuelles des données source.

Pour filtrer les éléments présents dans les lignes ou les colonnes, cliquez sur l'étiquette concernée, puis, dans le menu local, décochez l'option Sélectionner tout pour désactiver toutes les coches de cette rubrique. Il vous suffira ensuite de cocher la ou les entrée(s) dont vous voulez voir les données.

Comme précédemment, Excel remplace le bouton fléché de la colonne ou de la ligne que vous venez de filtrer par une icône d'entonnoir. Il vous prévient ainsi que seules certaines valeurs sont affichées dans le tableau. Pour revenir à la situation d'ensemble, cliquez à nouveau sur le bouton de filtrage, puis sur l'option (Sélectionner tout) et confirmez.

La Figure 9.7 montre notre tableau croisé dynamique une fois filtrés le champ Filiale (de manière à n'afficher que les informations relatives à la filiale B), le champ en ligne Produit (pour ne montrer que les ventes d'armoires et de bureaux) ainsi que le champ en colonne Région (pour ne traiter que la région du Nord).

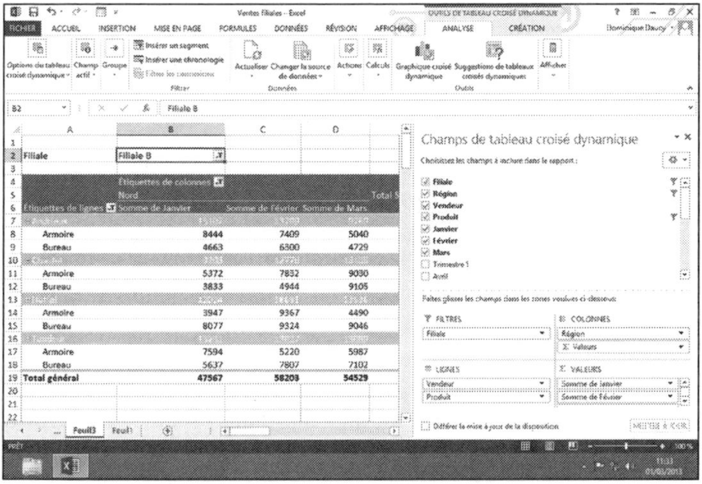

Figure 9.7 : Le tableau croisé dynamique après un filtrage opéré sur trois champs.

Filtrer avec des segments

Les segments (*slicers*) sont des outils qui permettent de filtrer les tableaux croisés dynamiques. Faciles à créer et à exploiter, ils sont capables d'effectuer un filtrage sur plusieurs champs (voire de les lier à des champs d'autres tableaux croisés dynamiques présents dans le classeur).

L'ajout de segments dans le tableau croisé dynamique s'effectue en deux temps :

1. **Sélectionnez une cellule du tableau croisé dynamique, puis, dans le groupe Filtrer du sous-onglet Analyse de l'onglet Outils de tableau croisé dynamique, cliquez sur Insérer un segment.**

   Excel ouvre la boîte de dialogue Insérer des segments, qui regroupe le nom de tous des champs du tableau.

2. **Cochez tous les champs que vous voulez utiliser pour le filtrage et pour lesquels vous désirez appliquer un segment ; confirmez OK.**

   Excel introduit les segments sous la forme d'objets graphiques (voyez, à ce propos, le Chapitre 10), à raison d'un segment par champ sélectionné.

Une fois les segments créés, utilisez-les pour filtrer les données en sélectionnant simplement les critères qu'ils proposent. (Notez qu'en maintenant enfoncée la touche Maj, vous pourrez sélectionner plusieurs critères contigus et, grâce à la touche Ctrl, plusieurs critères non contigus.) Une fois réalisée la sélection des critères, le tableau croisé en arrière-plan réagit immédiatement.

La Figure 9.8 nous permet, par exemple, de limiter l'affichage à l'activité de la filiale B dans la région Nord pour les ventes d'armoires et de fauteuils réalisées par les vendeurs Chastel et Tondeur.

N'OUBLIEZ PAS

Comme les segments sont des objets graphiques, vous pouvez les déplacer, les redimensionner et même les supprimer. Pour supprimer un segment d'un tableau croisé dynamique, cliquez dessus pour le sélectionner, puis enfoncez la touche Suppr.

Filtrer avec des chronologies

Nouveauté d'Excel 2013, les chronologies s'apparentent à des segments : elles fonctionnent en effet selon le même principe, à cette différence près qu'elles concernent uniquement des champs date et permettent de filtrer les données du tableau qui ne se situent pas à une période donnée.

Dans la pratique : sélectionnez une cellule du tableau (qui doit, pour la circonstance, comporter des champs date), puis, dans

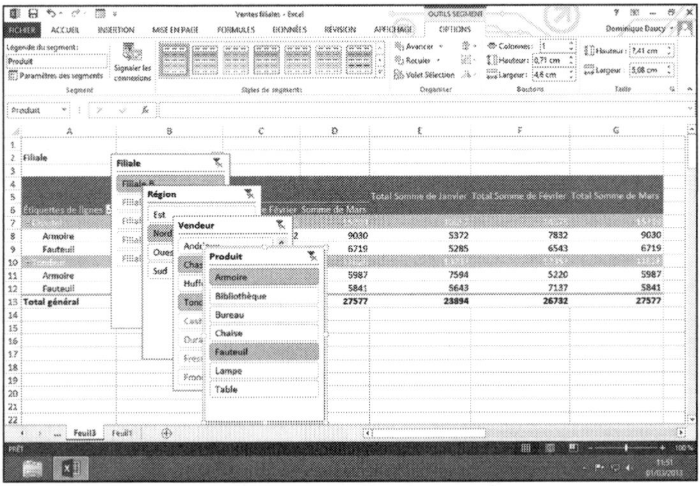

Figure 9.8 : Le tableau croisé dynamique interrogé grâce à quatre segments.

le groupe Filtrer du sous-onglet Analyse de l'onglet Outils de tableau croisé dynamique, cliquez sur Insérer une chronologie. Cette action provoque l'affichage de la boîte de dialogue Insérer une chronologie, qui répertorie tous les champs date susceptibles d'être utilisés par la fonction. Cochez celui qui vous intéresse, puis cliquez sur OK.

Pour obtenir la Figure 9.9, nous avons sélectionné le champ Date livraison. Excel nous a alors proposé une fenêtre de chronologie flottante reprenant, par défaut, les mois de l'année (le menu en haut à droite sous le trait proposant d'autres choix) et une barre de progression traduisant la période sélectionnée.

Dans notre exemple, nous avons fait coulisser le curseur de la chronologie pour afficher les chiffres de vente suivant les livraisons effectuées entre janvier et avril 2013.

Notez que, dès que vous créez une chronologie, un onglet Outils chronologie s'implante dans le Ruban ; son unique sous-onglet, Options, regroupe, bien entendu, différentes options de mise en forme.

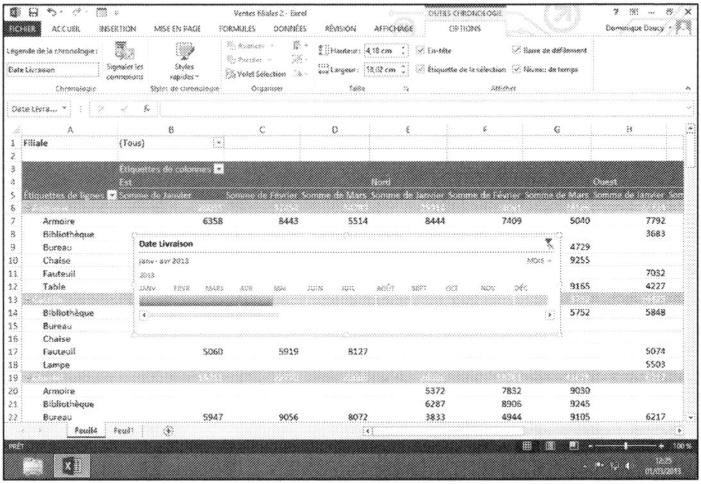

Figure 9.9 : Un tableau croisé dynamique filtré grâce à une chronologie.

Trier le tableau croisé dynamique

Le contenu d'un tableau croisé dynamique peut être réorganisé instantanément en le triant selon une ou plusieurs colonnes et/ ou lignes. Pour modifier l'ordre de présentation des données, cliquez sur le bouton de filtrage correspondant au champ à trier ; choisissez, en haut de la liste, le mode de tri souhaité, croissant ou décroissant.

Selon le cas, l'option Trier de A à Z classera les données dans l'ordre alphabétique ascendant s'il s'agit de noms, de la plus petite à la plus grande valeur s'il s'agit de nombres, ou encore de la plus ancienne à la plus récente dans le cas de dates. L'option Trier de Z à A inverse le classement (ordre alphabétique descendant, de la plus grande à la plus petite valeur ou de la date la plus récente à la plus ancienne).

Modifier un tableau croisé dynamique

Les tableaux croisés sont bien plus dynamiques que les tableaux de données classiques, car ils sont très simples à manipuler et éditer. Changer les champs que vous voulez regrouper ou totaliser est aussi facile à faire que de les ajouter lors de la création du tableau. De surcroît, vous pouvez instantanément restructurer le tableau croisé en faisant glisser ses champs actuels vers un autre emplacement. Si on ajoute à cela la possibilité de sélectionner une nouvelle fonction de calcul statistique, vous aurez une bonne idée de ce qu'est un tableau de données réellement dynamique !

Modifier les champs du tableau croisé dynamique

Pour modifier les champs utilisés dans un tableau croisé, vous devez tout d'abord en afficher la liste (si elle ne l'est pas) :

1. **Cliquez dans n'importe quelle cellule du tableau.**

   Excel ajoute au Ruban l'onglet Outils de tableau croisé dynamique et ses deux onglets contextuels, Analyse et Création.

2. **Activez l'onglet Analyse afin d'en développer le contenu.**

3. **Cliquez sur le bouton Afficher, puis sur Liste des champs.**

   Excel ouvre le volet Champs de champs de tableau croisé dynamique, dans lequel il recense es champs actuellement utilisés ainsi que les zones auxquelles ils sont affectés.

Procédez à présent aux modifications souhaitées :

- Pour supprimer un champ, faites glisser son nom en dehors de sa zone de dépôt (Filtres, Lignes, Colonnes et Valeurs), c'est-à-dire sur la feuille ou sur la liste des champs. Relâchez le bouton de la souris lorsque le pointeur se dote d'une croix. Vous pouvez aussi désactiver la case correspondante dans la liste Choisissez les champs à inclure dans le rapport.
- Pour déplacer un champ existant à l'intérieur du tableau, faites glisser son nom d'une zone de dépôt vers une autre.

- Pour ajouter un champ au tableau, faites glisser son nom depuis la liste Choisissez les champs à inclure dans le rapport vers la zone de dépôt souhaitée (Filtres, Lignes, Colonnes ou Valeurs). Cas particulier : si vous désirez insérer le champ dans la zone Lignes, il suffit de cocher sa case dans la liste du haut.

Faire pivoter les champs

Si les tableaux croisés s'appelaient autrefois « tables pivot », ce n'est pas pour rien. Vous pouvez, en effet, restructurer votre tableau en permutant les lignes et les colonnes.

Supposons, dans notre exemple, que nous souhaitions intervertir Région et Produit pour présenter les premières en ligne et les seconds en colonne. La marche à suivre : depuis le volet Champs de tableau croisé dynamique, faites glisser le champ Région de la zone Colonnes vers la zone Lignes, puis répétez l'opération avec le champ Produit depuis Lignes vers Colonnes. Et le tour est joué ! Excel traite automatiquement le tableau pour en refléter la nouvelle organisation.

TRUC

Plutôt que de transiter par le volet de droite, vous pouvez agir directement dans le tableau proprement dit. Un prérequis toutefois : avant d'agir, vous devez mener l'action suivante : activez l'onglet Analyse sous Outils de tableau croisé dynamique, cliquez sur le premier bouton, soit Options du tableau croisé dynamique, puis choisissez Options dans le menu local ; dans la fenêtre Options du tableau croisé dynamique, commencez par activer l'onglet Affichage, puis cochez Disposition classique du tableau croisé dynamique (glisser de champs dans la grille) ; terminez par OK.

Modifier la fonction de calcul du tableau croisé dynamique

Par défaut, Excel utilise la bonne vieille fonction `SOMME` pour créer les sous-totaux et les totaux généraux des valeurs numériques traitées dans le tableau.

Cependant, certains tableaux croisés nécessitent le recours à une autre opération de calcul (moyenne, dénombrement…). Pour changer de fonction, opérez un clic droit sur l'en-tête Somme de [champ] à l'intersection, dans le tableau, de la première colonne de champ et de la première ligne de champ. Dans le menu déroulant qui s'affiche suite à cette action, choisissez Paramètres des champs de valeurs (Figure 9.10).

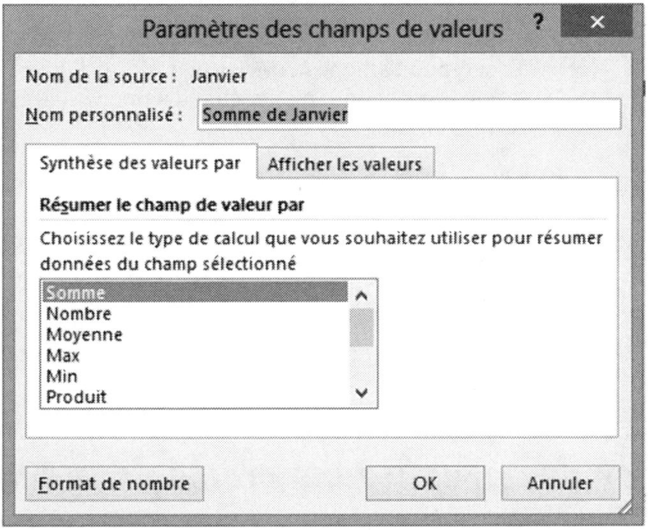

Figure 9.10 : La boîte de dialogue Paramètres des champs de valeurs.

Vous voilà en mesure de choisir un type de calcul dans la liste des fonctions de synthèse :

- **Nombre :** dénombre la quantité d'enregistrements pour une catégorie particulière (notez qu'il s'agit de la fonction par défaut si vous utilisez des champs de texte comme contenu pour votre tableau croisé).
- **Moyenne :** calcule la moyenne arithmétique des valeurs des champs pour la catégorie et le filtre courants.
- **Max :** calcule la plus grande des valeurs des champs pour la catégorie et le filtre courants.
- **Min :** calcule la plus petite des valeurs des champs pour la catégorie et le filtre courants.

- **Produit :** calcule le produit des valeurs des champs pour la catégorie et le filtre courants. Toutes les entrées non numériques sont ignorées.
- **Chiffres :** affiche le nombre de valeurs numériques pour la catégorie et le filtre courants. Toutes les entrées non numériques sont ignorées.
- **Ecartype :** affiche la déviation standard des valeurs des champs pour la catégorie et le filtre courants.
- **Ecartypep :** affiche la déviation standard pour la population correspondant aux champs pour la catégorie et le filtre courants.
- **Var :** affiche la variance des valeurs des champs pour la catégorie et le filtre courants.
- **Varp :** affiche la variance pour la population correspondant aux champs pour la catégorie et le filtre courants.

Une fois la nouvelle fonction sélectionnée, cliquez sur OK. Excel l'applique instantanément aux données des cellules du tableau.

Créer des graphiques croisés dynamiques

Le tableau croisé en place, vous pouvez créer le diagramme qui lui correspond afin de visualiser graphiquement vos données. C'est facile :

1. **Sous l'onglet Outils de tableau croisé dynamique, cliquez sur Analyse, puis sur Outils, et enfin sur Graphique croisé dynamique.**

   Souvenez-vous que l'onglet Outils de tableau croisé dynamique possède deux sous-onglets : Analyse et Création, qui se manifestent spontanément dès que vous cliquez dans une des cellules du tableau.

2. **Dans la boîte de dialogue Insérer un graphique, cliquez sur la vignette correspondant au type de graphique à créer ; confirmez par OK.**

Dès validation, Excel introduit deux objets sur la même feuille que celle où se trouve le tableau :

- Un **graphique croisé dynamique** du type que vous venez de sélectionner. Ce graphique *incorporé* peut facilement être déplacé ou redimensionné à l'aide de ses poignées (reportez-vous au Chapitre 10 pour savoir comment procéder).
- Un onglet contextuel **Outils de graphique croisé dynamique** qui propose trois sous-volets : Analyse, Création et Format, qui vous permettent, à des titres divers, de personnaliser votre graphe.

Déplacer un graphique croisé vers sa propre feuille

Par défaut, Excel introduit les nouveaux graphiques croisés dynamiques dans la même feuille que leur tableau source. Cependant, il est souvent plus facile de personnaliser et modifier un graphique lorsqu'il se trouve sur sa propre feuille :

1. **Sous Outils de graphique croisé dynamique, cliquez sur Création.**

   Si vous ne voyez pas cet onglet, c'est que le graphique n'est pas sélectionné ; sélectionnez-le en cliquant dessus.

2. **Cliquez sur Déplacer le graphique dans le groupe Emplacement.**

   Excel ouvre la boîte de dialogue Déplacer le graphique.

3. **Cliquez sur Nouvelle feuille.**
4. **(Facultatif) Renommez la feuille de destination en entrant un intitulé plus explicite que le nom générique (Graphique1).**
5. **Cliquez sur OK.**

La Figure 9.11 montre un histogramme groupé déplacé vers une feuille indépendante.

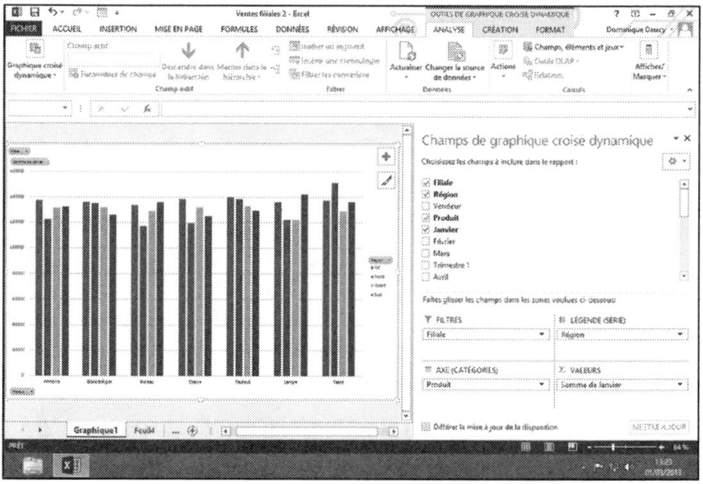

Figure 9.11 : Un graphique à colonnes après migration vers sa propre feuille.

Filtrer un graphique croisé dynamique

Lorsque les données d'un tableau croisé dynamique sont représentées sous la forme d'un diagramme classique (histogramme, barres, lignes…) reposant sur un axe *x* (abscisses) et un axe *y* (ordonnées), les étiquettes des lignes du tableau, ou *catégories,* se trouvent en bas du graphe. Les étiquettes de colonnes du tableau deviennent les *séries* de données qui sont transcrites dans la légende. Les valeurs proprement dites du tableau sont représentées le long de l'axe vertical *y*, à gauche (il s'agit dans notre exemple des produits).

Les listes Filtres déroulantes du graphique permettent de choisir la nature des données que vous voulez y représenter. Tout se passe exactement comme pour les tableaux du même type. Désactivez l'option (Sélectionner tout), puis cochez les champs à représenter graphiquement :

- **Champs Axe (catégories)** pour filtrer les catégories représentées le long de l'axe des abscisses.
- **Champs Légende (série)** pour filtrer les séries de données montrées dans les barres (ou sur les lignes) qui forment le corps du graphique et sont répertoriées dans la légende.

- **Filtre du rapport** pour filtrer la liste des valeurs traitées dans le graphique (celles qui déterminent l'échelle de l'axe des ordonnées).
- **Valeurs** pour filtrer les valeurs représentées dans le graphe.

Formater un graphique croisé dynamique

Les boutons de commandes des onglets Création et Format (regroupés dans la catégorie Outils de graphique croisé dynamique) facilitent la mise en forme et la personnalisation des graphes. Utilisez le premier pour sélectionner un nouveau style, voire un nouveau type de graphique. Exploitez le second pour formater individuellement les éléments du graphe).

N'OUBLIEZ PAS

Pour plus d'informations sur les boutons de commandes proposés par ces onglets, reportez-vous au Chapitre 10 consacré aux graphiques classiques. Le menu contextuel qui s'affiche suite à un clic droit sur le graphe vous propose le même type de commandes et autorise le même type d'actions.

Chapitre 10

L'art subtil des graphiques

Dans ce chapitre :

- Créer des graphiques bien présentés en quelques clics.
- Personnaliser un graphique à l'aide des outils d'Excel 2013.
- Représenter les données visuellement par des graphiques sparklines.
- Ajouter une zone de texte et des flèches à un graphique.
- Insérer un clipart dans une feuille de calcul.
- Ajouter des objets WordArt et SmartArt à une feuille de calcul.
- Imprimer un graphique sans imprimer le restant de la feuille de calcul.

Comme le disait Confucius, « une image vaut mille mots » (ou, dans notre cas, mille chiffres). Dans un tableur, les graphiques augmentent non seulement l'intérêt pour des chiffres dont la lecture serait autrement fort ennuyeuse, mais ils mettent aussi en évidence des anomalies qui passeraient inaperçues si l'on ne regardait que des séries de valeurs. La création de graphiques est si facile dans Excel 2013 que vous pourrez aisément en essayer plusieurs et choisir celui qui illustre le plus efficacement vos données (en d'autres termes, l'image qui raconte le mieux votre histoire singulière).

Créer des graphiques d'aspect professionnel

Quelques mots encore sur les graphiques avant de découvrir comment les réaliser dans Excel. Vous vous rappelez les efforts méritoires que faisait votre professeur de mathématiques pour vous apprendre à tracer des graphes en traçant des valeurs sur les axes *x* et *y* d'une feuille de papier millimétré ? Évidemment, vous aviez l'esprit ailleurs à ce moment-là. De toute façon, vous vous demandiez bien en quoi ces graphiques pourraient vous être utiles plus tard, dans votre vie professionnelle.

Eh bien, nous y voilà ! Il est vrai qu'Excel automatise la quasi-totalité du processus de création des graphiques. Mais vous ne pouvez pas vous dispenser de savoir ce qui différencie un axe *x* d'un axe *y*, ne serait-ce qu'au cas où Excel n'orienterait pas le graphique comme prévu. Afin de rafraîchir votre mémoire et de faire plaisir à votre vieux prof de maths, sachez que l'axe *x* est horizontal et usuellement situé en bas du graphique, alors que l'axe *y* est vertical et ordinairement situé à gauche du graphique.

Dans la plupart des graphiques basés sur ces deux axes, Excel place les catégories le long de l'axe, en bas du tracé, et leurs valeurs relatives le long de l'axe *y* à gauche. L'axe *x* est parfois appelé *axe de temps*, car il est souvent utilisé pour indiquer des durées comme les mois, les trimestres, les années, *etc.*

Encore un point à ne pas oublier : les valeurs de la feuille de calcul qui sont représentées dans un graphique sont liées à celui-ci de façon dynamique. Autrement dit, toute modification apportée à une de ces valeurs sera immédiatement répercutée dans le graphique.

Excel vous fournit beaucoup de fonctionnalités pour créer rapidement et facilement vos graphiques. Mais, dans tous les cas, la règle d'or est la suivante : commencez systématiquement par indiquer au programme les données à représenter graphiquement en sélectionnant une des cellules de la feuille à traiter. Si vous souhaitez limiter la représentation à quelques valeurs de cette feuille, sélectionnez d'abord ces valeurs ainsi que leurs intitulés.

Agir avec l'outil Graphiques recommandés

Personnellement, c'est la nouvelle fonction Graphiques recommandés d'Excel 2013 que nous privilégions pour tracer nos graphes. Vous la trouverez dans l'onglet Insertion du Ruban.

Lorsque vous l'invoquez, le programme vous ouvre la boîte de dialogue Insérer un graphique, représentée à la Figure 10.1 ; c'est, par défaut, son onglet Graphiques recommandés qui est sélectionné. N'hésitez pas à tester différents graphiques en cliquant sur leur type dans le volet gauche de la fenêtre. Quand vous avez trouvé celui qui vous convient, il vous suffit de cliquer sur OK pour créer un graphe et l'incorporer à la feuille de calcul sous-jacente.

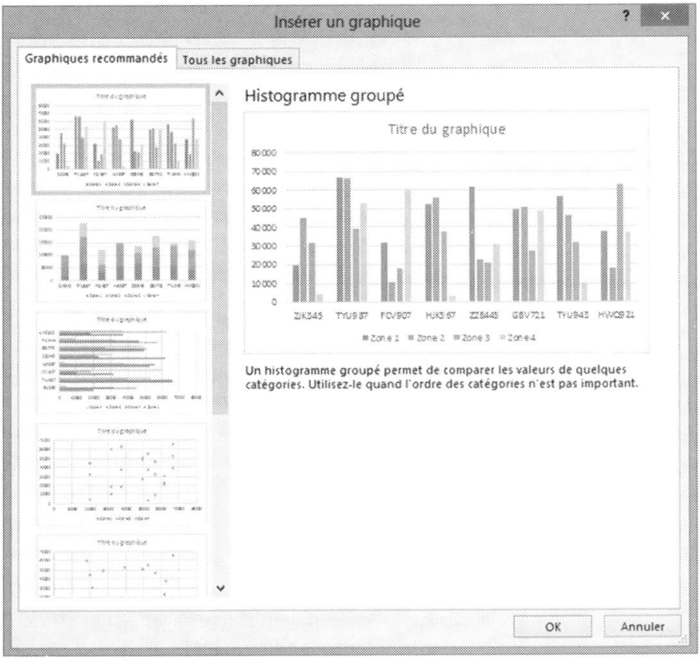

Figure 10.1 : L'onglet Graphiques recommandés de la fenêtre Insérer un graphique.

Agir depuis le Ruban

À droite du bouton Graphiques recommandés se trouve une série d'icônes regroupées sous la mention Graphiques. Toutes sont équipées d'un dérouleur de menu local grâce auquel vous aurez accès à une flopée de types de graphes :

- **Insérer un histogramme** permet de prévisualiser des graphiques 2D ou 3D à colonnes verticales.

- **Insérer un graphique à barres** permet de prévisualiser des graphiques 2D ou 3D à colonnes horizontales.
- **Insérer un graphique boursier, en surface ou en radar** permet de prévisualiser des graphiques boursiers en 2D, des graphiques en surface en 2D ou en 3D et des graphiques en radar en 3D.
- **Insérer un graphique en courbes** permet de prévisualiser des graphiques 2D ou 3D en courbes.
- **Insérer un graphique en aires** permet de prévisualiser des graphiques 2D ou 3D en aires.
- **Insérer un graphique combiné** permet de prévisualiser des graphiques 2D colonne groupée – ligne et aire empilée – colonne groupée.
- **Insérer un graphique en secteurs ou en anneaux** permet de prévisualiser des graphiques 2D et 3D en secteurs et des graphiques 2D en anneaux.
- **Insérer un graphique en nuages de points (X, Y) ou en bulles** permet de prévisualiser des graphiques 2D en nuages de points ou en bulles.

Si la prévisualisation vous convient, il vous suffit de cliquer sur l'icône du menu local pour tracer le graphe et l'incorporer à la feuille de calcul située en arrière-plan.

Si vous hésitez quant au modèle de graphe capable de représenter au mieux vos données, ne passez pas votre temps à prévisualiser tous ces modèles ; agissez plutôt depuis l'onglet Tous les graphiques de la fenêtre Insérer un graphique (Figure 10.2) qui vous permet de tester toutes sortes de modèles de graphes. Vous accèderez à cette fenêtre *via* le bouton Afficher tous les graphiques, qui occupe l'angle inférieur droit du groupe Graphiques de l'onglet Insertion du Ruban.

Agir avec l'outil Analyse rapide

Imaginons (scénario déjà évoqué plus haut) que vous souhaitiez limiter la représentation graphique à une sélection de données plutôt qu'à une feuille entière. Pensez alors à exploiter l'outil Analyse rapide en le manipulant comme suit :

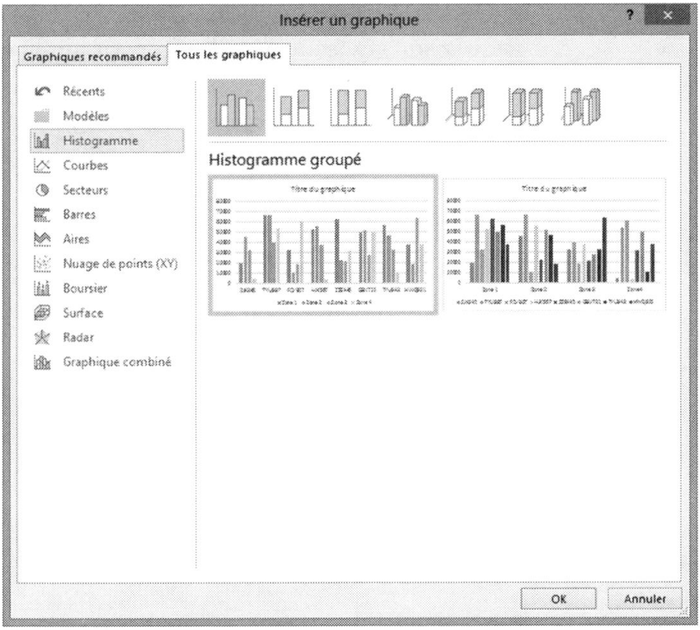

Figure 10.2 : L'onglet Tous les graphiques autorise une foule de prévisualisations.

1. **Cliquez sur le bouton Analyse rapide (qui s'affiche en bas à droite de votre sélection).**

   Ce clic vous donne accès à la palette correspondante où l'onglet Mise en forme est sélectionné par défaut.

2. **Activez l'onglet Graphiques.**

   Excel propose, dans le bas de la palette, une série d'options qui, toutes, vous permettent de visualiser vos données avec un modèle précis de graphe. Le bouton Autres graphiques, pour sa part, ouvre la fenêtre Insérer un graphique et son onglet Graphiques recommandés que nous avons déjà commenté plus haut.

3. **Testez les différents modèles disponibles en cliquant sur leur icône depuis la partie inférieure de la palette.**

   La représentation graphique des données vous est alors instantanément proposée dans une zone au-dessus de la palette Analyse rapide et elle le reste tant que vous maintenez votre pointeur sur l'icône du modèle de graphe.

4. **Dès que vous avez trouvé le modèle qui vous intéresse, cliquez sur son icône pour tracer le graphique.**

   Excel 2013 s'exécute, traçant le graphe et l'incorporant à la feuille de données. Ce graphe est activé ; vous pouvez donc, sans autre manipulation préalable, commencer à le déplacer et/ou à le modifier.

La Figure 10.3 montre la prévisualisation d'une série de données ; la Figure 10.4 montre le graphe après validation.

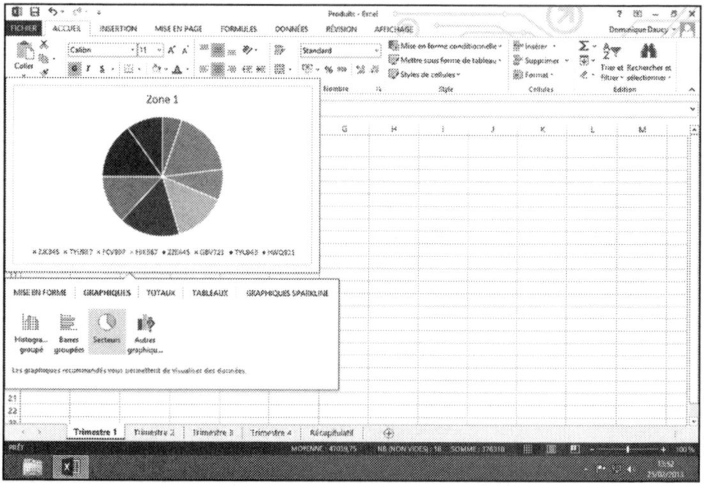

Figure 10.3 : Prévisualisation des ventes de la zone 1 en graphique à secteurs.

Dès qu'un graphique est créé, il est automatiquement actif et sélectionné. Pour le positionner à un autre endroit que celui où il s'est implanté par défaut, contentez-vous de cliquer-glisser. Par ailleurs, notez que les valeurs représentées restent sélectionnées dans la feuille de calcul, les têtes de colonnes étant entourées d'un trait rouge, les libellés des lignes, en mauve et les valeurs proprement dites, en bleu. Notez encore qu'un onglet Outils de graphique a fait son apparition dans le Ruban ; il regroupe lui-même deux onglets, baptisés respectivement Création et Format.

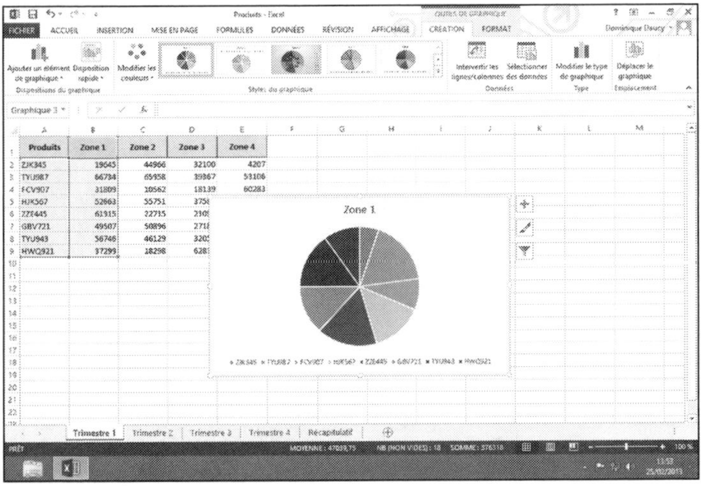

Figure 10.4 : Le graphique obtenu après avoir cliqué sur le modèle.

Tracer un graphique sur une feuille indépendante

Si vous désirez qu'un graphique s'affiche sur une feuille indépendante plutôt que de flotter par-dessus celle où figurent les données, cliquez sur une des données à représenter (ou opérez une sélection si vous entendez restreindre la représentation à une plage donnée de cellules), puis enfoncez la touche F11.

Excel génère alors un graphique dans une feuille graphique qu'il baptisé Graphique1 et qu'il place avant les autres feuilles du classeur, en première position (Figure 10.5). Ce graphique indépendant se manipule exactement comme un graphique incorporé.

Déplacer et redimensionner un graphique incorporé dans une feuille

Un graphique qui vient tout juste d'être créé peut facilement être déplacé ou redimensionné puisqu'il est sélectionné. (Vous pouvez savoir si un objet – diagramme ou autre – est sélection-

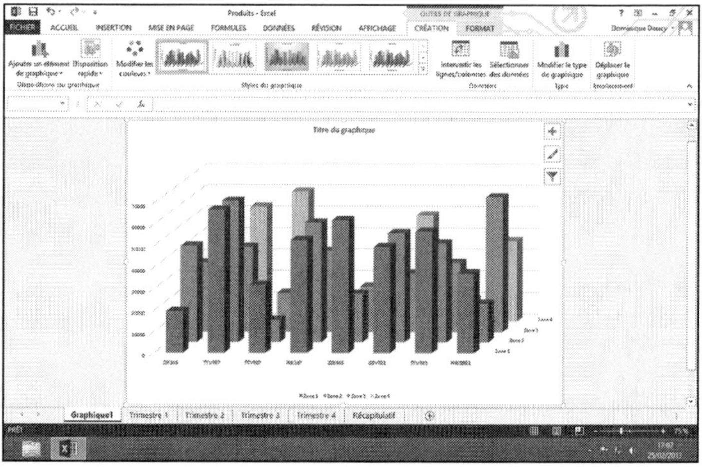

Figure 10.5 : Un graphique indépendant qui apparaît sur une feuille rien qu'à lui, placée devant les autres onglets du classeur.

né grâce au cadre doté de *poignées* (des carrés aux coins et au milieu des côtés de l'objet) qui l'entoure.)

De plus, quand un graphique est sélectionné, trois outils se manifestent sur sa droite :

- **Éléments du graphique** (signe +) pour modifier les éléments du graphe, comme le titre, le légende, le quadrillage ou les lignes de tendance.
- **Styles de graphique** (pinceau) pour modifier le formatage et le thème couleur.
- **Filtres du graphique** (entonnoir) pour modifier les valeurs représentées ou leurs libellés en abscisse ou en ordonnée.

Lorsqu'un graphique incorporé est actif, vous pouvez facilement le déplacer ou le redimensionner :

- Pour déplacer le graphique, placez le pointeur de la souris quelque part au-dessus du fond (là où apparaît une croix) et faites glisser l'objet vers un nouvel emplacement.
- Pour redimensionner le graphique (par exemple parce qu'il semble déformé), placez le pointeur de la souris au-dessus d'une de ses poignées (il doit alors afficher une

flèche à deux têtes). Cliquez et faites glisser afin d'agrandir ou rétrécir le graphique. Le résultat dépend bien sûr de la poignée active et du sens de votre mouvement.

Quand le graphe occupe la taille et la position qui vous conviennent, désélectionnez-le en cliquant dans n'importe quelle cellule de la feuille en dehors de la zone du graphe. Ses poignées disparaissent ainsi que les outils correspondant du Ruban.

N'OUBLIEZ PAS

Pour sélectionner de nouveau le graphe, cliquez dessus. L'onglet contextuel Outils de graphique et toutes ses options refont leur apparition.

Déplacer un graphique incorporé vers une feuille rien qu'à lui

Par défaut, Excel incorpore un nouveau graphique sur la même feuille que les données représentées (à moins d'appuyer sur la touche F11). Mais il est souvent plus facile de travailler avec un graphique autonome, c'est-à-dire placé dans sa propre feuille. Voyons comment obtenir ce résultat :

1. **Sélectionnez le graphique, puis cliquez sur le bouton Déplacer le graphique de l'onglet Création sous Outils de graphique. La boîte de dialogue Déplacer le graphique apparaît.**
2. **Validez l'option Nouvelle feuille.**
3. **(Facultatif) Dans le champ Nouvelle feuille, remplacez le nom générique (Graphique) par un intitulé plus évocateur.**
4. **Cliquez sur OK pour refermer la boîte de dialogue et afficher le graphique dans sa propre feuille.**

TRUC

Après avoir personnalisé un graphique placé dans une feuille spécifique, vous pouvez décider de le renvoyer vers la série de données qu'il représente. Dans ce cas, cliquez de nouveau sur le bouton Déplacer le graphique. Activez cette fois l'option Objet dans. Sélectionnez alors le nom de la feuille de destination dans la liste déroulante associée. Validez.

Personnaliser vos graphiques grâce à l'onglet Création

Utilisez les boutons de l'onglet Création (sous l'onglet contextuel Outils de graphique) pour personnaliser l'aspect de votre nouveau graphique. Cet onglet héberge plusieurs groupes de commandes :

- **Dispositions du graphique :** cliquez sur Ajouter un élément de graphique pour ajouter des éléments à vos graphes, comme un titre, des étiquettes de données, une légende... Vous trouverez la liste de ces éléments dans le menu local correspondant. Utilisez la commande Disposition rapide (placée juste à droite) pour modifier facilement la présentation des données.
- **Styles du graphique :** cliquez sur Modifier les couleurs pour dérouler un menu local qui vous propose des thèmes couleur répartis en deux catégories, couleurs et monochromes. Juste à droite, une série de styles de graphe vous permet de rapidement formater ces entités
- **Données :** le bouton Intervertir les lignes/colonnes échange immédiatement les données utilisées dans le graphique pour représenter respectivement les séries (légendes) et les catégories (axe *x*). Avec la commande Sélectionner des données, vous pouvez non seulement redéfinir totalement les séries et les catégories, mais aussi les intervertir, ou encore spécifier une autre plage de données.
- **Type :** le bouton Modifier le type de graphique ouvre la fenêtre du même nom dans laquelle vous pouvez désigner un autre type de graphe pour représenter vos données.
- **Emplacement :** cliquez sur ce bouton Déplacer le graphique pour le placer dans une nouvelle feuille de graphique ou dans une autre feuille de calcul.

Personnaliser les éléments du graphique

Le bouton Éléments du graphique (le signe « + » placé à droite quand le graphe est sélectionné) vous propose une série d'éléments susceptibles d'être ajoutés. Cliquez sur ce bouton pour dévoiler cette liste, puis cochez les éléments à ajouter. Décochez ceux que vous ne voulez plus voir.

Pour intervenir sur un élément, positionnez votre pointeur à droite de son nom dans ce menu local de manière à faire apparaître le triangle signalant un sous-menu ; agissez ensuite dans ce sous-menu.

Prenons un exemple. Pour intervenir sur le titre d'un graphe, cliquez sur le bouton Éléments du graphique alors que le graphe est sélectionné, puis placez votre pointeur à droite de la mention Titre du graphique afin d'accéder aux sous-options disponibles, en l'occurrence :

- **Au-dessus du graphique :** ajoute ou repositionne le titre de manière qu'il soit centré au-dessus de la zone de traçage.
- **Superposé centré :** ajoute ou repositionne le titre de manière à ce qu'il apparaisse en haut et au centre de la zone de traçage.
- **Autres options :** ouvre le volet Mettre en forme le titre du graphique dans la partie droite de l'interface. Exploitez les commandes qui y sont mises à votre disposition pour définir le remplissage et le contour du texte, des effets éventuels, des trames et des bordures, *etc.*

Ajouter des étiquettes de données

Les étiquettes de données identifient les valeurs des données représentées. Pour ajouter ces valeurs au graphique actif, cliquez sur le bouton Éléments du graphique, puis cochez Étiquettes de données et fournissez quelques précisions dans le menu local correspondant (qui se déroule quand vous cliquez sur le triangle qui s'affiche en regard quand vous déplacez votre pointeur à droite de la commande) :

- **Centrer :** place les étiquettes au centre de chaque *point* de donnée.
- **Bord intérieur :** place les étiquettes près de l'extrémité de chaque point de donnée et à l'intérieur de celui-ci.

- **Intérieur base :** place les étiquettes en bas de chaque point de donnée.
- **Bord extérieur :** place les étiquettes près de l'extrémité de chaque point de donnée et à l'extérieur de celui-ci.
- **Légende de données :** associe à chaque point de données une zone texte dans laquelle figurent l'étiquette et sa valeur.
- **Autres options :** ouvre le volet Format des étiquettes de données dans la partie droite de l'interface. Vous pouvez alors personnaliser totalement l'apparence des étiquettes en vous servant des options Contenu, Position, Remplissage et Contour du texte…

Ajouter une table de données

À la place d'étiquettes qui risquent de surcharger le graphique, il peut être intéressant d'insérer, en bas de celui-ci, une table qui montre la valeur de toutes les données que vous tracez.

Pour obtenir ce résultat, servez-vous une fois de plus du bouton Éléments du graphique ; cochez Table de données et exprimez-vous dans le menu local :

- **Avec symboles de légende :** demande à Excel de dessiner une table de données en bas du graphique en ajoutant, à gauche du nom des séries, un petit carré (le même que dans la légende) rappelant la couleur utilisée dans le graphique.
- **Aucun symbole de légende :** idem que ci-dessus, mais sans légende.
- **Autres options :** ouvre le volet Format de table de données dans la partie droite de l'interface. Exploitez les commandes disponibles à cet endroit pour formater votre table.

La Figure 10.6 montre le graphique après insertion d'une table de données. Remarquez la présence des symboles de légendes.

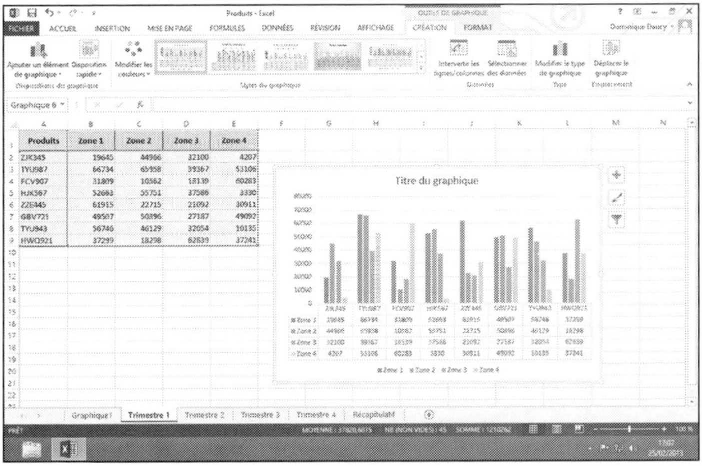

Figure 10.6 : Histogramme incorporé dans une feuille, avec table de données et symboles de légendes.

Modifier les titres génériques d'un graphique

Lorsqu'Excel ajoute des titres à un nouveau graphique, il leur donne un nom générique comme Titre du graphique ou Titre de l'axe (aussi bien pour les abscisses que pour les ordonnées). Pour remplacer ces intitulés peu parlants, cliquez à l'intérieur du graphique sur le titre voulu. Vous pouvez également sélectionner le type de titre dans le menu local Éléments du graphique que vous trouverez en tête du groupe Sélection active de l'onglet Format sous l'onglet majeur Outils de graphique. L'élément est ainsi sélectionné dans le graphe ; les poignées qui s'affichent autour en témoignent.

Une fois le titre activé, vous n'avez plus qu'à cliquer dedans et à l'éditer comme vous le feriez pour une cellule quelconque. Il est aussi possible de remplacer totalement le texte en faisant un triple clic. Pour insérer une nouvelle ligne dans le titre, cliquez simplement à l'endroit où le saut doit intervenir, puis appuyez sur la touche Entrée.

Le titre modifié, cliquez n'importe où sur le graphique pour annuler la sélection (ou sur la feuille de calcul si vous voulez revenir à vos données).

Formater les titres

Utilisez l'aperçu dynamique pour juger de l'impact dans le graphique de telle police ou de telle taille de caractères avant d'appliquer une mise en forme. Activez l'onglet Accueil et servez-vous des listes Police ou Taille de police et placez le pointeur de la souris au-dessus d'une proposition (cela fonctionne également avec la couleur du texte ou du fond).

Pour personnaliser davantage vos titres, recourez aux boutons de commandes de l'onglet Format (sous Outils du graphique). Pour mettre en forme tout le champ de texte qui contient le titre, cliquez sur un des boutons suivants dans le groupe Styles de formes :

- **Styles de formes :** vous trouvez ici une galerie de vignettes qui propose des styles prédéfinis s'appliquant à la fois au texte et à son cadre.
- **Remplissage :** permet de choisir dans une liste déroulante une nouvelle couleur pour le cadre du titre.
- **Contour :** choisissez ici une nouvelle couleur pour le contour du cadre de texte.
- **Effets :** cette liste permet d'appliquer un effet au cadre du titre (Ombre, Réflexion, Lumière, Bordure arrondie, et ainsi de suite).

Pour ne mettre en forme que le texte, vous disposez des boutons du groupe Styles WordArt :

- **Styles WordArt :** les vignettes de cette liste déroulante décorent le texte à partir d'un modèle WordArt prédéfini.
- **Remplissage du texte :** affiche une liste de couleurs et de motifs de remplissage qui s'appliqueront à l'intérieur des caractères du texte WordArt.
- **Contour du texte :** affiche une liste de couleurs et de styles de trait qui s'appliqueront au contour des caractères du texte WordArt.
- **Effets du texte :** choisissez dans cette liste un effet (ombrage, réflexion ou encore lumière) qui finira de donner à votre titre un aspect dynamique et professionnel.

Formater les axes x et y

Lorsqu'il doit représenter un grand nombre de données, Excel fait un minimum d'efforts pour mettre en forme les valeurs qui apparaissent sur l'axe *y* (ou sur l'axe *x* pour certains types de graphiques comme les histogrammes empilés 3D ou les nuages de points).

Si la présentation par défaut des axes ne vous convient pas, vous pouvez facilement l'adapter à vos souhaits :

1. **Cliquez sur l'axe x (ou sur l'axe y) directement dans le graphique. Vous pouvez également vous servir de la liste déroulante située en haut et à gauche du groupe Sélection active de l'onglet Format (dans les Outils du graphique). Choisissez alors une des options Axe Horizontal (Catégories) ou Axe Vertical (Valeurs).**

   Excel active l'objet choisi et fait apparaître ses poignées de sélection.

2. **Toujours dans le groupe Sélection active, cliquez maintenant sur le bouton Mise en forme de la sélection.**

   Excel ouvre le volet Format de l'axe dans la partie droite de l'interface avec la rubrique Options d'axe sélectionnée.

3. **Pour modifier l'échelle d'un axe, l'apparence de ses graduations et son mode d'intersection avec l'autre axe, définissez les réglages voulus dans cette rubrique Options d'axe.**

   Vous disposez ici de nombreux choix permettant de fixer la plage des valeurs, d'inverser le sens de celles-ci, d'appliquer une échelle logarithmique, d'afficher des unités (par centaines, milliers, millions, *etc.*) et de diviser les valeurs par ces unités, de repositionner les graduations sur l'axe, ou encore de modifier le point d'intersection entre l'axe des abscisses (catégories) et l'axe des ordonnées (valeurs).

4. **Pour paramétrer le style d'affichage des valeurs numériques sur l'ensemble de l'axe, cliquez sur Nombre, puis**

sélectionnez une catégorie avant de préciser les options associées à ce format.

Par exemple, pour afficher les nombres avec une espace entre les milliers et sans partie décimale, choisissez la catégorie Nombre, cochez la case Utiliser le séparateur de milliers et entrez 0 dans le champ Décimales.

5. **Pour changer la disposition et l'orientation des étiquettes sur l'axe sélectionné, validez l'option Taille et propriétés sous Options d'axe, puis agissez dans les rubriques Alignement vertical et Orientation du texte.**

6. **Cliquez dans la case de fermeture du volet pour vous en débarrasser.**

N'OUBLIEZ PAS

Quand vous appliquez de nouvelles options pour l'axe sélectionné, Excel montre sur le graphique ce qu'elles vont donner. Cependant, ces modifications ne seront validées qu'après que vous ayez refermé le volet.

TRUC

Pour personnaliser la police ou d'autres attributs de texte pour l'axe actif, vous disposez, comme d'habitude, des boutons de l'onglet Accueil (voir le Chapitre 3).

Plus loin avec les graphiques

Les diagrammes ne sont pas les seuls objets graphiques susceptibles d'être ajoutés à une feuille de calcul. Excel permet d'utiliser d'autres objets visuels, comme des zones de texte, des cliparts, des images importées, qu'il s'agisse de photographies numériques, de documents numérisés ou encore de sources chargées directement depuis l'Internet.

Outre ces éléments, Excel 2013 autorise la création de titres WordArt décoratifs de formes extrêmement variées, ainsi que des diagrammes organisationnels appelés SmartArt.

Des mini-graphiques avec les sparklines

Votre tableur vous propose un type d'information graphique appelé sparkline, qui représente les tendances ou les variations d'un ensemble de données. Les sparklines sont de minuscules graphiques dont la taille est approximativement celle du texte qui les entoure. Ils sont de la taille des cellules de la feuille de calcul auxquelles ils se rapportent et peuvent être d'un de ces types :

- **Courbe :** elle représente la valeur relative des données sélectionnées dans la feuille de calcul.
- **Colonne :** les données sélectionnées dans la feuille de calcul sont représentées par un petit histogramme.
- **Conclusions/Pertes :** les données sélectionnées dans la feuille de calcul apparaissent sur un graphique dans lequel les gains sont représentés par des colonnes positives bleues, et les pertes par des colonnes négatives rouges.

Utiliser l'outil Analyse rapide

Dans Excel 2013, cet outil vous permet, en effet, d'ajouter en toute facilité des graphiques sparklines à vos feuilles de calcul.

Tout ce que vous avez à faire, c'est de sélectionner, dans le tableau, les données à représenter, activer l'outil Analyse rapide puis, dans la palette correspondante, cliquer sur Graphiques Sparkline et, finalement, faire un choix parmi les trois options proposées qui sont Courbes, Histogrammes et Positif/Négatif (Figure 10.7). Positionnez votre pointeur sur une de ces variantes pour apprécier le résultat de la commande dans la feuille sous-jacente ; cliquez quand vous êtes satisfait du résultat.

Utiliser le Ruban

Moins révolutionnaire, la technique suivante vous permet d'arriver à vos fins en mettant en œuvre des procédés éprouvés :

1. **Dans la feuille de calcul, sélectionnez les données à représenter par un graphique sparkline.**
2. **Dans le groupe Graphiques sparkline de l'onglet Insertion, cliquez sur le type de sparkline désiré.**

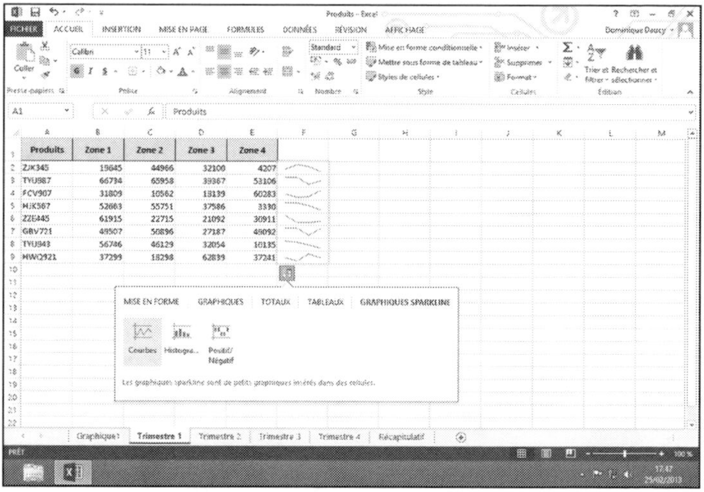

Figure 10.7 : Prévisualisation d'un sparkline en courbes pour traduire l'évolution des ventes de chaque produit dans les 4 zones.

Excel ouvre la boîte de dialogue Créer des graphiques sparkline. Elle contient deux champs :

- Plage de données : contient les références de la plage de données que vous venez de sélectionner à l'Étape 1.
- Plage d'emplacements : vous indiquez, dans ce champ, la cellule ou la plage de cellules dans laquelle les sparklines doivent apparaître.

3. **Cliquez sur le bouton à droite du champ Plage d'emplacements, puis sélectionnez la cellule ou la plage de cellules pour les sparklines.**

   L'étendue de la plage de cellules réservée aux sparklines doit être identique à celle de la plage des cellules contenant les données.

4. **Cliquez sur OK.**

Comme les sparklines sont de petite taille, vous pouvez fort bien les placer dans la dernière colonne d'un tableau. De cette manière, les tendances ou les résultats de séries de chiffres sont immédiatement visibles et interprétables.

Formater un sparkline

Quand un ou plusieurs sparklines sont sélectionnés, Excel affiche un onglet Outils Sparkline dans le Ruban, doté d'un unique sous-onglet baptisé Création.

Celui-ci regroupe une série de boutons qui vous permettront de choisir le type, le style et la mise en forme de vos sparklines. Le dernier groupe, appelé tout bêtement Groupe, permet de réunir un ensemble de sparklines dans un seul groupe partageant les mêmes axes et/ou valeurs maximales et minimales (le choix est effectué dans le menu local du bouton Axe). Cette commande est extrêmement commode lorsqu'un ensemble de sparklines doit partager les mêmes paramètres de graphique afin de représenter les tendances des données de manière égale.

N'OUBLIEZ PAS

Vous ne pourrez pas vous défaire d'un sparkline en sélectionnant les cellules où il apparaît, puis en activant la touche Suppr. Agissez plutôt de la manière suivante : opérez un clic droit sur ces cellules, puis, dans le menu contextuel, choisissez Graphiques sparkline/Supprimer les graphiques sparkline sélectionnés.

Des messages plus efficaces avec les zones de texte

Les *zones de texte* sont des cadres dans lesquels vous pouvez ajouter des explications afin (par exemple) de commenter certains détails de vos graphiques. Elles sont un peu comme les commentaires de cellules d'une feuille de calcul (comme expliqué au Chapitre 6), à ceci près qu'une zone de texte est visible en permanence et peut être associée à une flèche pointant vers l'élément auquel elle se rapporte.

Dans la Figure 10.8, nous avons ajouté une zone de texte à notre graphique indépendant.

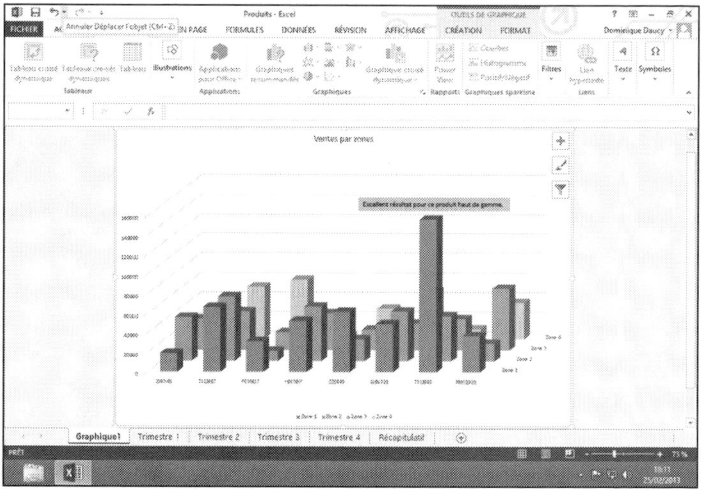

Figure 10.8 : Les résultats du produit TYU943 sont époustouflants !

Ajouter et mettre en forme une zone de texte

Voyons comment procéder. Si le graphique est déjà sélectionné, activez l'onglet Format sous Outils de graphique, puis, dans la rubrique Insérer des formes, choisissez Zone de texte.

Pour ajouter une zone de ce type alors que le graphique n'est pas sélectionné, ouvrez l'onglet Insertion du Ruban, puis choisissez Zone de texte sous le bouton Texte.

Le pointeur de la souris prend la forme d'une ligne verticale barrée vers le bas d'un petit trait horizontal. Cliquez à l'emplacement qui sera le premier coin de la zone de texte. Faites ensuite glisser le pointeur pour tracer le cadre. Lorsque vous relâchez la souris, Excel dessine un rectangle entouré de poignées qui délimite la forme et la taille de la zone.

Le point d'insertion est automatiquement positionné au début du texte, en haut à gauche de la zone. Tapez le texte qui doit figurer dans le cadre. Il est automatiquement renvoyé à la ligne chaque fois que la marge droite est atteinte. Vous pouvez aussi appuyer sur Entrée pour créer un retour à la ligne. Le texte saisi, cliquez hors de la zone pour la désélectionner.

Pour modifier une zone de texte, commencez par cliquer dessus afin de la sélectionner. Vous pouvez ensuite :

- Faire glisser son cadre pour déplacer la zone de texte.
- La redimensionner en faisant glisser la poignée appropriée (éventuellement en combinaison avec les touches Maj, Ctrl ou Alt pour conserver les proportions, la position du centre ou l'accrochage aux cellules).
- La pivoter vers la droite ou vers la gauche en faisant glisser sa poignée de rotation (c'est le petit cercle vert qui se trouve en haut).
- Modifier sa mise en forme et son apparence en faisant appel aux multiples boutons dédiés à cet usage (notamment dans le groupe Styles de formes du sous-onglet Format des outils de dessin, ou encore à partir de l'onglet Accueil pour formater tout ou partie du texte de la zone).
- La supprimer en cliquant sur son périmètre et en appuyant sur la touche Suppr (vérifiez d'abord que les tirets qui délimitent le contour deviennent des traits pleins et que le point d'insertion n'apparaît pas dans le texte).

Ajouter une flèche à une zone de texte

Pour mettre en évidence un point particulier, il peut être utile d'associer à la zone de texte une flèche qui pointera directement vers l'objet que vous voulez mettre en valeur. Voici comment procéder :

1. **Cliquez sur la zone de texte que vous souhaitez doter d'une flèche.**

   Les poignées apparaissent sur les bords de la zone et l'onglet Format des outils de dessin fait irruption dans le Ruban.

2. **Activez cet onglet, puis, dans le groupe Insérer des formes, cliquez sur l'icône qui représente une flèche (c'est le troisième en partant de la gauche).**

   Dès que vous avez sélectionné ce bouton, le pointeur de la souris prend la forme d'une petite croix.

3. **Cliquez là où vous voulez ancrer le point de départ de la flèche, puis faites glisser jusqu'à la position où vous voulez qu'elle se termine. Relâchez alors le bouton de la souris.**

   Aussitôt, Excel dessine deux points, l'un à la base de la flèche sur la zone de texte, l'autre du côté de la pointe. Le contenu du groupe Styles de formes change pour afficher une galerie de styles de lignes.

4. **Cliquez sur le bouton Autres, dans le coin inférieur droit de la galerie des styles de formes. En passant le pointeur de la souris au-dessus des vignettes, vous pouvez juger dynamiquement de l'effet du style sur la flèche.**

5. **Cliquez sur la vignette du style à appliquer à la nouvelle flèche.**

Excel redessine la flèche en temps réel, en utilisant le style en cours. L'objet reste sélectionné, avec des poignées à chaque extrémité. Vous pouvez alors modifier la flèche :

- Déplacez-la en faisant glisser son contour (ou en appuyant sur les touches de direction du clavier).
- Réglez sa longueur en tirant la poignée du côté de la pointe.
- Changez la forme de la pointe ou l'épaisseur de la hampe en choisissant une option à votre convenance dans les listes déroulantes Contour de forme et Effets sur la forme de l'onglet Format. Vous pouvez aussi cliquer sur la flèche avec le bouton droit de la souris pour ouvrir son menu contextuel. Choisissez alors la commande Format de la forme (Ctrl + 1 donne directement le même résultat). Dans la boîte de dialogue qui apparaît, choisissez les réglages les mieux adaptés à vos besoins dans les rubriques Remplissage, Couleur du trait, Style de trait, Ombre, Format 3D et Rotation 3D.
- Effacez la flèche en appuyant sur la touche Suppr.

Télécharger des images en ligne

Avec Excel 2013, c'est l'enfance de l'art d'intégrer des images en ligne dans vos feuilles de calcul. La nouvelle boîte de dialogue Insérer des images vous permet de lancer une recherche sur Office.com ou d'exploiter le moteur de recherche Bing pour explorer le Web entier en quête d'illustrations. Et si ça ne suffit pas, vous pouvez encore télécharger des images que vous avez enregistrées dans le nuage, sur votre SkyDrive Windows.

Dans la pratique, activez l'onglet Insertion du Ruban, puis cliquez sur Illustrations, puis, enfin, sur Images en ligne. Excel ouvre la boîte de dialogue Insérer des images (Figure 10.9), qui regroupe les options suivantes :

- **Image clipart Office.com :** pour rechercher des images depuis Office.com.
- **Recherche d'images Bing :** pour utiliser Bing dans le but de trouver des images sur le Web.
- **SkyDrive de... :** pour télécharger des images sauvegardées sur votre SkyDrive.

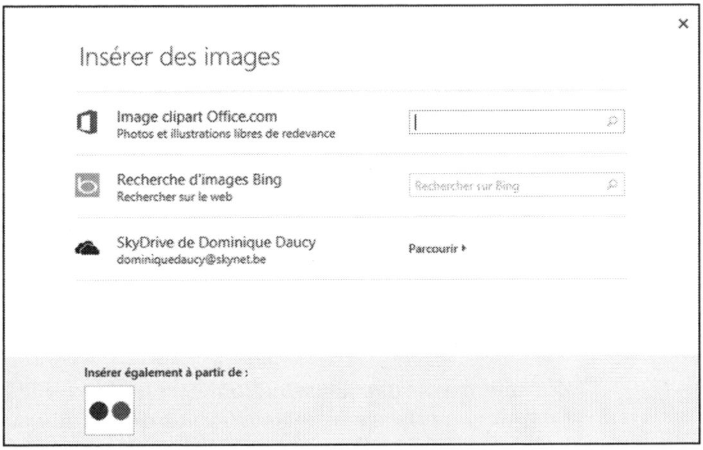

Figure 10.9 : La fenêtre Insérer des images et son option Image clipart Office.com.

Insérer des images clipart

Pour illustrer les documents que vous créez avec vos programmes Office, Microsoft met à votre disposition plus de 150 000 images appelées *cliparts*. Il y a en a tant que le site de Microsoft les regroupe par catégories.

Pour localiser les images qui vous intéressent, utilisez la boîte de dialogue Insérer des images dont il a été question plus haut et, dans le champ Image clipart Office.com, tapez un mot clé qui décrit le type d'image que vous recherchez. Validez *via* la touche Entrée ou *via* le bouton Rechercher (la loupe), placé en bout de champ.

Excel affiche alors une liste de vignettes de toutes les « illus » correspondant à votre recherche ; positionnez votre pointeur sur ces vignettes pour en apprendre davantage à leur sujet, à savoir leur nom complet et, en bas à gauche, leur taille exprimée en pixels (Figure 10.10).

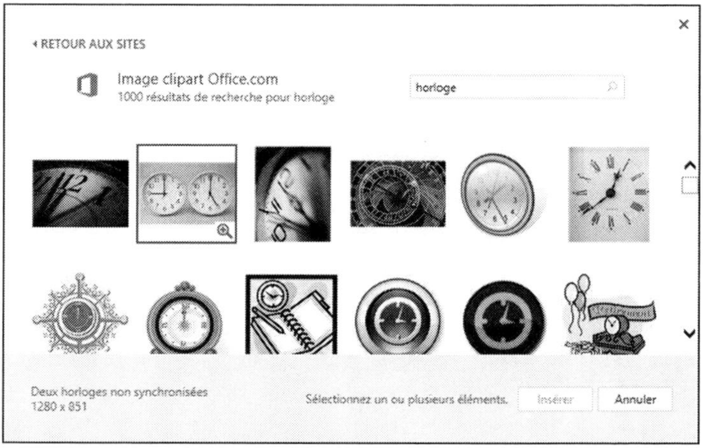

Figure 10.10 : Mot clé et propositions du site.

Pour mieux voir une illu sélectionnée, cliquez sur la loupe qui apparaît alors dans son angle inférieur droit. L'illu ainsi traitée s'affiche en plus grand au centre de la boîte tandis que celles placées en arrière-plan sont grisées pour vous permettre de concentrer votre attention sur l'illu affichée au milieu. Cliquez dans la case de fermeture de cet affichage pour revenir à la liste complète.

Pour insérer une de ces illus dans votre feuille de calcul, cliquez deux fois sur sa vignette si elle n'est pas sélectionnée ; contentez-vous de cliquer sur Insérer ou d'enfoncer la touche Entrée si elle l'est.

Insérer des images provenant du Web

N'hésitez pas à mettre Bing au travail pour localiser des images sur le Web. Agissez depuis la boîte de dialogue Insérer des images, décidément fort sollicitée ces temps-ci ! Introduisez un mot clé dans son champ Recherche d'images Bing, puis cliquez sur Rechercher ou enfoncer la touche Entrée. Dès que les résultats s'affichent, positionnez votre pointeur sur ceux dont vous voulez connaître le nom, la taille et la provenance.

Pour mieux voir une illu sélectionnée, cliquez sur la loupe qui apparaît alors dans son angle inférieur droit. L'illu ainsi traitée s'affiche en plus grand au centre de la boîte, tandis que celles placées en arrière-plan sont grisées pour vous permettre de concentrer votre attention sur l'illu affichée au milieu. Cliquez dans la case de fermeture de cet affichage pour revenir à la liste complète.

Pour insérer une de ces illus dans votre feuille de calcul, cliquez deux fois sur sa vignette si elle n'est pas sélectionnée ; contentez-vous de cliquer sur Insérer ou d'enfoncer la touche Entrée si elle l'est.

La différence principale entre les images clipart et les images glanées par Bing est que les premières sont, en général, des illustrations, tandis que les secondes sont, la plupart du temps, des photographies.

Insérer des images stockées localement

Si l'illu que vous souhaitez utiliser se trouve sur votre disque dur ou sur un disque réseau auquel vous avez accès, introduisez-la dans votre feuille en cliquant sur le bouton Images sous Illustrations dans l'onglet Insertion du Ruban. Ce clic provoque l'ouverture de la boîte de dialogue Insérer une image (qui fonctionne exactement comme n'importe quelle autre fenêtre d'ouverture de fichier). Sélectionnez-y un dossier, puis un fichier ; terminez en cliquant sur Insérer.

Pour importer une image réalisée dans un autre programme graphique, mais qui n'est pas enregistrée dans son propre fichier, il suffit de la copier vers le Presse-papiers depuis l'application source (appuyez sur Ctrl + C), de revenir ensuite à votre feuille de calcul, de placer le curseur là où le document doit apparaître, puis de coller, à cet endroit, le contenu du Presse-papiers (appuyez sur Ctrl + V ou cliquez sur le bouton Coller, à gauche de la barre d'accueil dans le Ruban).

Éditer les illus importées

Lorsque vous introduisez une image dans une feuille de calcul, elle est automatiquement sélectionnée. Les poignées de sélection affichées sur son périmètre en témoignent (Figure 10.11). Pour la désélectionner, il suffit de cliquer en dehors.

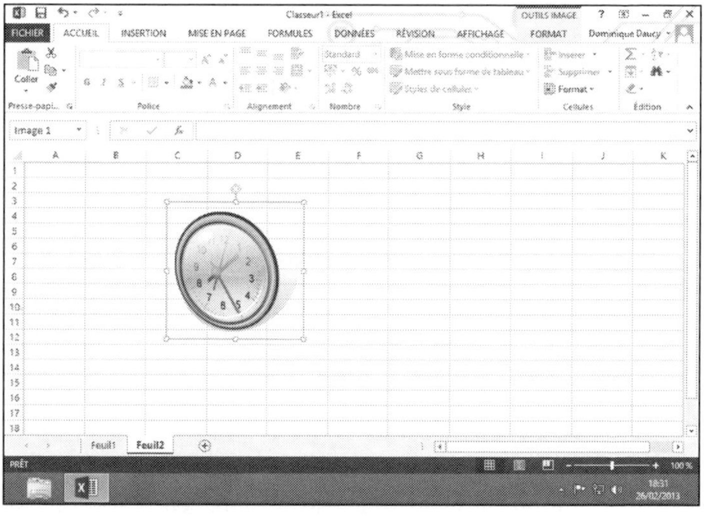

Figure 10.11 : Une image prête à être éditée.

Lorsqu'une image clipart ou une illu importée est sélectionnée, vous pouvez opérer les modifications suivantes :

- Déplacer l'image en faisant glisser son cadre pour la positionner ailleurs sur la feuille.

- Redimensionner l'image en faisant glisser ses poignées (n'oubliez pas qu'il est possible de conserver les proportions, de fixer le centre ou de forcer l'ajustement aux cellules en utilisant simultanément les touches Maj, Ctrl et/ou Alt).
- Faire pivoter l'image en faisant glisser sa poignée de rotation (le cercle gris placé au-dessus du cadre) vers la droite ou vers la gauche.
- Supprimer l'image en appuyant sur la touche Suppr.

Formater les illus importées

Lorsqu'une illustration est active, Excel ajoute au Ruban un onglet contextuel baptisé Outils Image, qui propose une série de commandes dans son sous-menu unique intitulé Format.

Cet onglet est divisé en quatre groupes : Ajuster, Styles d'images, Organiser et Taille. Passons en revue quelques-unes des commandes qu'ils proposent :

- **Supprimer l'arrière-plan :** donne accès à trois boutons qui vous permettent d'être sélectif. Vous pouvez marquer les zones à conserver ou, au contraire, celles à supprimer. Quand vous avez terminé, cliquez sur Conserver les modifications ou, dans l'hypothèse où vous n'êtes pas satisfait, cliquez sur Ignorer toutes les modifications.
- **Corrections - Luminosité** : augmente ou diminue la luminosité de l'image en sélectionnant un pourcentage positif (plus clair) ou négatif (plus sombre). La valeur par défaut est de 0 %. La commande Options de correction des images ouvre le volet Mise en forme de l'image. Vous pouvez y ajuster la luminosité plus finement en faisant glisser un curseur ou en entrant directement une valeur de pourcentage.
- **Corrections - Contraste :** fonctionne exactement comme la luminosité, mais évidemment cette fois pour ajuster le contraste de l'image.
- **Couleur - Recolorier :** ouvre un menu déroulant qui vous permet de « peindre » l'image sous la forme de nuances

d'une couleur de base ou encore de définir une couleur transparente (qui laissera donc apparaître le contenu sous-jacent).

- **Compresser les images :** ouvre la boîte de dialogue du même nom, qui vous permet de compresser au choix les images actuellement sélectionnées ou toutes celles qui sont insérées dans la feuille. En limitant notamment la résolution interne des objets graphiques, vous diminuerez quelque peu la taille de fichier de votre classeur Excel.
- **Remplacer l'image :** ouvre la boîte de dialogue Insérer des images. Vous pouvez remplacer l'illustration courante par un autre fichier graphique. Dans ce cas, Excel appliquera automatiquement la taille et le format de l'ancienne image à sa remplaçante.
- **Rétablir l'image :** supprime toutes les modifications apportées à l'image et la rétablit telle qu'elle se présentait au moment de son insertion dans la feuille de calcul.

Vous pouvez également modifier la présentation d'un clipart ou d'une photographie grâce au volet Mise en forme de l'image (Ctrl + 1). Sélectionnez alors les options désirées dans les différentes rubriques du volet.

Pour affiner et personnaliser l'aspect de vos illustrations, vous disposez également des boutons du groupe Styles d'image. Cliquez sur une des vignettes de la galerie pour appliquer à l'image courante de nouvelles options de style et d'orientation. Vous pouvez également modifier d'autres réglages à l'aide des boutons Bordure de l'image, Effets de l'image et Disposition d'image qui vous déroule une palette à la mode SmartArt.

Ajouter des formes prédéfinies

Outre les images issues du Web ou locales, Excel vous autorise à insérer, dans vos feuilles de calcul et dans vos feuilles graphiques, des formes prédéfinies que vous trouverez dans la liste Formes du bouton Illustrations de l'onglet Insertion (Figure 10.12).

La palette est divisée en neuf sections : Formes récemment utilisées, Lignes, Rectangles, Formes de base, Flèches pleines,

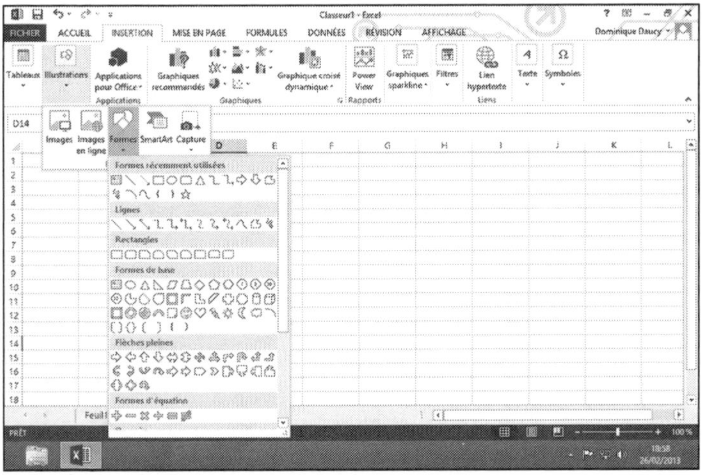

Figure 10.12 : Choisissez la forme dans cette palette, puis tracez-la dans la feuille.

Formes d'équation, Organigrammes, Étoiles et bannières et, enfin, Bulles et légendes.

Quand vous cliquez sur une vignette de cette palette, le curseur se transforme en croix. Cliquez au point de départ, puis tirez pour donner les dimensions voulues à la forme.

Après avoir relâché le bouton de la souris, la forme que vous venez de tracer reste sélectionnée. Cet état se traduit par la présence des poignées de redimensionnement et de la poignée de rotation (le petit cercle placé au-dessus de l'objet). De plus, Excel active l'onglet Format (sous l'onglet contextuel Outils de dessin). Vous pouvez alors utiliser la galerie des styles de formes (ou d'autres boutons de commandes) pour finaliser à votre gré l'aspect de l'objet. Pour annuler la sélection, il suffit de cliquer n'importe où en dehors du dessin de la forme.

Travailler avec WordArt

Si la quantité de découpages prédéfinis disponibles dans la galerie des formes ne vous satisfait pas encore, vous pouvez toujours ajouter du texte décoratif. Pour cela, ouvrez l'onglet Insertion et cliquez sur le bouton WordArt du groupe Texte.

Voyons comment procéder pour insérer des titres « graphiques » dans vos feuilles de calcul :

1. **Cliquez sur le bouton Texte de l'onglet Insertion puis, dans le sous-menu correspondant, cliquez sur WordArt.**

   Excel affiche la galerie des styles WordArt.

2. **Cliquez sur la vignette correspondant au style que vous désirez utiliser.**

   Excel insère au centre de la feuille une zone de texte contenant les mots Votre texte ici. Bien entendu, la mise en forme que vous venez de choisir est déjà appliquée au texte.

3. **Saisissez le texte à utiliser dans la feuille de calcul.**

   Dès que vous commencez à taper les caractères, Excel efface la légende par défaut et la remplace par votre propre prose.

4. **(Facultatif) Pour formater l'arrière-plan de la zone de texte, faites appel à l'Aperçu dynamique de la galerie Styles de formes (sous l'onglet Format des outils de dessin).**

   L'onglet Format est ajouté au Ruban lorsque vous sélectionnez un texte WordArt. S'il n'est pas activé automatiquement, cliquez sur cet onglet pour accéder aux options de mise en forme.

5. **L'aspect du texte WordArt finalisé, les dimensions et l'orientation établies grâce aux poignées, il ne reste plus qu'à cliquer n'importe où dans la feuille de calcul pour désélectionner l'objet.**

Par défaut, Excel ajuste automatiquement la forme au texte. Autrement dit, il adapte au besoin les dimensions du cadre afin qu'il englobe la totalité du titre. Vous pouvez désactiver ce comportement en ouvrant la boîte de dialogue Format de la forme. Dans la rubrique Zone de texte, supprimez la marque placée devant l'option Ajuster la forme au texte.

N'OUBLIEZ PAS

L'objet WordArt créé, vous pouvez modifier le style des caractères du titre. Pour cela, sélectionnez tout ou partie du texte, puis choisissez une police et une taille de caractères à partir de l'onglet Accueil (comme vous le feriez pour un texte standard).

Diagrammes intelligents avec SmartArt

Les objets SmartArt d'Excel 2013 sont des outils qui vous permettent de réaliser facilement et rapidement des listes, des diagrammes et des organigrammes. Les diagrammes et autres schémas SmartArt sont fournis dans une grande variété de configurations qui vous permet de combiner formes graphiques prédéfinies, textes et images. Vous avez maintenant à portée de main tout ce qu'il vous faut pour représenter listes, processus, relations, cycles, *etc.*

Pour insérer un objet SmartArt dans une feuille de calcul, cliquez sur SmartArt dans la palette qui se déroule lorsque vous invoquez le bouton Illustrations de l'onglet Insertion. La boîte de dialogue Choisir un graphique SmartArt se manifeste (Figure 10.13). Sélectionnez une catégorie dans le volet de gauche, puis cliquez sur la vignette de la liste ou du diagramme que vous voulez utiliser dans la partie centrale de la fenêtre. Validez.

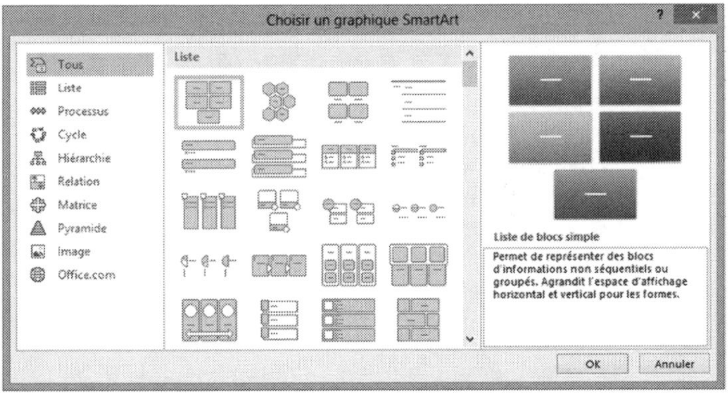

Figure 10.13 : La boîte de dialogue Choisir un graphique SmartArt.

Excel insère dans la feuille la structure de base de l'objet choisi et affiche à sa gauche une fenêtre intitulée *Tapez votre texte ici*. Chaque élément de cette structure affiche par défaut la légende [Texte]. Il suffit de cliquer sur un cadre pour personnaliser cet intitulé (Figure 10.14). Dans le même temps, l'onglet contextuel

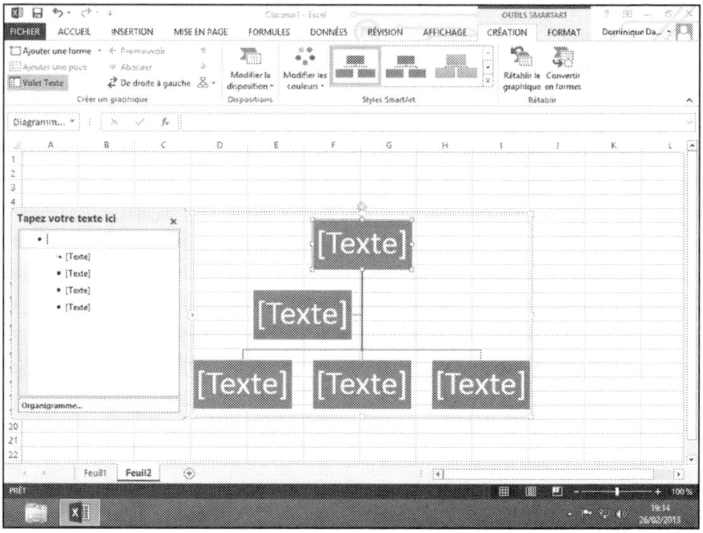

Figure 10.14 : Un organigramme en cours de création.

Outils SmartArt ouvre ses deux sous-onglets : Création et Format. Le premier propose des dispositions et des styles servant à personnaliser l'objet que vous venez d'insérer ; le second permet d'en affiner l'aspect.

Saisir le texte d'un graphique SmartArt

Pour remplir le texte de la première section d'une nouvelle liste ou d'un nouveau diagramme, cliquez simplement dans le cadre correspondant et saisissez l'intitulé. Vous pouvez également cliquer sur la ligne voulue de la fenêtre *Tapez votre texte ici* et éditer son contenu.

N'appuyez pas sur la touche de tabulation ou sur Entrée pour terminer une saisie dans une liste ou un diagramme SmartArt. La touche Entrée insère en effet une nouvelle section au même niveau hiérarchique s'il s'agit par exemple d'un organigramme. Quant à la touche de tabulation, soit elle ne fait rien de particulier, soit elle met en retrait le niveau hiérarchique courant, soit encore elle sélectionne l'entité suivante dans le groupe d'objets formant la liste ou le diagramme.

Lorsque vous avez terminé la saisie des intitulés, vous pouvez cliquer sur la case de fermeture de la fenêtre *Tapez votre texte ici*. Pour l'afficher à nouveau, cliquez sur le bouton fléché qui apparaît alors au milieu du bord gauche de la liste ou du diagramme.

Si la liste ou le diagramme SmartArt comporte plus de sections qu'il ne vous en faut, vous pouvez supprimer les éléments graphiques inutiles en cliquant sur leur contour (les poignées habituelles vous indiquent quel est l'objet courant) puis en appuyant sur la touche Suppr.

Formater un graphique SmartArt

Le texte des légendes étant saisi, il est temps de s'occuper de la mise en forme du graphique. Pour formater le texte, commencez par sélectionner tous les objets de la liste ou du diagramme qui doivent prendre le même aspect (il suffit pour cela de cliquer successivement sur ces objets tout en appuyant sur la touche Ctrl). Servez-vous alors des boutons appropriés du groupe Police (sous l'onglet Accueil du Ruban).

Pour améliorer ou redéfinir l'aspect visuel des éléments graphiques, utilisez les groupes Dispositions et Styles SmartArt de l'onglet Création des outils SmartArt :

- Cliquez sur le bouton Autres du groupe Dispositions. Choisissez alors une vignette dans la galerie pour sélectionner une liste ou un diagramme totalement différent.
- Cliquez sur le bouton Modifier les couleurs du groupe Styles SmartArt, puis sur une des vignettes représentant un modèle de couleur.
- Cliquez sur le bouton Autres de la galerie affichée dans le groupe Styles SmartArt. Choisissez alors une nouvelle présentation à l'aide des vignettes qui vous sont proposées.

Faire une capture d'écran

Excel permet de créer des captures d'écran, c'est-à-dire des instantanés de ce qui se trouve sur le Bureau et d'incorporer ces éléments graphiques dans une feuille de calcul.

Pour capturer le contenu d'une fenêtre du Bureau ou de n'importe quel autre objet qui s'y trouve, cliquez sur l'onglet Insertion du Ruban, puis, dans le groupe Illustrations, cliquez sur Capture, puis sur Capture d'écran. Excel s'éclipse pour laisser la vedette au Bureau tandis que le pointeur de la souris se transforme en réticule. Tout le Desktop est recouvert d'un voile blanchâtre.

Cliquez et tirez de manière à englober la partie de l'écran à utiliser dans Excel. La partie sélectionnée apparaît avec toutes ses couleurs.

Relâchez le bouton de la souris et le bloc de pixels qui vient d'être sélectionné est aussitôt transféré dans la feuille de calcul active. Il y apparaît comme n'importe quel autre graphisme (clipart, photo, dessin…).

TRUC

Excel enregistre la capture d'écran avec la feuille de calcul. Par contre, il n'offre aucun moyen de l'enregistrer dans un fichier à part afin de l'utiliser avec une autre application. Une astuce permet cependant de contourner cette déficience : sélectionnez la capture d'écran dans Excel et copiez-la dans le Presse-papiers. Dans une autre application, utilisez la commande Coller pour récupérer la capture d'écran.

Le thème du jour

Les thèmes d'Excel servent à appliquer une mise en forme cohérente à tous les éléments texte et graphiques qui se trouvent dans une feuille de calcul. Il suffit pour cela de cliquer sur la vignette du thème que vous souhaitez utiliser. La galerie correspondante est accessible dans le groupe justement appelé Thèmes, à gauche dans l'onglet Mise en page du Ruban.

N'OUBLIEZ PAS

L'aperçu dynamique permet de juger de l'effet d'un thème sur les graphiques de votre feuille. Survolez simplement les vignettes avec le pointeur de la souris avant de cliquer à l'endroit voulu.

Les thèmes d'Excel associent par défaut trois éléments : un schéma de couleur, un jeu de polices (pour le corps et les en-têtes) et, enfin, un style d'effet graphique. Chacun de ces éléments peut être personnalisé en cliquant sur leurs boutons de commandes respectifs dans le groupe Thèmes :

- **Couleurs :** sélectionnez, dans la galerie, un nouveau jeu de couleurs en cliquant sur la vignette voulue. En bas de la palette, l'option Personnaliser les couleurs vous permet de personnaliser chaque composant du jeu et de sauvegarder le résultat sous un nom suffisamment descriptif.
- **Polices :** sélectionnez un jeu de polices en cliquant sur la vignette correspondante. En bas de la palette, l'option Personnaliser les polices ouvre une fenêtre dans laquelle vous pouvez choisir parmi d'autres polices les titres et le corps des textes. Sauvegardez votre combinaison sous un nom évocateur.
- **Effets :** sélectionnez un jeu d'effets graphiques en cliquant sur une des vignettes de la palette.

TRUC

Pour enregistrer l'ensemble de vos définitions personnelles (couleurs, polices et effets), utilisez le bouton Thèmes du Ruban. Vous pourrez ensuite appliquer cette mise en forme dans d'autres classeurs afin d'uniformiser vos présentations. Choisissez la commande Enregistrer le thème actif, en bas du menu déroulant. Une boîte de dialogue portant le même nom s'affiche ; éditez le nom de fichier par défaut (Thème1), (mais n'effacez pas l'extension .thmx), puis cliquez sur Enregistrer. Excel ajoute votre jeu de couleurs, polices et effets à la palette des thèmes dans une rubrique intitulée Personnalisé. Vous pourrez, par la suite, activer cette vignette pour appliquer le thème à n'importe quel classeur actif.

Contrôler le recouvrement des objets

Au cas où vous ne l'auriez pas remarqué, nous vous informons que les objets graphiques « flottent » au-dessus des cellules de la feuille de calcul. La plupart de ces objets (y compris les graphiques de données) sont *opaques :* ils cachent (sans effacer ni remplacer) les informations sous-jacentes. Si vous déplacez un élément graphique et qu'il vient en recouvrir partiellement un autre, celui qui se trouve sur la couche supérieure masque celui placé en dessous, exactement comme si vous posiez une feuille de papier sur une autre. La plupart du temps, vous allez donc devoir vous assurer que vos graphiques ne masquent pas des données (ou d'autres graphiques) que vous voulez voir apparaître.

Excel 2013 met deux techniques à votre disposition pour vous permettre de déplacer un objet graphique vers une autre couche :

- Pour le déplacer vers le haut ou vers la couche supérieure, choisissez Avancer ou Mettre au premier plan dans le menu local Avancer du groupe Organiser du sous-onglet Format de l'onglet Outils Image, Outils de dessin ou Outils SmartArt, selon le cas. Pour le déplacer vers le bas ou vers la couche inférieure, utilisez les articles Reculer ou Mettre à l'arrière-plan dans le menu local Reculer, voisin du précédent.
- Dernier article de ce même menu, Volet Sélection affiche, à droite, le volet du même nom. Utilisez les triangles placés à droite des boutons Afficher tout et Masquer tout : le premier, orienté vers le haut, vous permet de déplacer l'objet sélectionné d'un plan vers le haut ; l'autre fait l'inverse. Si nécessaire, cliquez à plusieurs reprises, en fait jusqu'à ce que l'objet graphique occupe la position qui vous convient dans la pile.

La Figure 10.15 montre comment ce volet fonctionne. Nous avons ajouté sur la feuille un clipart, une image importée et une forme. Comme vous le voyez dans le volet Sélection, l'objet Image 6 (l'ordinateur portable) occupe le plan supérieur ; celui baptisé Explosion 15 (l'étoile) occupe le plan intermédiaire tandis que celui intitulé Image 4 (le dessin représentant une tablette graphique) occupe le plan inférieur. Pour modifier cette mise en pile, utilisez donc les triangles placés en regard des deux boutons Afficher tout et Masquer tout.

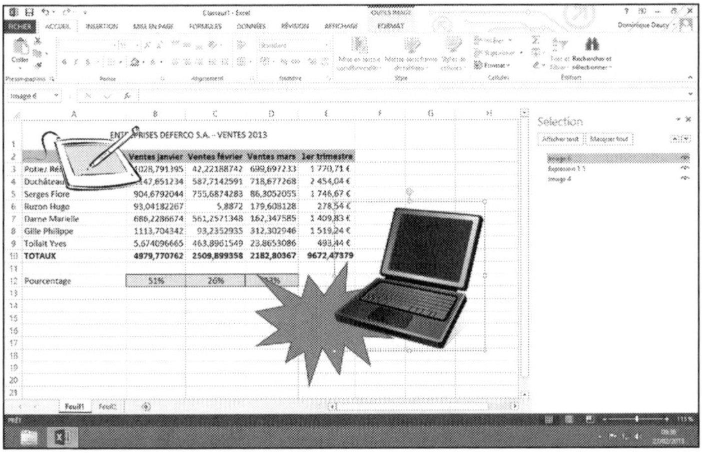

Figure 10.15 : Une feuille de calcul qui propose plusieurs objets qui, chacun, occupe un plan de la pile.

TRUC

Pour donner à vos graphiques des noms plus parlants, cliquez sur la ligne correspondante dans le volet Sélection, puis saisissez un intitulé personnalisé et confirmez *via* la touche Entrée.

Grouper des objets graphiques

Il est parfois utile de regrouper plusieurs objets graphiques. Dans ce cas, le groupe se comporte comme s'il n'était formé que d'un seul élément. En procédant ainsi, vous pourrez déplacer ou redimensionner l'ensemble des composants du groupe en une seule opération. L'exemple type est celui d'une zone de texte associée à une flèche.

Pour procéder à un tel regroupement, cliquez sur chacun des objets voulus tout en maintenant enfoncée la touche Ctrl. Cette technique peut d'ailleurs aussi être employée dans le volet Sélection. Quand vous avez terminé, activez si nécessaire l'onglet contextuel des outils (de dessin ou encore d'image) et cliquez, dans le groupe Organiser, sur le bouton Grouper (c'est le second à droite en partant du haut, celui qui affiche un symbole représentant deux carrés entrelacés). Dans le menu déroulant qui apparaît, choisissez alors l'option Grouper.

Par la suite, lorsque vous cliquerez sur ce « méga-objet », un cadre et des poignées apparaîtront autour de l'ensemble du groupe. Cette nouvelle hiérarchie sera également visible dans le volet Sélection.

Pour déplacer ou redimensionner indépendamment des objets appartenant à un groupe, séparez-les en cliquant dessus et en choisissant Grouper/Dissocier sous les onglets Outils de dessin, puis Format ou sous les onglets Outils Image, puis Format. Regroupez-les ensuite si vous le désirez.

Masquer des objets graphiques

Le volet Sélection ne vous permet pas seulement de gérer la mise en pile de vos objets ; il vous permet aussi d'en contrôler l'affichage ou le masquage.

Pour ouvrir ce volet, sélectionnez un objet graphique présent sur votre feuille, puis cliquez sur le sous-onglet Format de l'onglet Outils (complété du type d'objet) et cliquez sur le bouton Volet Sélection du groupe Organiser.

Masquez les objets que vous ne souhaitez pas voir en cliquant sur l'œil en regard de leur intitulé. Pour traiter de la sorte tous les objets présents, préférez le bouton Masquer tout.

Pour réafficher un objet masqué, cliquez sur le trait qui a remplacé l'œil et le tour est joué. Vous l'aurez deviné : le bouton Afficher tout réactive tous les objets graphiques de la feuille.

Attention : si vous masquez tous les objets, puis refermez le volet Sélection, vous n'avez plus aucun moyen de réaccéder à ce panneau puisqu'il n'y a plus d'éléments graphiques à sélectionner et donc plus d'ouverture possible de cet endroit où est logée la commande d'affichage.

Pas de panique ! Si vous vous retrouvez dans cette inconfortable situation, commencez par annuler votre action précédente si vous vous rendez compte de votre bourde juste après l'avoir commise. Dans le cas contraire, vous pourrez toujours créer un graphique quelconque, le sélectionner et, grâce à lui, regagner le volet Sélection et son bouton très convoité Afficher tout. Vous effacerez ensuite l'élément qui vous aura sauvé la mise. Ouf ! Vous avez eu chaud !

N'imprimer que les graphiques

Supposons que vous vouliez imprimer un graphique incorporé (indépendamment des données qu'il trace et des autres objets éventuellement présents sur la feuille). Pour parvenir à vos fins, commencez par ouvrir le volet Sélection (voir la section précédente qui détaille cette procédure), puis vérifiez que tous les objets graphiques sont bien visibles en cliquant, si nécessaire, sur le bouton Afficher tout ou en activant l'icône de l'œil pour chaque entrée de la liste.

Ensuite, depuis la feuille de calcul, cliquez sur le graphe à imprimer, puis choisissez Fichier/Imprimer (ou enfoncez les touches Ctrl + P). La boîte de dialogue Imprimer s'affiche ; elle propose, dans son volet droit, une prévisualisation du graphique concerné.

Si vous souhaitez modifier sa taille et/ou son orientation, exploitez les réglages disponibles dans la rubrique Paramètres. Accédez également, aux mêmes fins, à la fenêtre Mise en page en activant, depuis cette fenêtre d'impression, le lien Mise en page proposé sous la rubrique Paramètres. (Autre accès à cette boîte de dialogue depuis la feuille de calcul : le bouton lanceur (en bas à droite) du groupe Mise en page de l'onglet Mise en page.)

Agissez dans l'onglet Page de cette fenêtre pour régler le format du papier et l'orientation. Préférez l'onglet Graphique si vous désirez contrôler la qualité d'impression et/ou opter pour un tirage noir et blanc sur imprimante couleur.

Cliquez sur OK pour regagner la fenêtre précédente. (Si vous avez ouvert la fenêtre Mise en page depuis le Ruban, c'est le bouton Imprimer qu'il faut invoquer à cette fin.) Si tout vous paraît bien, lancez l'impression en cliquant sur Imprimer.

Index

D

G

H

I

S

T

U

V

W

X

Z

Notes

Notes

Notes

Notes

Notes

Notes